詩詞義旨透視鏡

江錦珏◎著

目錄

INDEX

總序

近三四年來，教育當局在高中國文教材上作了最大改變的，算是廢除國立編譯館的唯一標準本，而開放爲各具特色的「一綱多本」。爲了適應這種巨大改變，做人老師的，不僅要調整教法，也要改進評量，尤其是面對學生的升學，更需要兼顧各本教材，取長補短，作一番統整的工夫，以免顧此失彼。

要統整「一綱多本」的教材，靠的不是課文的多寡，而是「能力」。這個「能力」，就其主要者而言，除關涉文章之義旨（主旨的顯隱、安置與材料的使用）外，還涵蓋了語法之剖析（文法）、字句之鍛鍊（修辭）、篇章之修飾（章法）、文章之體性（風格）及作文（傳統式作文與限制性寫作）、課外閱讀等。而其中的任何一種「能力」，都可以用不同的教材予以培養；換句話說，這種「能力」，是能夠拿任何一篇、一段、一節（句羣）的課外文章來進行評量的。這樣，教師就可以將任何一課「課文」當作「手段」來看待，所謂「得魚而忘筌」（《莊子・外物》），而「課文」就是這個「筌」、「能力」就是那個「魚」了。

有鑑於此，早在去（八十九）年暑假，便想爲高中「一綱多本」國文教材編一套以「能力」爲本位的書，提供高中教師作教學之參考。於是邀集了一組專家學者、高中教師共同來參與這個工作，並且商定這套書的總名爲「高中一綱多本國文教材點線面系列」，而內含八本，由不同的人來撰寫，依序是：

一、《散文・新詩義旨古今談》：由蒲基維（博士生、高中教師）、涂玉萍（碩士、高中教師）、林聆慈（教學碩士班、高中教師）三人負責。

二、《詩詞義旨透視鏡》：由江錦玨（碩士、高中教師）負責。

三、《文法必勝課》：由楊如雪（台灣師大副教授）、王錦慧（新竹師院助理教授）二人負責。

四、《修辭新思維》：由張春榮（國立台北師院教授）負責。

五、《章法新視野》：由仇小屏（花蓮師院助理教授）負責。

六、《風格縱橫談》：由顏瑞芳（台灣師大教授）、溫光華（博士生、講師），黃肇基（高中教師）三人負責。

七、《新型作文瞭望台》：由陳智弘（高中教師）、范曉雯（高中教師）、黃金玉（高中教師）、郭美美（碩士、高中教師）四人負責。

八、《閱讀檢測站》：由李清筠（台灣師大副教授）負責。

這八本書，都兼顧理論與實際，除了安排「總論」加以介紹外，均分別舉一些「一綱多本」重要課文的實例作充分說明，務求凸顯各種「能力」，使讀者一目了然。如此以「能力」爲本位，從各角度來統整各本教材，相信對高中的國文教師的教學與學生的學習而言，是會有極大助益的。

看到在大家的努力下，這八本書終於將陸續出版，和讀者見面，感激之餘，特地將本套書撰寫的用意與過程，作一概述，聊以表達慶賀的意思。

民國九十年八月　陳滿銘序於台灣師大國文系

自序

我想，一本論文能夠完成，絕對不是只靠自己的力量，這其中不管是實質上給予指導的師長、同學，還是間接地給我鼓勵的家人、朋友，都在我撰寫的過程裡給了相當多的意見與關懷，這本論文才得以順利完成。

其實，童年的我就開始喜歡古典詩詞，總覺得這些作品唸起來很有味道，而且又好背；漸漸的，隨著年歲的增加，我也一頭栽入繁花似錦的古典文學世界中，不僅是古典詩詞，像神話、寓言、傳奇、小說，樣樣都使我留連忘返，國文課也就成為我最喜愛的科目之一。在求學的過程中，筆者以為國文課不僅教學生字詞的知識，還有如何行文、謀篇的技巧，以及培養正面的人生態度與氣節，也就因為如此，我嘗試著把理論與實際結合起來，以義旨為中心來進行說解、統整一篇課文，希望能用章法的觀念來協助教學。

當然，在寫作的過程中並非一切順遂，從一開始的擇題、擬定大綱，一直到撰寫內文、修改初稿，常有窒礙難通之處，幸賴指導教授陳滿銘老師的一路提攜、指正，並不厭其煩，爲學生解答各類問題，才使得本論文如期完成，在此謹向陳老師致上最誠摯的謝意。此外，也非常感謝口試委員王更生老師與劉渼老師，對於本論文的不足之處加以斧正，並給予相當寶貴的建議，使得本論文的內容更爲嚴謹、完善。

另外，由於本論文所討論的對象鎖定在近年開放版本的高中國文教材上，但因新教材是在民國八十八年九月才開始使用，所以教材取得不易，幸得研究所同學佳樺、學妹文鶯，以及各出版社、國立編譯館的協助，方能蒐羅完備。而寫作的過程是漫長的，其中有苦澀也有甘美，感謝和我一路走來的好友：晏霆、淑嬪、瑞萍，你們適時的鼓勵與扶持，是支持我向前的最大力量。

最後，我最想要感謝的是我親愛的家人，提供我舒適無憂的研究環境，讓我能夠心無旁騖地進行論文撰寫，謝謝你們！

江錦玨　二〇〇一年七月十六日

第一章 緒論

第一節 研究動機、範圍與方法

一、研究動機

在國文精讀教學的實際活動中，可將之區分爲「單詞的分解」、「語句的剖析」、「義旨的深究」、「作法的審辨」與「讀法的講求」五步，就是希望藉由這些活動來要求學生對於各篇範文的詞語章句，文義理法，都能瞭解領會，熟悉運用，以開發其思慮心靈的寶藏，增長其閱讀寫作的能力。①其中，「義旨的深究」是國文精讀教學最高目標之一，在這目標下，前面的分解單詞和剖析語句，不過只是手段而已。②黃錦鋐也分析道：

教學語文教材，可以分兩部分，一是全篇詞語的釋義，這是分的工作。一是體會全文的文旨，這是合的工作。分的工作是合的基本工夫，合的工夫是分的最終目的。使學生了解文章詞語的釋義，只是手段，體悟全文的義旨，才是語文教學的最高目標。③

所以，分析詞語的釋義，都是爲了綜合全文義旨所做的準備；而綜合是要使學生所接觸的詞義，轉化成永恆的情懷，以達到啓發學生體悟寄寓在具體事物中的抽象哲理。再說，文義教學的目的「是要求學生辨認文章的整體性，因爲一篇文章，作者不會單純地敍述或論說一件事物，必定會旁徵側引，廣譬博喻，如果教師就文章所表達的各部分，孤立地片斷地解說，不去分析歸納文章的文旨所在，即使解說地如何動人，學生還只是『見樹不見林』而已。分析歸納文章的義旨，不但是使學生瞭解課文意義的重要過程，也是訓練學生寫作最好的方式。」④這裡的「文義教學」實已包含「文義」與「文旨」兩部分。但在進行詞語教學、語句教學之後，並非就能完全理解全文文義，所以教師必須要做一番深究的工夫，將全文文義連貫起來，使學生曉得文章之眞意，以達到國文教學的語言訓練、精神陶冶、文藝欣賞三種功用，這也就是本論文撰寫之因。

詩歌教學是國文教學的範疇之一，但礙於選文的限制與授課的時數，詩歌教學往往處於點綴和調劑性的地位，所占的篇幅並不多，殊爲可惜。黃錦鋐就認爲國文教學有「語言訓練」、「精神陶冶」與「文藝欣賞」三大目標，「詩歌教材正是精神陶冶和文藝欣賞的最佳讀物。因爲詩歌是人類情感的表現，又可說是無聲的語言。」⑤尤信雄有一篇〈談詩歌教學〉，他以爲所謂的詩歌教學是「利用教學的手段，經由詩歌優美的格律欣賞，和溫厚情思的涵詠體驗，以達到陶冶性情，變化氣質的目的，並有助於對語文學習興趣的啓發，和辭章閱讀能力與表達能力的增進。」而詩歌教學的目的，「不僅僅是在指導學生欣賞那些優美的詩詞句，生動的韻律，和高妙的寫作技巧；更重要的是，對這種『吟詠性情，陳辭以見義』的詩歌作品，如何引導學生去體會作品深蘊的溫厚情思，並經由此種溫柔敦厚情思的涵詠薰陶，以體認我國傳統的文化，和美善兼融的人文精神，藉收潛移默化之功。」⑥所以詩歌教學有益於人生，在國文教學中占有重要的地位，自不待言。由於詩歌常是作者「情有感於中」的抒發之作，並不像某些散文是爲了說理、敍事，詩歌「只是一種喚起作用」，「全是在感動人生」⑦，故其文旨不若散文鮮明；而且詩歌的情意常是易變的、含蓄的，作者也常用多種意象來比喻、象徵、寄託、渲染，有時單從字面上的文義不易探究它的文旨，所以詩歌之義旨教學是需要加以深入討論的。但詩歌的範圍廣泛，包括古典詩歌、現代詩歌，其中又大致分爲詩、詞、曲三種體制，本論文擬就古典詩詞爲研究範圍，以見其梗概。

二、研究範圍

從民國八十八年「一綱多本」的高中教科書開始出版使用，截至八十九年十月份爲止，國文科方面有翰林、三民、南一、龍騰、正中、大同資訊等六種版本之教材。而依照民國八十四年教育部修正發布、八十五年出版的「高級中學國文課程標準」之「教材配置」，韻文部分之篇數與安排爲：第一學年上學期應選古詩選一篇、下學期應選樂府詩一篇，第二學年上學期應選唐詩選一篇、下學期應選宋詩選一篇，第三學年上學期應選詞選一篇、下學期應選曲選一篇。但除了「課程標準」規定之韻文外，還有以「並序」方式呈現之古典詩作（如〈琵琶行〉並序、〈正氣歌〉並序），以及《詩經》的作品，也包含在古典詩、詞的範圍之列。故本論文即以此六種版本所選之古典詩、詞爲研究對象，共六十一首，期能從實際作品歸納出可行的理論原則，再由理論原則來協助理解實際作品，幫助義旨之教學。

而六種版本所選古典詩詞之篇目、作者、版本、册次如下：（民八十九年十月份資料）

【註】：表中之()爲册次

㈠詩經選

篇目	作者	版本	冊次
關雎	佚名	南一	第五冊
碩鼠		三民	
蒹葭		龍騰、南一、翰林	
蓼莪		三民(五)、正中(五)、大同資訊(六)	

(二)古詩選

篇目	作者	版本	冊次
行行重行行	佚名	龍騰	第一冊
涉江採芙蓉		正中	
迢迢牽牛星		翰林	
迴家駕言邁		大同資訊	
凜凜歲云暮		正中	
客從遠方來		三民	

篇目	作者	版本、冊次
贈從弟之二	劉楨	大同資訊
詠史詩之一	左思	翰林
飲酒之五	陶淵明	龍騰、三民、大同資訊

㈢樂府詩選

篇目	作者	版本、冊次
飲馬長城窟行	佚名	南一㈠、龍騰㈡、大同資訊㈡
陌上桑		三民㈠、南一㈡
長歌行		三民㈠、大同資訊㈡
短歌行	曹操	正中㈠
長干行	李白	南一㈠、翰林㈡、大同資訊㈡
關山月		龍騰㈡
琵琶行並序	白居易	龍騰㈡、大同資訊㈡、南一㈢、翰林㈢、三民㈢

(四)唐詩選

篇目	作者	版本	冊次
送杜少府之任蜀州	王勃	大同資訊	第三冊
黃鶴樓	崔顥	南一、翰林、大同資訊	
九月九日憶山東兄弟	王維	正中	
使至塞上		南一	
送友人	李白	南一	
走馬川行奉送封大夫出師西征	岑參	龍騰	
石壕吏	杜甫	三民、翰林	
月夜		大同資訊	
蜀相		南一	
登高		正中	
旅夜書懷		龍騰	
籌邊樓	薛濤	三民	

輕肥	白居易	正中	
無題	李商隱	三民	
夜雨寄北	李商隱	龍騰	
賈生	李商隱	大同資訊	
山行	杜牧	翰林	

(五)宋詩選

篇目	作者	版本	冊次
書憤	陸游	三民、正中、南一、翰林	第四冊
春日田園雜興之二	范成大	三民	第四冊
明妃曲	王安石	南一、大同資訊	第四冊
泊船瓜州	王安石	龍騰	第四冊
和子由澠池懷舊	蘇軾	翰林	第四冊
紅梅	蘇軾	南一	第四冊

篇目	作者	版本	冊次
出潁口，初見淮山，是日至壽州		龍騰	
題竹石牧牛	黃庭堅	正中	
寄黃幾復	黃庭堅	龍騰、三民、大同資訊	
觀書有感之一	朱熹	正中、南一、翰林、大同資訊	
觀書有感之二	朱熹	正中	
正氣歌並序	文天祥	正中、南一、翰林、大同資訊	

(六)詞選

篇目	作者	版本	冊次
虞美人	李煜	大同資訊	第五冊
浪淘沙（簾外雨潺潺）	李煜	三民、翰林	
念奴嬌（赤壁懷古）	蘇軾	龍騰、南一、翰林	
定風波	蘇軾	正中	
水調歌頭	蘇軾	大同資訊	

雨霖鈴	柳永	龍騰	
一翦梅	李清照	三民、大同資訊	
武陵春		正中	
聲聲慢		南一	
賀新郎	辛棄疾	正中	
破陣子（醉裡挑燈看劍）		三民	
醜奴兒		南一、翰林	

三、研究方法

在本論文中，筆者所著力討論的，就是如何進行古典詩詞之「義旨教學」。首先，要掌握詞章之「義旨」，章微穎先生以爲有「從文義到文旨」與「從文旨到文義」循環式的兩步工夫⑧；黃錦鋐則認爲從「解釋題文」、「課文的本事和背景」、「處理課文文義的步驟」、「闡發文義」與「體會作者表達之技巧」五步來處理⑨；張學波認爲探究韻文篇旨的方法有「從全篇文義之剖析，以探究篇旨」、「從前人研究之著作，以辨認篇旨」以及「從作者生平之事蹟，以探尋篇旨」三種⑩；余書麟以「題義」、「文義」爲文義探究的兩步驟

⑪；王明通亦以爲探究義旨，首在求解題，第二步再探究課文之義旨⑫。這些步驟與方法，歷來研究國文教學的學者都已有所論述，但皆是提出一原則概說，僅爲全文之一部分，故筆者參酌前人之說法，以及陳滿銘近年來在國文教學上的研究成果，他說：「要探究範文寫什麼，以深究其內容，則以探明篇旨爲首要的工作，而這項工作，通常可就主旨（綱領）的安置、顯隱與材料等方面加以討論。」⑬除此之外，再加以個人對課文之分析進行研究。因本論文主在古典詩詞之義旨教學，故以現行的六家版本之課文爲範本。

其中，作品的創作背景與作品之間息息相關，故要討論課文之義旨，則必先認識作者，所以本論文第二章即從「創作背景」（即張學波「從作者生平之事蹟，以探尋篇旨」）開始，這是因爲一時代有一時代之文學，時代背景會影響文學的發展、文學的內容；作者的個人背景會影響作品風格、作品的旨趣，所以在探究課文義旨前應先介紹「作者生平」，使學生對其人有粗淺的認識，以引起學習興趣。

第三章爲「文旨的顯隱與義旨教學」，此章討論的方式是以黃錦鋐所說的「解釋題文」、「課文的本事和背景」與張學波的「從前人研究之著作，以辨認篇旨」三方面來分析歸納出課文之文旨，使學生了解題文與課文有何關係？王更生有云：

> 題目的作用，原是作者用來標舉中心思想，統攝全文的。⑭

所以教師須經過解剖分析，才能藉題文來統攝課文的梗概。還有課文的本事與背景爲何？作者的寫作動機爲何？另有前人已詳細探討過的篇旨，「吾人應多方搜尋前人研究的資料，然後加以辨證，選擇一個最可信的說法，作爲該韻文的篇旨」⑮，也可擇要提示給學生作爲參考。這裡的分析結果將依「文旨全顯」、「文旨顯中有隱」與「文旨全隱」三類來呈現，並於末節進行「顯隱辨別」與「情意分析」的綜合討論。

至於篇章中所使用的材料，亦是構成作品的主要關鍵，故於下一章討論「材料的使用與義旨教學」，這是因爲：

> 詞章的義蘊是抽象的，而所運用的材料是具體的，運用具體的材料來表出抽象的義蘊，才能使詞章發揮它最大的說服力與感染力。⑯

且一篇好的文章，必然經過適當的「鎔裁」，所以透過材料的分析，可將其中抽象的文義激發出來，便能對作品有更透徹的理解。這裡筆者將課文中所使用的主要材料先行分類，粗分爲「事材」和「物材」兩種：其中「事材」方面再細分爲「歷史材料」、「現實材料」與「虛構材料」，「物材」則細分爲「自然物」與「人工物」，並從所分析的材料中歸納出其所生發的作用：如何達到凸顯文旨、情意統一的目的。如此分析歸納，一方面可讓學生對文義有更深的領會，一方面可學得運材的技巧，也從中了解「材料」的使用與「文旨」之間的密切關係。這一部分在講解詞句文義時可說是章微穎先生之「從文義到文旨」，或是黃錦鋐的「處理課文文義的步驟」或是張學波認為的「從全篇文義之剖析，以探究篇旨」，也就是「化零為整」的工作；而在一篇文義講解之後，也提示出一篇之文旨，就要再回到課文上「闡發文義」，以深入釐清材料的作用，也就是「化整為零」的步驟。

第五章所討論的是「章法結構與義旨教學」，此部分是以章法的角度來分析課文的結構。所謂的「章法」就是「指文章構成的型態而言，也就是將句子組合成節段，由節段組合成整篇的一種方式。」⑰而「結構」就是在文章中「聯句成節、聯節成段、聯段成篇的一種組織型態。對這種組織型態作分析，不但可深入內容的底蘊、尋繹文意的脈絡、判斷節段的價值，更可理清聯絡的關鍵、辨明布局的技巧。」⑱所以兩者只是一虛一實的關係。劉勰在《文心雕龍・附會》中說：

> 何謂「附會」？謂總文理，統首尾，定與奪，合涯際，彌綸一篇，使雜而不越者也。

可見作者在進行文章的謀篇佈局時，一定是在「總」的立意之下，也就是在文旨的統率下進行。故此章筆者著眼在作者為文的寫作方法來指導，而非以制式的分段分節來提示段旨。用意在於從章法的分析揭示出作者謀篇佈局的技法，以見一篇作品是如何達成統一於文旨，又能夠有秩序、有變化，又如何彼此聯貫，這些都是可以讓學生學習的技法。這裡就包含了章微穎先生的「從文義到文旨」與「從文旨到文義」，或是黃錦鋐的「處理課文文義的步驟」與「體會作者表達之技巧」，或是張學波認爲的「從全篇文義之剖析，以探究篇旨」，既是前進的，也是回復的。這是因爲在分析課文時需以章法來討論講解，這要將一篇文章拆解成篇章結構的各個部分來說明，以凸顯出文旨，確立文旨的安置；再由文旨的安置來討論各個部分在篇章中對文旨的地位價值、任務作用。

將教材與義旨相關的部分討論分析之後，最後一章則是把前文作一統整，期能將理論與實際結合，而非只有教材分析的理論，黃錦鋐說：

> 我們充分準備了教材的形式與內容，還必須有安排過程的技術與方法。這樣，教學才能產生實質的作用。教材所能發生陶冶感染的作用，全靠這些技術的指引呢！⑲

故本章爲「義旨教學之活動」，分別就「義旨教學之處理順序」與「義旨教學之活動過程」兩部分舉例演示，將準備的教材作有效的安排。

第二節　文章義旨概說

一、義旨之定義及其重要性

在國文教學的實際活動中，「義旨的探究」是相當重要的一環，而所謂的「義旨」實爲「文義」和「文旨」（或稱中心思想、主旨）的合稱。章微穎先生解釋說：

> 文章以作者的思想情意與事理、文辭三部合奏而成。由於詞句所組成的節段篇章文辭直接表出事理的，謂之文義；由於作者的思想情意鎔裁事理，託諸文辭來表出的，謂之文旨，亦即一般所稱的意思。意思是文章的生命，文辭是文章的形體；無文辭則意思無所託，無意思則文辭成為屍骸。[20]

可見文義與文旨兩者之間，是彼此相互依存的。

而文旨的重要，不管是要文章鑑賞，還是作文立意，都需要掌握住此一重點，自古以來就多被討論，但古代文論家並未用「文旨」（或主旨）這一名詞，通常是以「意」這一泛稱或其他名詞來代表。㉑如早在魏晉南北朝的陸機於《文賦》說：

立片言以居要，乃一篇之警策。

這被立的「片言」，是在文章中「居要」的位置，而且是「一篇之警策」，可見此「片言」乃是在說明「文旨」的重要。另外，洪邁在《容齋四筆》中引了蘇軾一段話：

江陰葛延之，自鄉縣省蘇公於儋耳，請作文之法。公誨之曰：「儋州雖數百家之聚，而州人之所需，取之市而足；然不可徒得也。必有一物以攝之，然後為己用；所謂一物者，錢是也。作文亦然。天下之事，散在六經子史中，不可徒使，必得一物以攝之，然後為己用，所謂物者，意是也。不得錢，不可以取物；不得意，不可以用事，此作文之要也。」葛拜其言，而書諸紳。㉒

蘇軾以爲「意」可以驅使散在六經子史中的天下之事，以爲己用，則此「意」即是「文旨」，一旦文旨確立，才能選擇表達文旨所需的材料，材料經過組織之後，便形成了文章的內容。當然，不僅爲文如此，作詩詞也須講求文旨，王夫之就說：

無論詩歌與長行文字，俱以意為主。意猶帥也，無帥之兵，謂之烏合。㉓

這段話有力地指出不管是詩歌還是散文都應在文旨的統率下來組織材料，方能形成有靈魂、有生命的好篇章。除此之外，范德機也認爲作詩：

學者必先命意，意正則思生，然後擇韻而用，如驅奴隸，故首尾有序。㉔

這是說作詩一定要先確立中心思想，然後才去構想如何表達文旨，因此「思生」，再來才是「擇韻而用」，落筆爲詩，如此寫出的作品是「首尾有序」，受文旨主導的。還有，蔣兆蘭談到「詞」的寫作時亦云：

填詞之法，首在煉意。命意既精，副以妙筆，自成佳構。㉕

同樣說明了塡詞最首要的也是文旨的確立。

至於文辭則是文旨賴以傳遞的工具，范曄即說：「常謂情志所託，故當以意爲主，以文傳意。以意爲主，則其旨自見，以文傳意，則其詞不流。」㉖這裡的「意」是指內容而言，需靠文辭之「文義」來表達，而內容的核心就是「旨」，也要靠文辭之文義來呈現。吳曾祺在《涵芬樓文談》中言道：

作文之法，辭句未成，而意已立，既立之後，於是乎始，於是乎終，於是乎前，於是乎後，百變而不離其宗。如賈生作〈過秦論〉，只重仁義不施四字。柳子厚作〈梓人傳〉，只言體要二字。韓文公作〈平淮西碑〉，祇主一斷字。蘇長公作〈司馬溫公神道碑〉，祇用誠意一二字。雖其一篇之中，波瀾起伏，變化不窮；而大意總不出乎此。夫意祇一言可盡，而必多為之辭者，蓋獨幹不能成林，獨緒不能成帛，獨木不能成屋，獨腋不能成裘。㉗

其中說明了「作文之法」在先「立意」的原則與重要性，且舉出多例來證明文旨所以是一篇核心的道理；此外，更指出文旨「一言可盡」，所以必須要靠文辭來鋪陳。可見文旨確立之後，再托之文辭來展現，便是爲文之要方，如無文辭來寄託文旨，則文旨當然無法展現，所以要把握一篇之文旨，則必先見其文辭，曉其文義。

綜上所述，在國文教學的過程中，不僅要讓學生理解課文的詞句文義，更要明白其蘊藏的事理意思（文旨），如此方能確實掌握課文文旨，透徹領會課文文義，並從中學得寫作的運材技巧，並加以消化利用。朱熹於《語類》即云：

> 曉得文義是一重，識得意思好處是一重；若只曉得外面一重，不識得它好底意思，此是一件大病。

所以「識得好底意思」（即文旨）當是閱讀文章所應注重講求的。讀詩也是如此，方東樹就認為：

> 不尋其命意，則讀其詩不知其歸宿，亦並不能悟其文法所以為奇為妙，為變為遮，為棱為汁，為景象為精彩也。㉘

可見讀詩當求「命意」，方能知其「歸宿」，才能領悟為文的妙處。不過，當吾人在處理範文時，則必須全盤通曉文章的詞句文義，才能掌握住作者為文的用意、明白文章所蘊藏的事理意思，程伊川即言道：

> 凡看文字，需先曉其文義，然後能通其意，未有文義不曉而能見意者。㉙

故此兩者是不可有所偏重的。

二、義旨與綱領、內容的關係

由上所述，文義是文辭所表出的事理，文旨是其所蘊藏的意思；至於綱領則是用以貫注全篇，「串起所有的字、句、段、章，使所有的字、句、段、章所產生的意義，都能按部就班、不雜不越地指向同一個目標——主旨。」㉚簡單地說，綱領就是用以連結文義來明確表達文旨者；而內容則可說是「經由字句章篇藉以表達的思想情意。」㉛但由於文旨、綱領與內容這三者彼此關係密切，往往易被混爲一談，對此，陳滿銘的〈談詞章主旨、綱領與內容的關係〉一文與仇小屏在《文章章法論》一書中都有精彩的論述。於此，筆者將從高中國文所選的古典詩詞中，以兩例來說明綱領與文旨分立和重疊的情形，以及與文義、內容之關係。

綱領與文旨有別的情形，可以用杜甫〈石壕吏〉爲例：

暮投石壕村，有吏夜捉人。老翁逾牆走，老婦出門看。吏呼一何怒！婦啼一何苦！聽婦前致詞：「三男鄴城戍。一男附書至，二男新戰死。存者且偷生，死者長已矣！室中更無人，惟有乳下孫。有孫母未去，出入無完裙。老嫗力雖衰，請從吏夜歸。急應河陽役，猶得備晨炊。」夜久語聲絕，如聞泣幽咽。天明登前途，獨與老翁別。

這首詩是採「先點後染」的形式寫成的。「點」的部分，爲起首兩句，先點明事件發生的地點，再點明事件發生的時間，至於發生的事件──「有吏夜捉人」，也就是綱領，也於此明白揭示出來，統攝下文。「染」的部份，自「老翁逾牆走」至篇末，以「由先而後」的方式，含三節來寫：首節寫因「有吏夜捉人」的反應，「老翁」先「逾牆走」，後「老婦出門看」；次節寫「出門看」後的「致詞」，將官吏的橫暴、不通人情，以及老婦的遭遇、委曲求全藉由「致詞」表現得宛如目前，描寫出「有吏夜捉人」的過程；三節寫「有吏夜捉人」的結果，即老婦「天明登前途，獨與老翁別」，這件事也於此劃下了句點，但人民的苦難卻因戰火不斷而永無休止之時！這就是作者爲文的用意，旨在寫「官吏的橫暴與人民的苦難」，在篇外；而以「有吏夜捉人」爲綱領，其內容則爲描寫「有吏夜捉人」的經過。

至於綱領和文旨重疊的情形，則可以用王安石〈明妃曲〉爲例：

明妃初出漢宮時，淚濕春風鬢腳垂。低徊顧影無顏色，尚得君王不自持。歸來卻怪丹青手，入眼平生幾曾有？意態由來畫不成，當時枉殺毛延壽。一去心知更不歸，可憐著盡漢宮衣。寄聲欲問塞南事，只有年年鴻雁飛。家人萬里傳消息，好在氈城莫相憶。君不見咫尺長門閉阿嬌，人生失意無南北。

這首詩是採「先敍後論」的方式，先敍述明妃初出漢宮之時的情景，即是篇首至「當時枉殺毛延壽」句，寫明妃因「失意」而流淚、而無顏色，君王卻仍「不自持」，更反襯明妃的「失意」，再寫毛延壽事，也是為了襯托出明妃的容貌氣質是小小的畫工所無法描摹的，使不得志的「失意」之苦更加一層；後敍述明妃到塞北的情景，即「一去心知更不歸」至「好在氈城莫相憶」，由明妃到塞北仍著漢宮衣寫其氣節之堅貞，以「年年鴻雁飛」引起更深的「失意」，並由家人的勸慰帶出阿嬌之事，以抒發「人生失意無南北」的感慨與結論。由上分析可知，本詩的文旨與綱領為「失意」，在篇內，而內容則是寫明妃出塞之事。

如此經由分析文辭而明白文義，便可知道文章之內容，進而釐出文章之文旨。由此可知，無文辭則文旨無所托，文旨需靠文辭之文義來表達，無綱領則文義無法貫串，文義需靠綱領來統一，以展現出文旨。至於文旨與綱領則有時重疊，有時分離，「這只是文章寫作中自然形成的一種現象，無所謂好壞。但辨明綱領與主旨這種二而一、一而二的關係，卻對深入辭章的義蘊有莫大的裨益。」㉜這也是國文教學中所應加以注意的。

注釋

①參見章微穎先生，《中學國文教學法》，頁三八。

②參見章微穎先生，《中學國文教學法》，頁四八。

③見黃錦鋐，〈兩岸港澳新語文教學研討會閉幕的講演詞〉，收於《國文教學法》頁六。

④見黃錦鋐，《國文教學法》，頁九九。

⑤見〈詩歌教學〉一文，收於《如何教國文》第二集，頁八八。

⑥見《詩詞曲教學輔導論文集》，頁二三。

⑦黃錦鋐語，見〈詩歌教學〉一文，收於《如何教國文》第二集，頁八九。

⑧參見《中學國文教學法》，頁四八～四九。

⑨參見《國文教學法》，頁八八～一一〇。

⑩參見《中學國文教學理論研究》，頁二二～三〇。

⑪參見《國文教學法》，頁七一～七六。

⑫參見《中學國文教學法研究》，頁一五五～一五九。

⑬見陳滿銘，〈談篇旨教學〉，收於《高級中學國文、英文、物理、化學四科輔導資料彙編》，頁一一。

⑭見《國文教學新論》，頁四三。

⑮見張學波，《中學國文教學理論研究》，頁二六。

⑯見陳滿銘，〈談詞章的義蘊與運材之關係〉，載於《國文天地》一〇卷六期，頁四四。

⑰見陳滿銘，《國文教學論叢》，頁二七。

⑱見陳滿銘，〈如何進行課文結構分析——以高中國文教材爲例〉一文，收於《臺灣省高級中學教學輔導叢書國文科研究專輯》第五輯，頁四九～七七。
⑲見《國文教學法》，頁一五五。
⑳見《中學國文教學》，頁四七。
㉑詳見仇小屏，《文章章法論》，頁四二四～四三六。
㉒見洪邁，《容齋四筆》卷一，《容齋隨筆五集》（臺北：臺灣商務印書館，一九六八【民五七】年九月），頁一〇七。
㉓見王夫之，《薑齋詩話》下，《淸詩話》（臺北：藝文印書館印行），（一），頁一。
㉔見范德機，《詩家一指》，收錄於朱紱，《名家詩法彙編》，頁六三。
㉕見蔣兆蘭，《詞說》，《詞話叢編》（十二），頁四二八〇。
㉖見〈獄中與諸甥姪書〉，收於《後漢書》（臺北：臺灣商務印書館，一九七九【民六八】年一一月初版），頁九九七。
㉗見吳曾祺，《涵芬樓文談》（臺北：臺灣商務印書館印行，一九六六【民五五】年一一月），頁二一。
㉘見方東樹，《昭昧詹言》（臺北：廣文書局，一九六二【民五一】年），卷十一，頁三。
㉙見朱熹，《近思錄》（臺北：臺灣商務印書館，一九六八【民五七】年三月），卷三，頁一〇〇。

㉚見仇小屏，《文章章法論》，頁四一七。
㉛見王更生，《國文教學新論》，頁六八。
㉜見仇小屏，《文章章法論》，頁四二〇。

第二章　古典詩詞之創作背景與義旨教學

在進行國文教學時，教師通常都會先介紹作者生平，這是因爲每個人的遭遇、個性、學養、思想、文學造詣以及時代的影響都不同，所創作出來的篇章風格、成就就會隨之不同；畢竟，「作者是創作的主體，是我們瞭解作品最基本的一個憑藉」①，所以要眞正理解一首詩，「『知人』與『論世』是十分必要的。因爲人不可能生活在眞空中，都要受到時代和環境的影響，何況一切文學藝術都是以社會生活爲表現對象，經過作家們的頭腦加工出來的。」②因此，在進行課文讀講之前，應先認識作者的時代背景與個人背景，如此更能體會作者爲文的用心，更能掌握辭章的義旨。《孟子・萬章》（下）就說：

> 頌其詩，讀其書，不知其人，可乎？是以論其世也，是尚友也。

可見知其人、論其世的重要。

因此，下文將分別討論「時代背景與義旨教學」、「個人背景與義旨教學」：在「時代背景」方面，是以時代作爲區隔，分別討論同時代中的政治、社會背景，以及詩體、詞體本身的發展情形；在「個人背景」方面，則逐一列出作者之個人背景，像是成長過程、個人際遇以及思想性格等。希望透過此方式更能理解作者爲文的用心，更加掌握詩詞的義旨，並將「作者教學」與「課文講解」能有效地加以結合，而非兩個獨立的教學部分。需要加以說明的是，在進行「個人背景」的討論時，筆者著眼在其與作品之間的結合，所以並非以介紹完整生平的方式進行論述。

第一節　時代背景與義旨教學

所謂「文變染乎世情，興廢繫乎時序」（《文心雕龍・時序》），各個時期都有不同的社會、政局、學術等時代背景，經由這些背景的交互作用，吾人可發現環境的改變，會影響作者的際遇與心境，進而影響其文學作品的義旨。尤其是用以抒發情意的詩詞，更直接將現實遭遇的感受反映在作品之中。對此，鍾嶸在《詩品・序》即說：

> 氣之動物，物之感人，故搖蕩性情，形諸舞詠，照燭三才，暉麗萬有。靈祇待之以致

饗，幽微藉之以昭告。動天地，感鬼神，莫近於詩。……若乃春風春鳥，秋月秋蟬，夏云暑雨，冬月祁寒，斯四候之感諸詩者也。嘉會寄詩以親，離羣托詩以怨。至於楚臣去境，漢妾辭宮，或骨橫朔野，魂逐飛蓬；或負戈外戍，殺氣雄邊；塞客衣單，霜閨淚盡；或士有解佩出朝，一去忘反；女有揚蛾入寵，再盼傾國。凡斯種種，感蕩心靈，非陳詩何以展其義？非長歌何以騁其情？

如此便清楚說明了詩歌是「現實生活的反映」。所以，現實生活的改變一定會影響詩歌的義旨。

比如說，唐代是詩相當發達的時代，但是各時期的詩歌訴求卻有所不同，這是受到當時的社會背景影響：盛唐時一派欣欣向榮的景象，人民生活安和樂利，商業發達，所以才會有以商婦爲題材的〈長干行〉；此時君主對外擴張領土也常常奏捷，國勢强大，故有預祝成功的〈走馬川行奉送封大夫出師西征〉與宣慰邊將的〈使至塞上〉這一類以描寫邊塞爲主題的作品產生；但至中唐，則因安史之亂使得唐帝國元氣大傷，社經情況也日益衰敗，反映民生痛苦的現實主義便油然而生，「合爲事而作」（白居易〈與元微之書〉）的詩歌就成爲此時期的代表，如〈石壕吏〉、〈輕肥〉等。由此可見環境的需求會左右詩歌創作的中心思想。

另外，國破家亡的劇變更使多情善感的詩人蘊育出撼動人心的篇章。如北宋南宋之交，用以抒發難以承受的哀愁之〈聲聲慢〉、〈武陵春〉；或是一腔熱血卻壯志未酬的〈書憤〉、〈破陣子〉、〈賀新郎〉、〈醜奴兒〉；以及南宋末用以明志的〈正氣歌〉等作品，皆可看出大環境對詩歌義旨的影響。

以下將依高中國文所選的六十一首古典詩詞的產生時期，依序討論時代環境對作品義旨的影響：

一、先秦時期

在秦王政二十六年（西元前二二一年）統一天下，建立我國歷史上第一個大一統的帝國之前，皆可稱爲先秦。此時期最璀璨的文學代表之一，就是《詩經》。由於社會基礎從最早期慢慢進展到了西周這個階段，人的思想感情，自然也會益趨複雜，較成熟的哲學與文學也因應當代的社會生活而出現，三百零五篇的《詩經》就是在這種環境下產生。這三百多篇詩作，我們並無法考證每篇的時代，但就全體而言，以〈周頌〉爲最早，大致都是西周初年的作品；〈大雅〉裡也有幾篇是西周初年之作，而大部分是西周中葉以後的作品。〈小雅〉多半是西周中葉以後所作，有少數則作於東周初年。〈國風〉中早的作於西周晚年，晚的已到春秋中葉以後。〈魯頌〉四篇全作於魯僖公之時；〈商頌〉最晚也作於此時。③可以說，《詩經》約起於周初（西元前一一〇〇年左右）之〈周頌〉，最晚爲春秋中期（西元前六〇〇年左右）的〈陳風・

株林〉或〈曹風・下泉〉篇。④

在這長達五百年的時間中，政治上的起伏是很多變的。成、康兩代，社會較安定，「刑錯四十餘年不用」（《史記・周本紀》）。昭、穆以後，國勢漸衰。厲王被逐，幽王被殺，平王東遷，之後王朝威望日落，諸侯吞併，百姓窮苦，社會上呈現極度紊亂的局面。由於此時期的君主隨意地剝奪百姓的自由與權利，任意奴役百姓，長久生活在這種暴虐荒淫專制下的人民，自然會興起不得不發的呼號、譴責剝削者的悲鳴。如作於平、桓之世⑤的〈魏風・碩鼠〉就是在這種環境下產生，石夫說：「民眾在經過長期痛苦之後，對現實必然失望，於是在幻想中求滿足。……詩人自言他在貪婪如碩鼠的官吏之治下，經過長時間的容忍，仍不得安生，因而憤言即將離而遷往康樂之鄉。」⑥這類社會詩，表現了「饑者歌其食，勞者歌其事」的現實主義精神，在藝術上有很高的成就。

除了反映時代的社會詩外，抒情詩也是《詩經》中另一塊燦爛的瑰寶。抒情歌曲在口頭文學時期便已出現，但用文字記錄下來的時間卻較晚。〈國風〉中大多數的抒情歌曲，是《詩經》時代較晚的作品。⑦如高中國文所選的〈周南・關雎〉與〈秦風・蒹葭〉等抒情篇章，都是這種背景下感情鮮明、音調優美、回旋反覆，語言生動，富有藝術感染力的詩作。

另外，從宗廟的頌詩演進爲宮庭音樂的〈二雅〉，內容情感自與宗教詩完全不同。像爲「燕饗之樂」⑧的〈小雅〉，內容有的寫宴會，有的寫賞賜諸侯，有的寫慰勞士卒，這都是宮廷的樂歌，音樂舞蹈已非鬼神的專利，而成爲權貴們的消遣娛樂，所以這類詩多是記王室公卿大夫的。⑨就如〈小雅・蓼莪〉篇，余培林闡釋說：「惟文云：『民莫不穀，我獨何害。』『民莫不穀，我獨不卒。』則作者（我）之身分必非一般人民，而爲有民有土之王室貴族可知，如此，則詩列於〈小雅〉可得而說矣。」⑩此詩已脫離燕饗的範圍，卻是〈小雅〉中感人至深的不朽名篇。

二、兩漢時期

西漢武帝時代是漢朝的昌盛時期，不僅社會經濟繁榮，府庫充裕，還向外擴張領土，擊敗匈奴，溝通西域，既保衛了邊疆的安全，也促進國際貿易和文化交流。但在武帝晚年，因連年用兵，國用已感不足，這就帶來不少禍患。雖後有昭、宣之治，但西漢末期宦官、外戚相繼爲禍，朝政紊亂，人民生活自然苦不堪言。東漢初期的社會雖然有光武帝中興與明章之治，但後來宦官外戚奪權鬥爭，終釀成兩次黨錮之禍，政治越來越敗壞，人心怨憤。再加上安帝以後連年天災，水利失修，百姓大量餓死流亡，甚至發生人吃人的慘劇，結果造成了黃巾之亂及軍閥混戰。獻帝時，四方州牧據地稱雄，東漢已名存實亡。在東漢末年這樣的社會背景下所產生的詩歌，尤其是民間的創作，自然會反映出當時民生的眞實面貌以及人民的思想感情。高中國文所選的〈長歌行〉、〈陌上桑〉、〈飲馬長城窟行〉以及《古詩十九首》就是在這種悲慘時期所產生的作品。

在《昭明文選》中，〈長歌行〉被題爲「樂府古辭」，爲漢代流傳的一首樂府詩，作者已不可知。根據郭茂倩《樂府詩集》所分，此詩屬漢樂府《相和歌・平調曲》，爲一首詠萬物盛衰有時，人當奮發自勵的詩。

〈陌上桑〉一詩最早著錄於《宋書・樂志》，題爲〈豔歌羅敷行〉⑫；《玉臺新詠》輯錄本詩，以其首句爲題，題爲〈日出東南隅行〉，一作〈陌上桑〉、〈豔歌羅敷行〉⑫，蓋爲流行於漢魏的樂府民歌，作者不詳。詩中通過鮮明的典型形象，將統治者的劣行與婦女的堅貞表露無遺，雖然表面不作批評，而讀者心中自有褒貶。詩中所反映的使君調戲羅敷，强迫共載，這正是東漢社會政治狀況的眞實反映。陳友冰說：「東漢時代豪門貴族憑藉權勢搶掠民女是屢見不鮮的，而且是在光天化日下毫無忌憚。據《後漢書・梁冀傳》載：大將軍梁冀『使人復乘勢橫暴，妻略婦女』；《後漢書・梁節王劉暢傳》中，記載了梁節王劉暢略取小妻三十七人；在〈樂成靖王劉黨傳〉中，又記載劉黨霸占民婦並暗殺其丈夫的罪行。當時就連宦官也『多取良人美女，以爲姬妾』（《後漢書・卓超傳》），因此〈陌上桑〉所描述的故事，正是這類事件集中而典型的反映，而且民歌作者還讓羅敷在反抗中用機智和聰明戰勝對方，這更反映了當時人民對豪門貴族的痛恨和戰勝他們的願望。」⑬由此可見，當時女子的地位與權貴欺壓百姓的現實面。

〈飲馬長城窟行〉最早見於《昭明文選》，題爲「樂府古辭」。李善說：「言古詩，不知作者姓名，他皆類此。」⑭《五臣注》也說：「漢武帝定郊祀，乃立樂府，散採齊、楚、趙、魏之聲以入樂府也。名字磨滅，不知其作者，故稱『古辭』」，可見編者不知作者爲誰。而稍晚的《玉臺新詠》也選載本詩，題爲「蔡邕作」。⑮不過經由許多學者的考證，大多認爲此詩直抒胸臆，有濃郁的民歌風味，與蔡邕的詩風不同。且本詩全面運用比興手法，率眞親切，而又意味深長，當是東漢末五言詩趨向成熟前，依樂府舊題所作的民歌，而非蔡邕之作。至於詩中所寫的思婦思念遊子之苦痛，當是東漢社會問題的文學反映，漢人桓寬在《鹽鐵論・繇役》中說：「今中國爲一統而方內不安，徭役遠而外內煩也。古者無過年之徭，無逾時之役；今近者數千里，遠者過萬里，歷二期。長年不還，父母憂愁，妻子詠嘆。憤懣之情，發動於心；慕思之積，痛於骨髓。」⑯因此本詩中所抒相思之情應是當時的普遍現象。

代表了東漢末期五言古詩之最高成就的《古詩十九首》，始見於梁昭明太子蕭統所編的《昭明文選》，未列作者也未著詩名。但因這批詩歌風格相近，皆爲抒情短詩，且篇幅整齊，具有獨特的藝術性，因此便以「古詩」之泛稱來加以統括，鍾嶸《詩品》也說：「《古詩》眇邈，人世難詳」，此後「古詩十九首」便成爲特定名稱流傳下來。原詩本無題目，後世以各詩第一句作爲詩題。但稍後於蕭統的徐陵，在《玉臺新詠》中則將《古詩十九首》其中的八首題爲「枚乘雜詩」，後來甚至有人認爲全是枚乘所作，或是他人所作，但都缺乏根據，不足採信。不過，從五言詩的發展和成熟情形，以及詩中展現的思想背景來判斷，《古詩十九首》大約產生於建安以前，東漢末期，爲一些不得志的文人模仿樂府民歌及國風體裁所創作的抒情短詩。⑰清人沈德潛云：

> 《古詩十九首》，不必一人之辭，一時之作。大率逐臣棄婦、朋友闊絕、遊子他鄉、死生新故之感。⑱

這樣評論《古詩十九首》，是相當正確的。

《古詩十九首》雖然是各自成篇，但合起來看，卻是息息相通的整體，多半以感時言愁和離別相思爲主，這反映了東漢末年社會的動盪不安，與時代的無奈及苦悶。因東漢末年，當時士人爲求功名祿位，往往離鄉背井出門留學，投奔大僚，甚至於因功名不就而無顏返鄉，飄蕩在外。再加上此時內有宦官、外戚爭權，外有黃巾、黑山之賊爲亂，連年的饑荒與瘟疫，造成百姓家破人亡，生離死別的悲怨。這些潦倒失意的文士，流離失所，羈旅途中，而生出無窮的牢騷與不平，或自抒遊子之感懷，或設想思婦之心情，由此便將這同一性質的苦悶，從兩種不同的角度表現出來。在高中國文所選的《古詩十九首》的篇章中，自抒遊子之感懷的作品有〈涉江採芙蓉〉，描寫遊子採芙蓉欲贈其妻，由此生發懷妻之感，這仍是離別相思的主題；還有在歸途上感悟人生短暫，應及早努力的〈迴車駕言邁〉一篇，這就是感時言愁之作。至於設想思婦之心情者，有〈行行重行行〉、〈迢迢牽牛星〉、〈凜凜歲云暮〉與〈客從遠方來〉等篇，則全都是抒發離別相思之情。從這些篇章看來，他們的分離絕不是短期的，也不是相隔很近的，「相隔萬餘里，各在天一涯」（〈行行重行行〉）、「客從遠方來，遺我一端綺」（〈客從遠方來〉）、「涉江採芙蓉，所思在遠道」（〈涉江採芙蓉〉）都說明了隔絕的時空是久且遠的，可見這些作品是在長年不斷的戰爭和繁重的徭役下，反映出亂離時代的遊子思婦之悲痛心情。

三、魏晉時期

魏晉時代是文學的自覺時代，此時期的文學思想擺脫了傳統儒學的束縛，探討文學的特點和規律，明確文學觀念，也提高了文學的價值和社會地位。而作爲魏晉文學主要形式的詩歌，在漢代樂府民歌和文人五言詩創作的基礎上，得到了鞏固與發展。

由於東漢末年的朝政紊亂、災厄不斷，魏晉時期的爭權奪利、戰亂頻仍的環境下，文人更是動輒得咎，命如雞犬，所以魏晉時期的文人故意裝聾作啞、寄情藥酒、或文尚曲隱、或詩雜仙心、有的談玄，有的歸隱，這對文學的轉變有很重要的影響。也是因爲此種政治動亂的局面，以及曹操取才不必有行的影響，使得已漸衰微的儒學更無法維繫人心，如此反而促使了文學的自覺，不再是政治的附庸，而能步上個人言志的途徑；儒學衰微之後，消極出世的老、莊思想取而代之，文人對政治壓迫、禮教束縛的反抗精神也反映在文學作品中；而佛、道的傳佈更是讓當時苦難的人民有所寄託，不僅助長了玄風，也在文學精神上起了一些作用。對此，劉大杰認爲：魏晉文學的精神，雖然有反映現實、批評現實的積極意義（尤其是建安），但一般說來（特別是晉代），還是呈現出比較濃厚的玄虛傾向，不少作品還表現出神祕虛無的色彩和高蹈消極的情緒。⑲可見時代環境對文學作品的影響。

東漢末年，政治上發生了激烈的震盪，由於朝廷日益腐敗，外戚宦官爭利奪權，壓榨百姓，加上水旱連年，又水利失修，人民生活陷入絕境，終於爆發黃巾之亂；接著是董卓、曹操的舉兵，此時雖仍是漢獻帝的年號「建安」，但政治大權已全部掌握在曹操手中。由於時代環境的刺激與政治領袖的提倡，建安時代的文學有不小的成就，其詩歌特色爲「運用新起的五言形式，從民歌吸取長處，反映現實，抒寫懷抱，情文並茂，慷慨悲涼。」⑳曹操的〈短歌行〉即是一首運用樂府舊體的四言詩作，用以抒發自己統一天下的壯志與招募人才的渴望；而劉楨的〈贈從弟〉也是此時期言志自勵的名篇。

三國之後，便是曹丕、司馬兩家的奪權。直到西元二六五年，晉政權正式成立，才爲長期紛亂的局面創造了有利的統一條件；同時司馬氏集團也急切於在全國的統一中來鞏固自己的統治，奪取東吳、掃蕩邊境內的騷亂勢力，便成爲上下一致的呼聲。生活在這樣歷史條件下的左思為形勢所驅動，有志於全國的統一，並藉以造就自己的事業。然而到了洛陽，對天下形勢有了更清楚的認識，也才明白世族制度的現實。〈詠史詩〉即以當時西晉、東吳與羌胡的戰爭為其背景，寫詩人以其不凡的才幹，盼能為國效力的抱負。

到了東晉，因偏安江左，欲振乏力。又由於永嘉之亂的影響，詩人感傷離亂，多懷逃世之情，內容除了老莊之外，又添佛理。這類哲理詩、遊仙詩流行既久，難免生厭，義熙年間的陶淵明以其數十年田園生活的經驗，發為吟詠，寫成田園詩，使魏晉以來詩歌進入一全新之局，也是我國詩歌史上的珍品。[21]如〈飲酒〉詩第五首就是其中佳作。

四、唐代

從三國到南北朝，政治上一直是紛亂的局面，在這段長達三百年的時間中，漢族和其他民族融合同化，外來的宗教、哲學、藝術以及物產各方面的輸入，使得這時期的文化加入新的成份，別具特色。雖然隋文帝楊堅將政局上混亂的局面加以統一，在漢族與其他民族融合的基礎上建立集權的中央政府，但可惜的是至隋煬帝時浪費荒淫，動搖了社會根本。在這種情勢下，就有待唐朝才能在政治文化上創造出偉大的成果。

唐代是中國詩歌史上的黃金時代，不管是古體律絕、五言七言都趨於完備而全盛，內容豐富、風格多樣、派別分立、思潮演變，呈現出爭奇鬥艷、百花怒放的盛景。據宋人計有功所撰之《唐詩紀事》，所錄有一千一百五十家；淸代所編撰的全唐詩，所錄有二千多家，詩共四萬八千九百多首，但也並非唐詩的全部，遺佚者仍有不少。在這些收錄的作家中，自帝王、貴族、文士、官僚、和尚、尼姑、道士、歌妓都有作品，可知詩歌在唐朝是一種非常普遍的文學形式。

詩爲何在唐朝能夠蓬勃發展，自有其時代環境的因素：一來由於唐朝統一後，社會日益安定，經濟日益發達，終於發展成秦漢以後最强大的帝國，所以帝王有餘力提倡詩歌、禮遇詩人，爲富强繁榮的大唐帝國錦上添花，便使得詩人地位隨之提高、對詩歌的創作起了鼓舞作用。二來唐代以詩爲進士科考試的科目之一，天下文人莫不想一舉成名天下知，自然會在詩歌的藝術技巧上鑽研。還有，本來詩歌幾乎都是貴族或周遭文士的作品，內容受限於上層階級的經驗，故與廣大民衆的生活脫節，詩作無法反映百姓的心聲；但至盛唐以後，名詩人如岑參、李白、杜甫、白居易等都有豐富的民衆生活經驗，並以之入詩，於是詩歌內容日益擴大。除了以上的外在因素，詩歌本身在歷史上的發展，到唐代臻於成熟也是很重要的原因之一。

接下來再來看各別的時代背景與詩作之間的關係：

論唐人詩者，常將唐代區分爲初、盛、中、晚四期。初唐自唐高祖武德元年至瑞宗太極元年（西元六一八年～七一二年），盛唐自玄宗開元元年至代宗永泰元年（西元七一三～七六五年），中唐自代宗大曆元年至文宗太和九年（西元七六六～八三五年），晚唐自文帝開成元年至昭宣帝天祐三年（西元八三六～九〇六年），此種分法始自元人楊士弘《唐音》。

在初唐時，仍然承襲齊、梁舊風，新體詩的發展也在舊風的影響下力求創造，在緩慢的過程中，向前推進，初唐四傑中的王勃可說是其中的代表之一，其詩雖然仍未脫華麗的宮體氣習，但其代表作突破了舊宮體詩的狹小內容，初步洗去了前人的淫靡，提高詩歌的風格，如〈送杜少府之任蜀州〉一詩即呈現正宗唐音。

經過了初唐的休養生息，發展社會經濟，以及對外軍事的勝利，至此唐帝國達到了昌盛強大、富庶繁榮的巔峯，創造了歷史上「開元之治」的盛世。在這樣的環境下，知識份子對於前途的追求以及積極樂觀的精神也都反映到文學作品之中，許多重要的詩人也多產生於盛唐，作品內容豐富，風格多樣。而雄放瑰奇的邊塞詩可說是此時期始盛行的題材，因爲從唐初以來，就不斷對外發動戰爭，並且也取得了勝利，提高唐帝國的地位。到了八世紀上半期，戰爭仍在進行，在這種情形下，詩人將他們在戰場、在荒漠中的親身經歷，不管是「戰爭場面、塞外風光、邊地百姓的生活面貌以及征人離婦的別恨鄉情，發之於詩歌，有的雄奇，有的清怨，在表達民族意識、愛國精神的基礎上，也從側面反映出戰爭生活帶來的苦痛和人們傷別的感情，使這些詩篇，呈現出深廣的內容和鮮明的時代色彩。」[22]像是岑參的〈走馬川行奉送封大夫出師西征〉一詩描寫唐軍的神武；李白〈關山月〉描寫邊地將士思鄉思妻的愁苦，反映出人民離亂流徙之痛；王維〈使至塞上〉則以「大漠孤煙直，長河落日圓」來形容邊地景象，成為千古傳誦的名句。

又由於此時期人民生活富裕，商業經濟繁榮，有了經商貿易的商人，自然就會有商婦。而唐代的長干商人已頗為有名。我們從王建「揚州橋邊小婦，長干市里商人。三年不得消息，各自拜鬼求神」（〈江南三台〉）的句子裡，就不難領略一斑。李白的〈長干行〉一詩描寫的就是長干里的商婦思念遠行的商人。長干是古代南京一個居民點，在西晉時，左思〈吳都賦〉裡就有「長干延屬」的描寫。劉逵注說：「建業南五里，有山崗，其間平地，吏民雜居……有大長干、小長干，皆相連。」大抵自從東吳孫權建都建業以來，長干就已成為熱鬧的居民區。由於地理環境的關係，住在長干的人大多數以操舟捕撈為生，所以長干里的商人婦就多了起來，反映商人婦生活的詩歌也隨之出現，本詩就是其中著名的篇章。

其他的篇章如李白描寫離情的〈送友人〉、王維年青時遊學長安的思親之作：〈九月九日憶山東兄弟〉、崔顥抒發鄉愁的〈黃鶴樓〉都是盛唐時期的佳作。

玄宗在位四十三年，前面三分之二的時間是開元時期，後面則為天寶時期。本來玄宗留心治道，任用賢能，賦稅寬緩，刑罰清平，百姓樂業，所以才有空前的盛況，但開元晚期卻耽於遊樂，荒於政事，加上用人不當，政風日壞，遂造成安史之亂，從此國勢由盛轉衰。在環境丕變下，反映在文學中的是現實主義的發展，因為詩人在面臨戰亂的時代，所聽聞的、所目睹的都是衰敗的政治與民不聊生的景象，這與之前的大唐盛世簡直是兩個世界，詩人自然而然地就會面對現實的生活，同情百姓的遭遇。杜甫就是此中的代表詩人，其詩作〈石壕吏〉就毫不留情地將官吏捉人的橫暴揭露出來，反映出當時人民生活的艱苦；〈月夜〉一詩也是因爲戰亂的關係，詩人思念在鄜州的妻兒之作。另外，也由於戰亂的發生，一直顛沛流離的杜甫藉著詩歌一遍又一遍地抒發自己的身世之感與流浪之苦，〈登高〉、〈旅夜書懷〉、〈蜀相〉等詩都盡情地傾訴詩人的失意。對於杜甫的遭遇，胡震亨說：「凡詩，一人有一人本色，無天寶一亂，鳴侯只寫承平，無拾遺一官，懷忠難入篇什，無杜詩矣。」㉓謝臻也說：「子美不遭天寶之亂，何以發忠憤之氣，成百代之宗。」㉔可見際遇對作者與作品的影響。除此之外，白居易的〈輕肥〉更是將宦官的驕奢活龍活現的描寫出來，也暗示出人民苦難的罪魁禍首；而〈琵琶行〉亦是詩人仕途失意之作。也因大唐盛況不再，吐番趁機擾境，再加以唐代婦女的地位較開放自由，且受詩歌風氣的薰染，唐女子知書識字者甚多，故有女詩人薛濤之〈籌邊樓〉以勸戒守邊之士。

而晚唐的詩風不再追尋社會寫實詩的傾向，一面流行中唐的僻苦詩風，另一面則有華美詩風的興起，甚至後來居上，成爲詩歌主流，杜牧的〈山行〉和李商隱的〈無題〉、〈夜雨寄北〉、〈賈生〉都屬此時期的名篇。

五、五代時期

此時期的文化學術因爲戰亂的關係並不發達，但是詞卻有不錯的發展。

歷史上所稱的五代，雖在國號上共換了五次，但時間上卻只有半世紀（西元九〇七年～西元九六〇年）。五代是指後梁、後唐、後晉、後漢與後周，另外還有在長江流域的前蜀、後蜀、北漢、南漢、荊南、楚、吳、南唐、吳越、閩十國。在這種混亂的時代，適合於歡愉取樂的詞反而因荒淫侈奢的君主而發展起來。由於中原地區戰亂頻仍，經濟文化遭到慘重的破壞，四川、江南成爲避難之所，使得西蜀與南唐兩地變成五代詞壇的代表所在。高中國文所選的詞家李煜，是此時期詞人的代表。他即位爲南唐國君時，南唐已奉宋正朔，窮處江南一隅之地。宋朝時時對他壓迫欺侮，他也只是奉上珍寶以求苟安，但宋太祖並不以此爲滿足，於開寶七年（西元九七四年）伐南唐，於次年陷金陵，不知情的後主便成了階下囚。〈浪淘沙〉與〈虞美人〉便唱出了詞人的心聲，但也招來了殺身之禍。

六、宋代

繼承著晚唐、五代的詞體初興，經過三百多年許多大作家的努力創作，詞到了宋代取得了燦爛輝煌的成績。由於宋朝的社會經濟富裕，城市中流行著各種技藝娛樂，能夠用來助興的音樂歌曲自然就大受君主貴族與廣大民衆的喜愛與歡迎，因此不管是朝廷的盛典、士大夫的宴會、歌樓藝人的賣唱，還是鼓子詞及諸宮調，或是話本裡都少不了「詞」。除了君主提倡與環境需要的外在因素，也因詩的文體很難再有新的突破，所以新起的詞便提供了另一塊可供發展的園地。

除了詞蓬勃發展之外，此時期的詩仍有其特色與地位。雖然宋詩常被批評爲「多議論」、「以文爲詩」，如嚴羽曰：「本朝人尚理而病於意興。」㉕或是清人吳喬說：「唐人以詩爲詩，宋人以文爲詩。唐詩主於達性情，故於三百篇近；宋詩主於議論，故於三百篇遠。」㉖但，這也正是宋詩不同於唐詩的特點。

經過晚唐、五代的混亂局面，由於宋太祖趙匡胤與宋太宗趙光義的經營，全國終歸統一。接著眞宗、仁宗的休養生息，爲北宋樹立了較穩固的基礎，直至徽、欽被擄之前，維持了一百多年的安定，社會經濟因而復甦，形成大都市富足繁榮的景象。在這樣繁華的城市裡，上自宮庭，下至百姓，奢侈糜廢、遊樂達旦，詩人詞客之流，更是狎妓酣歌，過著放浪的享樂生活。也因這一種生活環境的需求，助長了可歌唱的詞體文學的流行。柳永就是一位喜狎遊的詞人，所作的詞更是廣泛流傳於歌樓酒肆之間，〈雨霖鈴〉是其代表作之一。但是因宋朝是文人政治，且是中央集權的專制政府，所以雖然內部安定，對外卻一直是軟弱妥協的。從開國起，先後遭受到遼、夏、金的壓迫與侵略，一些有志之士對於積弱的國勢相當不滿，王安石便是在這種情勢下力請改革，但未被仁宗接納，〈明妃曲〉的失意即由此而來；後雖得神宗的重用，但在保守的舊黨反對之下，釀成了黨爭，〈泊船瓜州〉中可看出詩人疲憊的心緒。另外，屬於舊黨的蘇軾隨著黨派勢力的消長而浮沉，〈出穎口，初見淮山，是日至壽州〉、〈念奴嬌〉、〈定風波〉、〈水調歌頭〉等作品都抒發了尋求超脫的胸懷。而黃庭堅的〈題竹石牧牛〉也是黨爭下的詩作。除此之外，蘇軾的〈和子由澠池懷舊〉、〈紅梅〉與黃庭堅的〈寄黃幾復〉等詩也都是此時之名篇。

在金滅遼後，金兵便率軍南下，直驅汴京，於靖康二年（西元一一二七年）擄走徽宗、欽宗二帝，北宋宣告滅亡。往日的繁華與安樂隨著國破家滅、妻離子散而灰飛煙滅。女詞人李清照正好經歷了這樣悲苦的時代，〈聲聲慢〉、〈武陵春〉都是發自內心深深的哀痛，心中之愁可遠比〈一剪梅〉沉重。由於國滅家破的震撼，身處在這種亂世的文人學士自然會有所覺悟、有所感傷，像陸游、辛棄疾皆是此類愛國志士。但可惜的是，偏安江左的宋高宗並無決心恢復中原，而奸相秦檜為鞏固權位竟枉殺忠臣，主和派得勢的結果使得愛國之士有志難伸，甚至還遭受到被排擠、被打壓的悲慘命運。在這樣的情勢下，陸游與辛棄疾將內心的悲憤與不平化為文字，像〈書憤〉、〈破陣子〉、〈賀新郎〉以及〈醜奴兒〉都是壯志不酬的慷慨悲歌。但也因為偏安之局已定，同時也出現了像范成大《四時田園雜興》一類的農村作品。因江南本是富庶之區，加上中原人士的南渡，使得杭州的繁華富庶較汴京有過之而無不及，南宋也得以維持了一百多年的偏安局面。但這樣的苟安之局一直到聯蒙古滅金之時終於瓦解，可以說南宋的滅亡是重蹈北宋的覆轍。元世祖揮軍南下，於德祐二年（西元一二七六年）攻陷臨安，擄走恭帝。恭帝被俘後，宋臣繼續在東南一帶抗敵，但都已無力回天。其中，「宋末三傑」之一的文天祥兵敗被俘，被囚四年，寧死不屈，最後更以〈正氣歌〉明志，從容就義，令人不勝唏噓！

雖然宋朝在政治軍事上是積弱不振的，但是我國的文化思想卻是在這幾百年間得到了很大的發展。由於民間書院的設立，開展了私人講學之風；且經由過去長期的儒、道、佛三家思想的融化，更於此時形成了歷史上有名的理學運動。而其中有集理學大成之譽的朱熹，主張窮理以致知，教人以信古人、讀古書爲格物窮理的方法，二首〈觀書有感〉就是在這種環境下的作品。

第二節　個人背景與義旨教學

由於每位作者的際遇、個性與天才稟賦皆不相同，自然所創作的詩歌作品的中心思想就隨之不同。司馬遷即說：

夫《詩》、《書》隱約者，欲遂其志之思也。昔西伯拘羑里，演《周易》；孔子戹陳、蔡，作《春秋》；屈原放逐，著《離騷》；左丘失明，厥有《國語》；孫子臏腳，而論兵法；不韋遷蜀，世傳《呂覽》；韓非囚秦，《說難》《孤憤》；《詩三百篇》，大抵賢聖發憤之所為作也。此人皆意有所鬱結，不得通其道也，故述往事，思來者。㉗

這段話是說個人的不凡遭遇會激勵作者發憤著述，也可以說個人的際遇會影響作者與作品。而古代文人的際遇主要在於仕途以及戰亂兩方面。仕途失意所引發的愁苦，常是文人抒發的題材，如左思、崔顥、蘇軾、陸游、辛棄疾等，皆是此類作者；因爲遭遇戰亂而遣懷明志者，則有杜甫、李煜、李清照、陸游、辛棄疾與文天祥等皆是。

另外，曹丕在《典論・論文》中則提出了天才稟賦的問題：

文以氣為主，氣之清濁有體，不可力強而致。譬諸音樂，曲度雖均，節奏同檢，至於引氣不齊，巧拙有素，雖在父兄，不能以遺子弟。㉘

可知每人的才氣不同，自然會影響作品優劣。除此之外，每個人的性情也大不相同，有人溫和、有人熱情；有人喜愛山林，有人熱衷國事，這些也都會影響詩歌所欲傳達的義旨。如同一時期的陸游與范成大：一激情奮進，又稱愛國詩人；一閒適淡雅，所著《田園雜興》爲其代表。

故本節即依高中國文所選的古典詩詞中，有標明作者者，討論其個人背景與作品之間的關係。

一、魏晉時期

㈠曹操

曹操，字孟德，沛國譙（今安徽亳縣）人，生於漢桓帝永壽元年（西元一五五年），卒於獻帝建安二十五年（西元二二〇年），年六十六。他出身於世族，少機警，有權數，經由討董卓、平黃巾之亂，並於建安元年迎憲帝遷都許昌，挾天子以令諸侯，建立了自己的政治軍事力量。建安五年的官渡之戰，擊敗袁紹，奠定統一北方的基礎。但於建安十三年赤壁之戰，敗於孫權、劉備聯軍，從此形成三國鼎立的局面。[29]曹操著名的〈短歌行〉一般認爲是作於建安十三年赤壁之戰前，此時期的曹操因尚未匡正天下，極欲招攬有才之士前來輔佐，共成大業，遂有「周公吐哺，天下歸心」的招喚，其中雖也流露出憂思難忘、人生朝露的消極情緒，但是詩人的眞正精神是要表達自己統一天下的政治雄心。

根據明人張溥編撰《漢魏六朝百三家集》所載，現存的操詩二十多首全是樂府，他的作品是從民歌中汲取養分，反映現實的創作精神，用舊曲作新辭敍事言志，寫出了不少反映生民苦難的優秀作品。其詩以四言居多，五言次之；其四言詩，被沈德潛譽爲「於三百篇外自開奇響」，「沉雄俊爽」的〈短歌行〉，即是此中名篇。

(二)劉楨

劉楨，字公幹，漢東平（今山東省東平縣）人。生年不詳，卒於獻帝二十二年（西元二一七年）。[30]劉楨自幼家貧力學，及長，以才學知名，曾任曹操丞相掾屬。與王粲、孔融等人友善，爲建安七子之一。劉楨性情耿直，不肯阿附權貴，此種氣節反映到作品中就產生了〈贈從弟〉三首。

楨詩風格挺勁，不重雕飾，曹丕稱讚他說：「其五言詩，妙絕當時」（〈與吳質書〉）。高中課文所選的〈贈從弟〉第二首，用蒼松來比喻高潔的性格，形象鮮明、志趣高遠，是其中較出色的詩作。

(三)左思

左思，字太沖，齊國臨淄（今屬山東）人。生卒年考之不易，約生於魏嘉平五年（西元二五三年），卒於西晉永興四年（西元三〇七年）前後。㉛他貌寢口訥，而辭藻壯麗，不好交遊。㉜在其作品中，反映出被壓迫者的思想感情，其《詠史》八首即流露出憤憤不平的心聲，對於「上品無寒門，下品無世族」的門閥制度和不合理的現實，表示强烈的諷刺與反抗。

在當時追求藻飾的風氣下，左思詩歌獨未染太康時代華麗之習，猶存有漢、魏敦厚寄託之志，自然質樸，鍾嶸《詩品》譽之爲「左思風力」。如《詠史》八首就是借史事以抒懷，將作者的胸襟懷抱流露無遺，可說在舊式的詠史詩上，另創一格㉝，沈德潛在《說詩晬語》卷下就說：

> 太沖詠史，不必專詠一人，專詠一事。己有懷抱，借古人事以抒寫之，斯為千秋絕唱。

而高中課文所選的第一首雖「未涉及史事，只是自敍才能和抱負，但以下幾首讚嘆魯仲連、揚雄、荊軻等與此前後呼應」，所以這一首可說是一篇「總序」。㉞此詩可能作於泰始八年（西元二七二年）入洛陽之後，太康元年（西元二八〇年）滅東吳之前㉟，在這樣時代背景下，有才學的左思自然是希望能夠一展長才，這種雄心壯志在此詩中一覽無遺。但因當時的世族制度的壓迫，左思仍是獻身無門。

㈣陶淵明

陶潛字淵明，或云淵明字元亮，潯陽柴桑（今江西九江）人。㊱應生於東晉哀帝興寧三年（西元三六五年），卒於宋文帝元嘉四年（西元四二七年）。㊲淵明所處的時代正是晉宋交替的動盪時代，青年時期的詩人也是有過壯志雄心，但在接觸過政治的黑暗現實後，品格高潔的淵明不願同流合污，寧可保全自己的氣節。所以，雖然淵明曾因親老家貧，幾度出仕；不過，在義熙元年（西元四〇五年），淵明因生性淡泊，不屑「爲五斗米折腰」，毅然辭彭澤令，立志歸隱，躬耕自給，不再出仕。高中國文所選的《飲酒》詩就是棄官後之作，其詩借飲酒爲題，抒發一己之感觸與情懷，寄旨遙深，類同「詠懷」。詩中寫出了詩人歸隱的心境與生活，而要達到這種自得的境界，想必是經過一番矛盾與澈悟的過程。

淵明的詩文質樸自然，平淡有味，但「無一不是達到思想、人格與作品鎔成一體的境界」㊳，因其服膺儒學，故能在濁流中守節；且其亦好老莊，嚮往自然淸靜的境界，所以其詩才能語出自然，不假雕琢。其詩多寫田園生活，性情眞摯，富有哲理，故鍾嶸《詩品》譽爲「古今隱逸詩人之宗」，唐、宋之後更見重於世，譽爲田園詩人之宗。《飲酒》詩第五首即是此類佳作。

二、唐至五代

㈠王勃

初唐四傑中的王勃，字子安，唐絳州龍門（今山西省河津縣）人[39]。生於唐高宗永徽元年（西元六五〇年），卒於上元三年（西元六七六年）。[40]王勃自幼聰敏好學，被譽爲神童。年未弱冠登第，曾爲沛王府修撰，後因爲文檄英王雞，被斥出府。補虢州（今河南省靈寶縣南）參軍，又以擅殺官奴，事覺當誅，遇赦除名。父亦受累貶爲交趾（在今越南北部）令，勃前往省親，相傳渡海溺水驚嚇而死。[41]

王勃主張文學崇尚實用，力脫齊、梁華麗詩風，擴大詩歌題材，以五律和五絕的成就最高。〈送杜少府之任蜀州〉即爲王勃五律的代表作之一，寫其在長安當官時，爲一位杜姓友人遠赴蜀地任縣尉而寫的送別詩。

㈡崔顥

崔顥，唐汴州（今河南省開封市）人。約生於武后大足（長安）（西元七〇一年至七〇四年）年間，卒於玄宗天寶十三年（西元七五四年）。[42]玄宗開元十一年（西元七二三年）

中進士，有文無行，官至司勳員外郎。㊸崔顥青年時期，生活放蕩，詩篇流於浮豔；後來從軍出塞，多戎旅之作，氣勢雄渾，風骨凜然。而使崔顥享譽詩壇的，是他的〈黃鶴樓〉，這是一首登臨訪古的懷鄉之作，詩中也流露出崔顥仕途失意的深刻哀愁。嚴羽《滄浪詩話》評此詩曰：「唐人七言律詩，當以崔顥〈黃鶴樓〉爲第一。」㊹可見此詩的名氣。

㈢李白

李白，字太白，祖籍隴西成紀（今甘肅省秦安縣東）。生於唐武后大足（長安）元年（西元七〇一年），卒於肅宗寶應元年（西元七六二年）。㊺李白資質聰穎，自幼讀書學劍，及長，任俠好義，輕財重施。二十四歲時離開四川，漫遊黃河、長江中下游，此時期對於李白的文學創作有很深的影響。王運熙、楊明說：「李白青年時代出三峽以後，曾有一段期間漫遊於漢水流域和長江中下游一帶。這些地區自六朝以來，就是商業發達、城市繁榮、商人們來往頻繁之處。六朝樂府中的『吳聲』、『西曲』即產生於這一地區，其中不少篇章就是表現商婦與丈夫離別的悲思的。李白是一位非常重視學習優秀文學遺產的作家，對於『吳聲』、『西曲』非常熟悉，他的生活經歷又使他對商婦們的思想感情有相當的了解：這正是他寫〈長干行〉的基礎。」㊻遊歷之後，李白於四十二歲時，召赴長安，供奉翰林，因恃才傲物，得罪權貴，不久即賜金放還。天寶十四年（西元七五五年），安史亂起，永王璘以抗敵

爲名，聘爲幕府。永王爭奪帝位失敗，白受累入獄，長流夜郎，中遇赦得釋，依族叔當塗令李陽冰以終。㊼

詩仙李白一生經歷曲折，思想上也較複雜，他有儒家「濟蒼生、安社稷」的精神；又受游俠思想的影響，魏顥〈李翰林集序〉說：「少任俠，手刃數人」，可見其少時任俠作風；還有影響最深的道家思想，崇尚自然、藐視世俗的價值觀由此而出。如此將三者合而爲一的李白，其詩歌創作也是豐富多樣，感情濃烈，想像豐富，風格飄灑奔放，俊逸清新，尤以絕句與樂府歌行最爲出色。〈長干行〉與〈關山月〉皆是以樂府舊題所創的新曲，但李白也有優秀的律詩作品，〈送友人〉一首即是。

㈣王維

有詩佛之稱的王維，字摩詰，唐太原祁（今山西祁縣）人，其父遷居蒲州（今山西省永濟縣西），遂又爲河東人。生於唐武后大足（長安）元年（西元七〇一年），卒於肅宗上元二年（西元七六一年）。㊽王維有夙慧，九歲即知屬辭爲文，〈九月九日憶山東兄弟〉一詩就是詩人十七歲時孤身遊學長安的思親之作。後維十九歲應試即中解元，玄宗開元九年（西元七二一年）舉進士，宦途浮沉多年。㊾〈使至塞上〉一詩爲詩人於開元二十五年（西元七三七年）以監察御使的身分出塞宣慰，內含被排擠的抑鬱心情。於安史亂後，王維的生活、思想有極大的改變。本來青少年時期的詩人是有積極的人生態度和政治抱負的，不管是思親的〈九月九日憶山東兄弟〉，還是描寫邊塞風光的〈使至塞上〉，都是前期相當優秀的作品；但後期的王維，遭受到政治的挫折、妻子的去世，使他晚年思想趨於消極，心向佛道，在藍田輞川過著半居半隱的山居生活。追求和表現自然景色的靜美境界成爲他的文學特色，這些淡遠閒靜的自然山水詩也是王維的代表詩作。

(五)岑參

邊塞詩人岑參，南陽（今屬河南）人，生於玄宗開元三年（西元七一五年），卒於代宗大曆五年（西元七七〇年）[50]。玄宗天寶三載（西元七四四年）登進士第，授右內率府兵曹參軍。轉右威衞錄事參軍，充節度使幕掌書記，遂赴安西。此後二十餘年，大抵皆在邊塞任職。[51]唐代七言歌行體邊塞詩的代表作——〈走馬川行奉送封大夫出師西征〉即作於此階段。天寶十三載，因封常清以安西四鎭節度使兼北庭節度使率軍西征，岑參此時任其幕府，作此詩送之，預祝凱旋而回。岑參以邊塞詩聞名，一方面要歸於詩人本身的才力，但更重要的是他具有那種特殊的自然環境與戰爭生活的經驗，故能寫出險怪雄奇的作品。他所作的邊塞詩約有六十首之多，古、近體皆佳，「語奇體峻，意亦新遠」[52]，而以七言歌行體最能表現出盛唐邊塞詩雄放奇瑰的一面，尤具時代精神與特色。

㈥杜甫

杜甫字子美，河南鞏縣（今河南鞏縣）人。生於唐睿宗先天（景雲）元年（西元七一二年），卒於代宗大曆五年（西元七七〇年）。㊼杜甫祖父審言爲初唐著名詩人，杜甫自幼即有詩才，及長，又懷壯志。玄宗開元二十三年（西元七三五年），舉進士不第，蹉跎十餘年，至天寶十載（西元七五一年）始授一小官。天寶十四載（西元七五五年）安史亂起，肅宗即位靈武（今寧夏寧武），杜甫將家小安置於鄜州的羌村，隻身奔赴行在，但途中被叛軍俘至長安，感人的〈月夜〉即作於此時。後杜甫於至德二年（西元七五七年）逃離長安，拜左拾遺，因直言極諫，不久即被貶爲華州司功參軍。其時戰亂，又逢飢饉，杜甫棄官流亡，於乾元元年（西元七五八年）到達四川。㊽次年朝廷爲補充被史思明擊潰的兵力，在洛陽以西至潼關一帶捉人當兵，〈石壕吏〉一詩即具體記錄了慘酷時代的歷史。而作於上元元年（西元七六〇年）的〈蜀相〉，爲詩人抒發壯志未酬與欽慕武侯之心；〈旅夜書懷〉一詩爲杜甫在代宗永泰元年（西元七六五）終於下定決心帶著家人離開成都的草堂，泛舟東下時所寫㊾；〈登高〉則是杜甫於大曆元年（西元七六六年）到達夔州（今四川奉節縣）之後的作品，此時的詩人雖有安定的生活，但仍心繫朝廷，許多傳世名作，皆作於此時，這些詩都充分表達了杜甫晚年多病、顚沛流離的身世之感與流浪之苦。

(七)薛濤

薛濤，字洪度，唐長安（今陝西省西安市）人。生於肅宗乾元元年（西元七五八年），卒於文宗太和六年（西元八三二年）。[56]薛濤早年隨父宦遊入蜀，父親卒後，流落蜀中，淪爲歌妓。歷事韋皐等十餘任西川節度使，都以能詩受到賞識。[57]她的詩多抒情之作，諷諭詩則託意深遠，旨趣含蘊不露，晚年所作的〈籌邊樓〉一詩既表現了詩人對國事的關心，也寓含了對當前朝廷的諷諭。

(八)白居易

白居易，字樂天，祖先爲太原（今山西太原市）人，後遷徙至下邽（今陝西渭南縣境）。生於唐代宗大曆七年（西元七七二年），卒於唐武宗會昌六年（西元八四六年）。[58]居易自幼聰慧，生六、七月即能識「之」、「無」二字。稍長讀書至勤，於德宗貞元十六年（西元八〇〇年）進士及第。自德宗貞元十九年（西元八〇三年）至憲宗元和五年（西元八一〇年）之間，白居易在朝爲官，其間他對當時的社會問題、官場亂象多有感慨，發之爲詩，寫成十首《秦中吟》，〈輕肥〉爲其中第七首，深刻地描繪出宦官的專權驕奢與人民生活的苦難。憲宗元和十年（西元八一五年）以直言忤當道，被貶爲江州司馬，著名的〈琵琶行〉即作於翌年秋天[59]，因商婦撫今傷昔，引起詩人遷謫之意，以「同是天涯淪落人」之感而作是詩，反映出被壓迫者的悲慘命運。

由於白居易提倡「文學合爲時而著，歌詩合爲事而作」（〈白居易與元九書〉）的文學主張，所以其諷諭詩可說是他的巨大成就，其中社會寫實的《秦中吟》與敘事抒感的〈琵琶行〉都是此種主張要求下的傑作。

(九)杜牧

杜牧，字牧之，唐京兆萬年（今陝西省西安市）人。生於德宗貞元十九年（西元八〇三年），卒於宣宗大中六年（西元八五二年）。[60]杜牧出身名門望族，是中唐宰相、史學家杜佑之孫，因沾染新興進士的習氣，生活頗爲放蕩。在他的詩篇中，有不少反映城市生活與妓女歌妓的作品，但並非他的代表作。杜牧的詩賦、古文俱佳，尤以詩的成就最高，其中又以七言律絕最富藝術特色，於晚唐詩壇上自成一家。清新秀麗的〈山行〉即是一首千載傳誦的七絕名作，抒發了詩人對大自然的愛賞之情。

(十)李商隱

李商隱，字義山，懷州河內（今河南沁陽）人。生於憲宗元和七年（西元八一二年），卒於宣宗大中十二年（西元八五八年）。[61]商隱幼孤貧，牛黨令狐楚帥河陽，奇其文，使遊門下爲巡官，並授以駢文，獎掖甚力。開元二年（西元八三七年）擢進士，次年赴李黨的涇原節度使王茂元幕，並娶其女[62]，當時牛、李兩黨壁壘分明，商隱無端捲入黨爭，一生飄泊輾轉，抑鬱難歡，由此可知，詩人作〈賈生〉一詩的用意。而李商隱在結婚之前就有多次戀愛，與才貌雙全的王夫人結婚後也有過美滿的生活，但不久王夫人就去世了，這一切都成爲詩人抒情詩的題材，所以像〈無題〉一類抒情詩也就成爲詩人的藝術成就。

李商隱爲晚唐唯美浪漫詩風之宗，其詩多用神話素材與歷史典故，有時難免流於晦澀難解，但其名篇則含蓄蘊藉，韻味深厚，如託史事以弔古傷今的〈賈生〉、或流傳廣泛的〈無題〉一類抒情詩作，還是纖巧柔美的絕句〈夜雨寄北〉，皆爲動人之名篇。

(十一)李煜

南唐後主李煜，字重光，生於後晉高祖天福二年（西元九三七年），卒於宋太宗太平興國三年（西元九七八年）。[63]開寶八年（西元九七五年）爲後主一生命運的分界點，前期仍不失爲一國之君，詞作也流露出美滿歡愉的景象；後期則淪爲階下囚，封爲隴西公[64]，其悲愴淒楚的不朽之作均產生於此時。王國維曾把詩人分成客觀的詩人與主觀的詩人[65]，李煜就是屬於「不必多閱世」的主觀詩人，當他遭遇到一件悲哀的事情，透過他敏銳感性的內心，自然就寫出了人類一種共同的悲哀。葉嘉瑩分析說：「『春花秋月何時了，往事知多少！』（李煜〈虞美人〉）我們不是李後主，但是我們的生命都是這樣消逝的。……李後主寫一個人的悲哀，而他寫出了所有的有生的人類的共同的悲哀。」[66]又說：「李後主的詞，雖然在他外表的風格上我們可以把它分成後期和前期的不同。但是做爲他的本質來說，他基本上的一點，就是以他的眞純的，王國維所說的赤子之心，他的銳敏的深摯的心靈和感情的一種投注。不管他寫什麼，不管他所經歷的是什麼，他都把他最眞純的最銳敏的最深摯的心靈和感情全心全意地投注進去。這是李後主的一種特色。」[67]其〈虞美人〉與〈浪淘沙〉都是後期遭受亡國之痛的血淚之作。

三、宋代

㈠柳永

柳永，字耆卿，初名三變，崇安人。[68]生卒年不詳，約生於太宗雍熙四年（西元九八七年），約卒於仁宗皇祐五年（西元一〇五三年）。[69]其人「爲舉子時，多遊狎邪，善爲歌辭，教坊樂工每得新腔，必求永爲辭，始行於世，於是聲傳一時。」[70]也就是因爲柳永本身浪漫喜遊狎的性格，加上特別有音樂的才能，還有政治上的不得志[71]，所以才能致力於詞的拓展，不僅拓展了詞的形式，發展了慢詞的詞體；也豐富了詞的內容，或抒懷才不遇之悲哀，或敍羈旅飄零之苦悶，或寫沉溺歌酒之風流，無一不是自身的生活與心情寫照。其〈雨霖鈴〉詞描寫了離別的場景與設想別後的情形，襯托出離情的愁緒，從中也可看出詞人善於鋪敍、營造氣氛的功力。

(二)王安石

王安石字介甫，撫州臨川人。生於宋眞宗天禧五年（西元一〇二一年）；卒於宋哲宗元祐元年（西元一〇八六年）。[72]王安石少好讀書，一過目終生不忘。歐陽修爲之延譽，擢進士上第。其人議論高奇，慨然有矯世變俗之志，遂上萬言書。因安石執政主張變法，遭受保守派的反對，釀成宋代有名的黨爭，終於失敗。但他是一個有理想的政治家，終身爲他的政治理想而奮鬥。這種孤傲有格的個性當然也會反映在他的文學作品中。就是因爲詩人有其政治理想，當自己的意見被棄如敝屣時，自然會心生知音難覓、有志難伸的感慨，遂有〈明妃曲〉的「失意」之作，與〈泊船瓜州〉抒發詩人歸鄉情切的心境。

(三)蘇軾

蘇軾，字子瞻，北宋眉州眉山人。生於仁宗景祐三年（西元一〇三六年），卒於徽宗建中靖國元年（西元一一〇一年）。[73]自幼聰慧，七歲知書，十歲能文，在母親程氏的諄諄教誨下，以氣節爲重。軾二十一歲舉進士，這時的蘇軾是意氣風發，企望有一番作爲的，所以此時的詩作：〈和子由澠池懷舊〉也流露出與其弟共勉的情懷。但事與願違，因與王安石意見相左，於神宗熙寧四年（西元一〇七一年）自請通判杭州，〈出潁口，初見淮山，是日至壽州〉一詩表達的正是此時遭受貶謫後的抑鬱心境。後又以「烏臺詩案」被誣下獄，終遭貶謫，被貶爲黃州團練副使，晚年也是難逃如此命運。蘇軾其實是一位有儒家用世之志與關心國家民族的中國傳統士大夫，不管遭受到怎麼樣的政治迫害，他依然堅持自己政治上的理想，絕不屈服於當權派的人物，其〈紅梅〉詩就表達了此種氣節。也因這種不媚俗的個性，他一生才會遭遇到這麼多的磨難；卻也因儒道兩家的修養，所以蘇軾在失意之時，就容易產生超曠的襟懷以自慰。

另外，蘇軾是在政治上受到挫傷，受到打擊，通判杭州後才開始寫詞的，也就是說他是在政治失意後才以閒情逸筆來寫詞；也因蘇軾有時寫的只是才人志士的逸懷浩氣，將詞詩化，便開拓了詞的境界。葉嘉瑩說：「除了《莊子》的道家的修養以外，他還有一種歷史上的通觀。他把他自己放在整個大歷史背景之中，不是我一個人的盛衰成敗榮辱，而是古往今來有多少盛衰成敗榮辱。」[74]且貶謫黃州五年，也使得蘇軾的超曠人格、高逸風格俱臻成熟，這就是何以蘇軾胸懷曠逸之因。像〈定風波〉、〈水調歌頭〉與〈念奴嬌〉都是東坡善於在逆境中尋求超脫的詞作。

㈣黃庭堅

江西宗主黃庭堅，字魯直，洪州分寧（今江西修水）人。生於宋仁宗慶曆五年（西元一〇四五年），卒於宋徽宗崇寧四年（西元一一〇五年）。⑮由於「詩」這個文學形式做到宋朝，經過長期無數詩人的努力創作，已經很難再有什麼突破，黃庭堅對此創出了「換骨」與「奪胎」的方法；而且庭堅還極力鼓吹學習杜甫與韓愈的文學技巧，强調字字有來歷，以及用拗律、好奇尚硬的要求，逐漸就形成了一套理論，也建立了江西詩派宗主的地位。但是在他的理論中，太過强調文學的形式，反而造成漠視文學內容的結果。至於像在宋神宗元豐八年（西元一〇八五年），黃庭堅於德州德平鎮（今山東省商河縣境內）任上，因與同僚志向不合，懷念故友所作的〈寄黃幾復〉；以及諷諭新舊兩黨鬥爭不斷的〈題竹石牧牛〉，這一些詩篇則沒有因過度追求形式的奇僻弊病，反而是其詩集中風格較清新峻峭的作品。

㈤李清照

易安居士李清照，山東濟南人。生於宋神宗元豐七年（西元一〇八四年）⑯，卒年不詳。李清照之父母皆工文章，在這種書香門第裡，清照幼時即有才藻。於宋徽宗建中靖國元年辛巳（西元一一〇一年）十八歲時適太學生趙明誠，夫妻兩人感情極佳。而其生平可分為前、後二期，以靖康、建炎年間（西元一一二六～一一二七年）為界，前期生活美滿，雖偶有小別，但並無多大傷痛，深情的〈一剪梅〉即作於此時；但清照約四十三、四十四歲時，金兵入京，清照只好避兵南下，沒幾年明誠又歿，國破家亡、孑然一身的女詞人顛沛流離，所抒發的不再是男女之間的繾綣柔情，而是家國之痛的悲悽哀歌，〈聲聲慢〉與〈武陵春〉所欲排解的就是這種沉痛不盡的哀愁。

㈥陸游

南宋四大家之一的陸游，字務觀，越州山陰（今浙江紹興）人。生於宋徽宗宣和七年（西元一一二五年），卒於宋寧宗嘉定二年（西元一二〇九年）。[77]陸游年幼時就一直跟著父親逃難，過著顛沛流離的生活，所以幼年逃難的經驗也影響到陸游寫作哀傷遺民苦痛的詩篇。而在此時期，一些憂國志士常與其父談論國事，陸游親見當時士大夫相談時義憤填膺的情景[78]，所以陸游從小就接觸父親與長輩的愛國理念，為陸游打下了愛國思想的基礎。另由於陸游家中藏書甚豐，加以父親的教導與自己的刻苦學習，十幾歲時就有很好的文學基礎。不過，由於他一生主張抗金北伐，因而屢受壓抑，受到種種的挫折，連考試也受到秦檜的打壓，但是他並沒有因此灰心喪志，他仍念念不忘要恢復中原，堅決反對和議政策。這種熱愛國家、忠心報國卻屢遭打擊的矛盾感慨，完完全全地在〈書憤〉之中表露無遺。

㈦范成大

范成大，字致能，吳郡人。[79]生於宋欽宗靖康元年（西元一一二六年），卒於宋光宗紹熙四年（西元一一九三年）。[80]在南宋四大家中，就以范成大的仕宦最爲顯達，累官權吏部尚書，拜參知政事，進資政殿學士。此時南宋偏安之局已定，力主恢復之士也多心有餘而力不足，於是慷慨之音漸隱，高蹈之風日熾。士大夫功成名就之後，率多歌舞湖山，寄情詩酒，范成大就是此類人物的典型，其詩歌也以田園山水爲取材大宗。在政治的表現上，范成大是一位忠君愛國，勤於政務、留心民生、關注農民疾苦，且能以漢節自勵的政治家；在詩歌的形成上，就因范成大知進退，又受釋、道影響、愛山愛水，關懷農民生活，有歸田種圃之思，遂寫成了山水詩、田園詩。清新婉麗的《四時田園雜興》即爲詩人晚年官成身退，隱居石湖的代表作。

㈧朱熹

朱熹，字元晦，又字仲晦，徽州婺源（今江西婺源）人[81]。生於宋高宗建炎四年（西元一一三〇年），卒於宋寧宗慶元六年（西元一二〇〇年）。[82]朱熹自幼聰穎，於十八歲時貢於鄉，紹興十八年進士及第。由於朱熹出自以儒學為訓的家庭，自幼其父即重視學問的培養，加上朱熹自己追求學問的熱誠，受學於李侗門下，因而乃得承襲二程之學，奠定日後理學大成之基礎。雖然在政治上朱熹亦曾遭受抵毀、誣陷，但其仍於竹林精舍講學不輟、致力學術，以教育作為自己終身的職志。所以，他可說是南宋著名的理學家和教育家。雖然朱熹的成就並不在詩歌，但〈觀書有感〉二首卻是令人愛不釋手的名篇，此詩是透過客觀的自然景物來借以說明讀書的重要性，是非常清新的說理詩，也可看出朱熹的為學態度。

(九)辛棄疾

辛棄疾，字幼安，齊之歷城人[83]。生於宋高宗紹興十年（西元一一四〇年），卒於宋寧宗開禧三年（西元一二〇七年）。[84]其人文武雙全，以功業自許。他生時北方已淪陷於金人，目睹了當時國破家亡的苦難，所以年幼時就懷有報國的宏願。後因金兵侵宋失敗，不少中原志士多乘機起兵，棄疾也加入反抗的行列，而於二十三歲時歸附南宋，但因南宋朝廷偏安的心態，棄疾並沒有受到重用，頂多是派任地方官；卻又因其敢作敢為的個性，引起他人的不滿。這種有志難伸的痛苦該是有志之士最大的憾恨。葉嘉瑩說：「辛棄疾本身是要進的，是忠義奮發的，可是他所處的環境，他幾次遭到讒毀、罷廢，這裡邊有一個相對的力量往下壓下來的。……他在南宋四十幾年，竟有二十年左右是放廢家居，所遇到的是另外一種從上而下來的力量，所以辛詞的特色，常是這兩種力量的激盪盤旋。他的忠義奮發的進的力量和遭到的讒毀、罷廢的反面壓抑的力量，這兩種力量的激盪盤旋，就是他詞裡的一份本質。」㊏〈賀新郎〉、〈破陣子〉與〈醜奴兒〉都是這二種力量相互激盪的產品，表現出詞人深刻的哀痛。

㈩文天祥

文天祥，字宋瑞，又字履善，吉之吉水人。生於宋理宗端平三年（西元一二三六年），卒於元世祖至元十九年（西元一二八二年）。文天祥爲寶祐四年進士，但因與主政派賈似道等人理念不合，始終不得志於仕途。後元兵於恭帝德祐元年（西元一二七五年）渡江，軍事告急，天祥以江西提刑安撫使奉詔入衞，被拘，未幾遁歸，奉益王登祚，出兵江西，倉皇被補。當文天祥被捕時，嘗服毒、絕食皆不死；至元十六年十月，被押解至大都，元世祖欲委以大任，天祥不爲所動，囚於燕京，四年不屈，遂被殺，其衣帶自贊有云：「孔曰成仁、孟云取義；惟其義盡，所以仁至。讀聖賢書，所學何事！而今而後，庶幾無愧。」㊐可見其臨死不屈的志節。其詩沉鬱悲壯、氣象渾厚，完全是他個人人格的展現，〈正氣歌〉所歌頌的浩然正氣正是詩人被囚期間仍然頂天立地、成仁取義的精神根本。

注釋

①見尤信雄，〈談詩歌教學〉一文，收錄於《詩詞曲教學輔導論文集》，頁三三～三四。

②見魏飴，《詩歌鑑賞入門》，頁一四二。

③參見屈萬里，《詩經詮釋》，頁六。

④參考余培林，《詩經正詁》上冊，頁六；屈萬里，《詩經詮釋》，頁六。

⑤鄭玄《詩譜》謂魏風之詩作於平、桓之世。見《十三經注疏二詩經》（臺北：藝文印書館，一九九七【民八六】年八月初版十三刷），頁二〇六。

⑥見〈詩魏風〉，收於《詩經研究論集》（臺北：臺灣學生書局，一九八三【民七二】年），頁三三八。

⑦參考劉大杰，《中國文學發展史》，頁五一～五四。

⑧朱熹於《詩集傳》中以「朝會之樂」與「燕饗之樂」解釋〈二雅〉。見《詩經集註》，頁七八。

⑨參考劉大杰，《中國文學發展史》，頁四〇～四四。

⑩見《詩經正詁》上冊，頁一九六。

⑪參見沈約，《宋書》，頁一六四。

⑫參見《玉臺新詠》（臺北：臺灣商務印書館，一九六八【民五七】年九月），頁五。

⑬見陳友冰，《兩漢南北朝樂府鑑賞》，頁一二六。

⑭見《李善注昭明文選》上册，卷二十七，頁五九六～五九七。

⑮見徐陵編、吳兆宜注，《玉臺新詠箋注》。

⑯見《鹽鐵論》（臺北：廣文書局，一九七五【民六四】年四月），頁二四〇。

⑰參見葉慶炳，《中國文學史》上册，頁九八～一〇二。

⑱見沈德潛，《說詩晬語》卷上，頁七。

⑲參見《中國文學發展史》，頁二四二～二四五。

⑳見劉大杰，《中國文學發展史》，頁二五七。

㉑參見葉慶炳，《中國文學史》上册，頁一五二～一五三。

㉒見劉大杰，《中國文學發展史》，頁四四三。

㉓見《唐音癸籤》（臺北：木鐸出版社，一九八二【民七一】年七月），卷二十五，頁二六六。

㉔見《四溟詩話》卷二，《叢書集成初編》（一九三六【民二五】年六月），頁三四。

㉕見嚴羽，《滄浪詩話》，《娛書堂詩話及其他三種》（上海：商務印書館，一九三六【民二五】年十二月），頁三三。

㉖見吳喬，《圍爐詩話》，《圍爐詩話及其他三種》（上海：商務印書館，一九三六【民二五】年十二月）卷二，頁四〇。

㉗見《史記・太史公自序》，《新校史記三家注》（臺北：世界書局，一九九三年十二月六版二刷），頁三三〇〇。

㉘見《典論及其他三種》（上海：商務印書館，一九三六【民二五】年十二月），頁一。

㉙生卒年據《三國志・魏書・武帝紀》：「二十五年春正月，……王崩于洛陽，年六十六。」以此上推，知操生於桓帝永壽元年。生平事見（晉）陳壽撰、（宋）裴松之注，《三國志・魏書・武帝紀》，頁一～八。

㉚《三國志・魏書・王粲傳》：「幹、琳、瑒、楨，二十二年卒。」見《三國志》，頁一五九。

㉛生卒年參考高桂惠，《左思生平及其三都賦之研究》（臺北：私立輔仁大學中研所碩論，一九八一年）。而翰林版《高中國文》第一冊則以爲左思約生於魏嘉平二年（西元二五〇年），約卒於西晉永興二年（西元三〇五年）。

㉜左思籍貫與生平見房玄齡等撰，《晉書・文苑傳・左思傳》，頁六四五。

㉝參考葉慶炳，《中國文學史》上册，頁一六七～一六八。

㉞見王鎮遠，《兩晉南北朝詩選》，頁一〇。

㉟參考葉日光，《左思生平及其詩之析論》，頁二二一～二二三。

㊱事見沈約撰，《宋書・隱逸傳・陶潛傳》，頁六二五～六二六。

㊲據顏延之，〈陶徵士誄序〉：「春秋若干。元嘉四年月日卒於尋陽縣之某里。」（《文選》卷五

七）《宋書・隱逸傳・本傳》：「元嘉四年卒，時年六十三。」

㊳見葉慶炳，《中國文學史》，頁一七七。

㊴見歐陽修、宋祁撰，《新唐書・文藝・王勃》，頁一五五二。

㊵據王勃《春思賦》：「咸亨二年（西元六七一年），余春秋二十有二。」與楊炯《王勃集・序》：「皇唐上元三年秋八月，……賈氏終逝。」田宗堯〈王勃年譜〉主之。

㊶事見歐陽修、宋祁撰，《新唐書・文藝・王勃傳》，頁一五五二。

㊷崔顥事跡於兩唐書所載甚爲簡略。在《舊唐書・文苑・崔顥》與《唐才子傳》卷一中都載其卒年爲天寶十三年，但生年就無記載，歷來也爭論不止，據翰林版《高中國文》第三冊與南一版《高中國文》第三冊皆以其約生爲武后大足（長安）（西元七〇一年至七〇四年）年間。

㊸事見辛文房撰、周本淳校正，《唐才子傳校正》卷一，頁二八。

㊹見《娛書堂詩話及其他三種》（上海：商務印書館，一九三六【民三五】年十二月），頁四〇。

㊺關於李白之籍貫，約有五說：金陵說、山東說、隴西說、西域說、四川說，可參考唐明敏，《李白及其詩之版本》（臺北：國立政治大學中研所碩論，一九七五年）。本篇據李陽冰〈草堂集序〉：「李白字太白，隴西成紀人。」（《全唐文》卷四三七）生卒年據李陽冰〈草堂集序〉載李白疾亟，「時寶應元年十一月乙酉也。」（《全唐文》卷四三七）及李華〈故翰林學士李君墓誌〉：「年六十有二。」（《全唐文》卷三二一）

㊻見〈纏綿的相思·眞實的形象——李白〈長干行〉賞析〉，收於《高中國文古典詩詞曲鑑賞》，頁二〇。

㊼事見歐陽修、宋祁撰，《新唐書·文藝·李白傳》，頁一五五九。

㊽關於王維之生年，兩唐書都沒有明確的記載，而於卒年又各持一說：《舊唐書》以爲「乾元二年卒」；《新唐書》以爲「上元初卒」，但一致認爲享年六十一，本篇據清人趙殿成《王右丞集箋註》之推論（四二七～四三七頁）。另，王從仁《王維與孟浩然》以爲王維生於武后如意元年（西元六九二年）左右，卒於肅宗上元二年（西元七六一年），正中版《高中國文》第三冊從之。

㊾生平見歐陽修、宋祁撰，《新唐書·文藝·王維傳》，頁一五五九。

㊿據聞一多，〈岑嘉州繫年考證〉，載於《清華學報》八卷二期。而龍騰版《高中國文》第三冊以爲岑參約生於玄宗開元五年（西元七一七年）前後，卒於代宗大曆五年（西元七七〇年）前後。另，孫述山《盛唐邊塞詩人岑參之研究》（臺北：輔仁大學中文研究所碩士論文，一九七一年）則以爲岑參生於開元三年（西元七一五年），卒於大曆十三年（西元七七八年）。

(51)岑參於新、舊《唐書》皆無傳，籍貫據杜確《岑嘉州集》序。生平事見杜確〈岑嘉州集序〉（阮廷瑜編著，國立編譯館中華叢書編審委員會，一九八〇【民六九】年元月。）與（元）辛文房撰、周本淳校正，《唐才子傳校正》卷三，頁六三。

(52)商璠語，見計有功撰，《唐詩紀事》卷二十三，頁二九一。

(53)生卒年據宋計有功撰，《唐詩紀事》卷十八，頁二一八～二二〇與《杜詩錢注》，頁三～三一。

(54)生平事見歐陽修、宋祁撰，《新唐書・文藝・杜甫傳》，頁一五五二。

(55)見章燮《唐詩三百首註疏》：「此當是永泰元年去成都，舟下渝、忠時作。」轉引自黃振民評註，《歷代詩評註》，頁六三七。

(56)生卒年據陳文華，《唐女詩人集三種》，頁五～七。

(57)薛濤生平參見辛文房撰、周本淳校正，《唐才子傳校正》卷六，頁一八一～一八二。

(58)據李商隱〈刑部尚書致仕贈尚書右僕射太原白公墓碑銘〉：「公以致仕刑部尚書，年七十五，會昌六年八月薨東都。」

(59)白居易生平事見《唐書》與《唐詩紀事》卷三十八，頁四七八～四八二。

(60)據繆鉞撰〈杜牧之年譜〉，民國三十年《浙大文學院集刊》第一、二集。

(61)馮浩《玉谿生年譜》以為李商隱生於元和八年，張爾田則舉〈仲姊誌狀〉、〈祭衆姊文〉等回篇詩文來證明李商隱應生於元和九年（見《玉谿生年譜會箋》卷一、卷四）。

(62)李商隱生平參見歐陽修、宋祁撰，《新唐書・文藝・李商隱傳》，頁一五六七。

(63)生卒年據馬令《南唐後主書》：「太平興國三年公病，命翰林醫官視疾，中使慰諭者數四。翌日薨。在僞位十有五年，年四十二。」

(64)事見張思巖，《詞林紀事》卷二，頁二九。

(65)參見《人間詞話》，頁一二。

(66)見葉嘉瑩，《唐宋詞十七講》，頁二〇六。

(67)見葉嘉瑩，《唐宋詞十七講》，頁二一六～二一七。

(68)據張思巖，《詞林紀事》卷四，頁八五。

(69)生卒年據胡雲翼《宋詞選》：「唐某於《柳永事跡新證》中推測。」但廖爲祥《樂章集析論》（臺北：國立臺灣大學中研所碩論，一九七六年）則以爲所據有待商榷。

(70)事見葉夢得《避暑錄話》卷下。

(71)《藝苑雌黃》：「柳三變喜作小詞，薄於操行，當時有薦其才者，上曰：『得非填詞柳三變乎？』曰：『然。』，上曰：『且去填詞！』由是不得志。」

(72)據脫脫等，《宋史・王安石傳》：「元祐元年卒，年六十八。」（頁二八二〇）蔡元鳳於《王荊公年譜考略》卷一指出：正史誤載「年六十八」，應爲「年六十六」。（頁三九）

(73)據脫脫等，《宋史・蘇軾傳》：「建中靖國元年卒於常州，年六十六。」，頁二八九五。

(74)見葉嘉瑩，《唐宋詞十七講》，頁三五二。

(75)據黃罃《山谷先生年譜》，參見鄭永曉《黃庭堅年譜新編》。

(76)據王學初，《李清照集校註》，頁二一一。

⑰據脫脫等，《宋史・陸游傳》：「嘉定二年卒，年八十五。」，頁三三三四。

⑱有關影響陸游詩的個人因素，可參考李致洙，《陸游詩研究》，頁八〇～八二。其中，陸游年幼時遭逢戰亂，以陸游〈三山杜門作歌〉五首之一爲證：「我生學步逢喪亂，家在中原厭奔竄。淮邊夜聞賊馬嘶，跳去不待雞號旦。」（《劍南詩稿》卷三十八）而〈跋傅給事帖〉則寫出親見士大夫談論國事時之神情：「紹興初，某甫成童，親見當時士大夫，相與言及國事，或裂眥嚼齒，或流涕痛哭，人人自期以殺身翊戴王室，雖醜裔方張，視之蔑如也。」（《渭南文集》卷三十一）

⑲見脫脫等，《宋史・范成大傳》，頁三一八二。

⑳據周必大撰〈賢政殿大學士贈銀青光祿大夫范公成大神道碑〉：「四年九月，公疾病。……而公以是月五日薨。……享年六十有八。」（《省齋文稿》卷二十二）

㉑見脫脫等，《宋史・朱熹傳》，頁三四二五。

㉒參考蕭雅丹，《朱熹詩歌之研究》（輔仁大學八五年中研所碩士論文），頁二〇。

㉓見脫脫等撰，《宋史・辛棄疾傳》，頁三二六三。

㉔據鄧廣銘，《辛稼軒年譜》（臺北：河洛圖書出版社，一九七九【民六八】年六月初版）頁一三、一三八。

㉕見葉嘉瑩，《唐宋詞十七講》，頁四三二。

⑧⑥籍貫見脫脫等，《宋史・文天祥傳》，頁三三六五。生卒年爲：「至元十九年，……天祥臨刑殊從容，……年四十七。」（頁三三六七）自贊見頁三三六七。

第三章　古典詩詞之文旨顯隱與義旨教學

「義旨教學」在國文教學中，一直是相當重要的一環，而要瞭解課文之「義旨」，則必須先從文章之題目開始。因爲題目就像人名一樣，如此才能讓讀者有識別稱呼的依據；而且從題文中有時也可掌握住文章之義旨。大部分的文章都有一個題目，古典詩詞亦不例外，但是從題文不一定就能瞭解作者寫作的義蘊，因爲有的題文並不是依文章內容而定，所以大致上可分爲「固定」與「不固定」兩類，也就是「顯的」與「隱的」①。「固定」而且「顯的」也就是能從題文中看出全文要點者，如王維的〈九月九日憶山東兄弟〉，一看便知本詩寫的是詩人在九月九日思念他的兄弟。或如劉楨的〈贈從弟〉，從詩題上雖不能得知內容是什麼，但可以知道本詩是一首贈詩，仍可視爲「顯的」一類；而「不固定」且「隱的」卻是文章內容隱微不顯的，如〈短歌行〉、〈浪淘沙〉等皆是曲調名，並不能從中看出內容情意。

瞭解題文之後，亦應對作品的本事與背景有所認識，從作品的本事背景去體察出作者的眞正用意，如此方能更明確掌握文義與文旨。所謂詩歌的本事背景，是指「詩歌作品主題所根據的故事原委，包括寫作緣起，作者自注以及一些有關的軼事和民間傳說。洞察詩歌的本事，對於正確把握詩人的用意有著直接的作用。」②如果並沒有洞察詩歌的本事，極可能就題目與文義所探究出的文旨並非作者眞正要表達的意思，如蘇軾的〈紅梅〉，詩題爲「紅梅」，文義亦爲寫「紅梅」的姿態，則易讓學生誤解本詩之文旨即是「詠紅梅」，如此便是不明白作者當時的寫作動機所致。所以在探究義旨時，對於作品的寫作動機是不容忽視的。

再者，前人的研究成果亦是要加以注意的，雖然在進行教學時，並不須要把所有的見解告知學生，如此易讓學生無所是從；不過，在進行義旨教學前，教師仍應收集前人對作品的義旨分析，然後加以辨證，從中選擇一個最可信的說法，作爲該篇的篇旨，如〈蒹葭〉篇就有六種見解，教師應參究文義與前人之說，找出最正確最合適的文旨。

故本節擬參酌作品之「題目」、「寫作動機」與「前人研究」三方面，來分析古典詩詞的義旨，以見其文旨的顯隱，期能對義旨教學能有更明確的掌握。而要掌握詩詞的文旨，可從作者所欲表達的文旨是「顯」、是「隱」來判斷，可分爲「全顯」、「顯中有隱」與「全隱」三種，茲以高中國文所選古典詩詞教材爲例，說明如下：

第一節　文旨全顯者

要判斷文旨是否爲「顯」的，可根據作者所欲抒發的「情」與「理」（即文旨）是以何種方式呈現：如果其旨是以「情語」或「理語」作直接抒發、從詩詞的字句中顯而易見者，其旨即安置於篇內，是「顯」的。但有時作者除了將表層的文旨作了明顯的表達，亦會將「它深一層或眞正的部分隱藏起來」③，如此則是「顯中有隱」的形式，此部分在第二節討論。

在文旨全顯的二十一篇作品中，筆者依其表達的文旨區分爲「抒情」（十四篇）、「遣懷」（五篇）、「說理勸勉」（二篇）三類：

一、抒情類

㈠〈蓼莪〉

此詩雖然公認爲孝子哀悼父母的一篇傑作，但仍有不同的看法：《詩序》以爲：「〈蓼莪〉，刺幽王也。人民勞苦，孝子不得終養爾。」鄭箋：「二親病亡之時，時在役所，不得見也。」朱熹則去「刺幽王」之說，截取《詩序》後段云：「人民勞苦，孝子不得終養而作此詩。」（《詩集傳》）程俊英、蔣見元則取鄭箋「時在役所」云：「這是一首人民苦於兵役，悼念父母的詩。」④對此，方玉潤《詩經原始》與姚際恆《詩經通論》分別就《詩序》之「刺幽王」與「人民勞苦」與鄭氏所謂「時在役所」之說提出駁斥⑤。其實，不管當時是如何黑暗混亂的時代，背後隱藏著如何悲慘哀傷的故事，此詩的眞情正如姚際恆所云：「詠詩之事不可考，而孝子之情感傷痛極，則千古爲昭也。」⑥而且，純文學的作品，不一定都要賦予政教的意義，如此一首流露孝子眞情的作品，就讓它回復到本來面貌吧！

由上可知，此詩之詩旨正如方玉潤《詩經原始》所說：「〈蓼莪〉，孝子痛不得終養也」，篇內「欲報之德，昊天罔極」二句正是此意⑦，而詩中所表達的深情也即是因父母遠離，而自己無法再盡孝道的哀痛悲鳴。

(二)〈關雎〉

此詩的文旨從古至今有不同的詮釋，在這兩千多年來的詩學演變歷程，大致上可分爲傳統與現代兩個階段⑧。前者比附論詩，後者就詩論詩。

傳統的比附論詩如《詩序》云：「關雎，后妃之德也。」⑨又云：「是以〈關雎〉樂得淑女以配君子，愛在進賢，不淫其色，哀窈窕，思賢才，而無傷害之心焉，是關雎之義也。」⑩

從詠「后妃之德」出發，引申到「進賢」、「思賢才」，而後朱熹更因循此說而指出君子爲「周文王」，淑女爲「姒氏」，作者則爲「宮中之人」⑪。

清代的姚際恆與方玉潤，對於《詩經》則有獨到的見解，如姚際恆於《詩經通論》中就以四點理由駁斥了《詩序》對〈關雎〉的說法，因而主張此詩爲：「當時詩人美世子娶妃初婚之作。」不必「實指出太姒、文王」⑫。方玉潤《詩經原始》則以爲此詩之旨義爲：「樂得淑女以配君子也。」但兩人仍是立於「正邦國」、「風天下」、「厚人倫」⑬的觀點下來看此詩的。

就詩論詩的現代學者應屬胡適先生爲第一人，他認爲〈關雎〉根本就是一首求愛詩：「關雎明明是男性思戀女性不得的詩。」因爲「求之不得，便寤寐思服，輾轉反側，這是描寫他的相思苦情。」⑭屈萬里先生則以爲〈關雎〉是：「祝賀新婚之詩。」⑮王靜芝先生認爲它是：「詠君子求淑女，終成婚姻之詩。」⑯于宇飛《詩經新義》亦有同樣的見解。另外，江陰香認爲是「男人要求個幽賢貞靜的女子，做他的配偶。」⑰余培林先生則以爲「此詠君子求淑女之詩。」⑱不管是何說，皆能脫開比附政教的傳統，就詩解詩，讓〈關雎〉的詩旨回復到歌詠男女相思之情的基礎上。

因爲篇旨爲一詩的靈魂所在，於教學時便應把握住此一鎖鑰，方能對詩文有深入的瞭解，所以在引領學生做深入鑑賞之前，教師一定要事先掌握住詩文的篇旨。〈關雎〉一詩雖然有不同的說解，但若從詩文中⑱仍可尋出唯一的文旨，所謂「綴文者情動而辭發，觀文者披文以入情。沿波討源，雖幽必顯。世遠莫見其面，瞻文輒見其心。」（《文心雕龍・知音》）所以附會的說法可以不用盡信。而此詩的「詩心」（詩旨）即爲「君子求淑女不得之相思」。事情的開端是由於君子想要求得淑女做爲終身的伴侶，追求的結果卻是「求之不得」，引出文旨爲詩中「寤寐思服」⑲之「思」，是顯的。因爲追求不到，日夜無時不「思」，所以也睡不安穩，更因此「思」極入幻，開始幻想如果追求到淑女之後是多麼幸福的事，所有的幻想完全是來自於追求不到的「相思」；所以此詩的內容是在寫君子追求淑女不得與因此所引起的幻想，而這一切皆是從「思」的情緒所引發出來。

㈢〈飲馬長城窟行〉

秦時爲了防備胡人侵擾而動員民力修築長城，相傳在長城之南有溪坂，上有土窟，窟中泉流，挹之不窮，所以征夫在行役之時常在此飲馬⑳。《文選》李善注：「酈善長《水經》曰：『余至長城，其下往往有泉窟，可飲馬，古詩〈飲馬長城窟行〉，信不虛也。』然長城，蒙恬所築也，言征戍之客至於長城而飲其馬，婦思之，故曰《長城窟行》。」㉑又《文選》五臣張銑注：「長城，秦所築以備胡者，其下有泉窟，可以飲馬。征人路出於此而傷悲矣。言天下征役，軍戎未止，婦人思夫，故作是行。」另，郭茂倩《樂府詩集》說：「一曰〈飲馬行〉。長城秦所築，以備胡者。其下有泉窟，可以飲馬。古辭云：『青青河畔草，緜緜（綿綿）思遠道』言征戍之客至於長城而飲其馬，婦人思念其勤勞，故作是曲也。」㉒由此可知，「飲馬長城窟」本指征人在行役時，於長城之下讓馬飲水休息，但戍守邊疆，冬日苦寒，夏日苦暑，生活艱苦萬分，秦時民歌也云：「生男愼勿舉，生女哺用脯；不見長城下，尸骸相支拄。」人民內心的沉痛可以想見㉓。所以，後來凡是描寫艱苦的行役生活，往往就以戍長城來代稱，「飲馬長城窟」也就逐漸成爲形容艱苦行役的寫照。

但本詩內容與「飲馬長城窟」並無直接關係，這是寫一位婦人思念遠行的丈夫，以及接到丈夫來信時的複雜心情。可能是由於本題就是抒寫這類民間疾苦的；或是借題抒寫，以言「天下征夫，軍戎未止，婦人思夫」而已㉔；或因良人長久行役於外，閨中婦人「傷良人遊蕩不歸」㉕，所以此詩便轉化爲婦人思念征戍者之辭。也由於此詩內容與「飲馬長城窟行」無關，有學者以爲此詩當爲陳琳之仿作，而題爲陳琳所作的那首方是古辭，如費秉勛、傅如一就認爲此詩應爲無題詩，或應題爲〈青青河畔草〉，而眞正的古辭當是題爲陳琳所作的那一首㉖；對此，陳友冰也提出了兩項證據證明陳琳之作與此詩皆不是古辭，都爲漢代無名氏文人的仿作㉗。不管此詩是否爲古辭，感人至深的含蓄悲傷情愫卻是不容泯滅的。

而此詩旨在「寫一位女子對外出丈夫的無限思念之情。」㉘對於丈夫因何外出，李春芳則以爲「沒有明確交代。也許是因爲兵役、徭役，也許是爲了求官、謀生」㉙，不管爲何遠行不歸，留給妻子的是一夜夜的淒涼與無窮無盡的思念之苦。大同資訊版《高中國文》就把此詩的詩旨說明的很清楚：「全詩以妻子自述的口吻，抒寫對遠在他鄉丈夫的思念之情，前後緊扣一個『思』字，不斷發展、深化。」㉚所以此詩的文旨即在篇內「思遠道」之「思」，所要表達的就是女子的一種相思之情，因爲相思所以希望能夠於夢中相見，因爲相思所以盼望能夠早日團圓，但殘酷的事實卻必須要面對，迎接她的只有夢醒心碎與歸家無期的失望。

㈣〈客從遠方來〉

思婦遊子一直是古詩中經常使用的題材，此詩亦僅以一禮物爲端，抒寫思婦對遠行丈夫的無限懷念，也是因爲對丈夫有著濃濃的相思，所以即使是一塊並不貴重的布疋，依然讓獨守空閨的妻子充滿喜樂，相信彼此終能相聚不離。

在當時動亂不安的時代，也無今日通訊之發達，對於遠行在外的遊子，妻子除了在家鄉等待消息也無計可施。既然並不容易有丈夫的消息，也就無從得知丈夫生活如何？有沒有遇上困難？是不是已經另結新歡？所以當丈夫托人帶回禮物給自己時，就表示丈夫過得很平安，而且還惦記著自己，這當然能夠帶給等待已久的妻子極大的喜悅了。由此可知，本詩是由丈夫託客「遺我一端綺」發端，所寫的是思婦收到禮物後的喜悅之情，而「通過裁綺爲被的細節，生動地抒寫了這種感情。」㉛收到禮物的喜悅以及設想裁被的歡愉都來自於「對遠行丈夫的相思之情」，這也是本詩的文旨，由篇內「著以長相思」句揭示出「相思」之情意。

另外，有學者以爲此詩是「見朋友不以遠近易心」（方廷珪《文學集成》），對於《古詩十九首》，前人多以爲抒發逐臣之慨、朋友之情，可不盡信。

(五)〈涉江採芙蓉〉

劉履《古詩十九首旨意》云：「客居遠方，思親友而不得見，雖欲采芳以爲贈，而路遠莫致，徒爲憂傷終老而已。」㉜可見此詩爲遊子思鄉之作，也有人認爲是思君或懷友之詩，但毫無根據。如從此詩末二句「同心而離居」來看，可知所思之人爲遠在家鄉的妻子。因「同心」二字，自古即爲夫妻的象徵，如《易・繫辭》（上）：「二人同心，其利斷金」，《詩經》、《楚辭》㉝中亦可見。

本詩旨在描寫「一位飄泊異鄉的遊子，想念妻子卻不得歸去的愁苦」㉞，是一首懷人的詩歌。「思遠道」一直都是古詩中常見的主題，不管是妻子思遊子，還是遊子思妻子，在東漢末的時代中，因爲「同心而離居」造就了一場又一場的生離悲劇，分隔兩地的遊子思婦，只能「憂傷」地面對不可知的將來，也許這種「憂傷」是一輩子也無法掙脫的宿命。至此，「思念」之情化爲濃濃的哀愁，「全詩的哀傷就盡萃於此」㉟，將本詩的文旨——思念家鄉妻子卻不能歸去的愁苦，於篇內「憂傷以終老」句揭示「憂傷」之情，這也是詩人無可奈何的深刻感慨。

(六)〈行行重行行〉

本詩亦是以妻子的口吻，訴說她對遠遊在外的丈夫的思念。如此動盪的時代，夫婦一經分別也不知何時重逢，在這樣哀傷的情愫中，獨守空閨的妻子「思念」著在萬里之遙的丈夫，相隔著漫長艱難的路途，更加深歸家無期的傷感。「思」及此處，難免對久不回家的遊子有所埋怨，雖然埋怨，卻也是因「思念」而發，最後也因「思念」而希望丈夫能夠保重身體，充滿著「思念」之情。所以此詩之文旨即是「思」，可在篇內「思君令人老」句尋得。

(七)〈凜凜歲云暮〉

《古詩十九首》的主題「大率逐臣棄婦，朋友闊絕，遊子他鄉，死生新故之感。」（沈德潛《說詩晬語》）正中版《高中國文》第一冊則將《古詩十九首》區分爲描寫遊子感慨與刻畫思婦心情二種主題。而此詩就是刻畫思婦心情的作品。內容即是描寫思婦因歲暮風寒，思念羈旅不歸的遊子，而觸景生情，由思入夢，由夢而醒，醒後惆悵的情懷。此種惆悵的情懷在篇內「徙倚懷感傷」句表現出來，寫出思婦的因分離而思念所生的「感傷」，故其文旨：「思婦想念遊子之情」是顯而易見的。

(八)〈飲酒〉之五

《飲酒詩》共二十首，其寫作時間大致有四種不同的說法。一爲作於元興二年癸卯（西元四〇三年）；二爲作於元興三年甲辰（西元四〇四年）；三爲作於義熙二年丙午（西元四〇六年）；四爲作於義熙十三年丁巳（西元四一七年），龔斌更進一步於〈試論陶淵明《飲酒》二十首〉㊱一文中從詩裡描寫的居處、表現歸隱的態度與用詞等三方面論證《飲酒》詩作於義熙十三年（西元四一七年）。一般也皆認爲是晉安帝義熙十三年（西元四一七年），陶淵明辭官歸隱田園時所作。因《飲酒》第十九首中有「亭亭復一紀」句，陶淵明於義熙元年（西元四〇五年）歸田，經過一紀十二年，則詩作於義熙十三年，當時陶淵明五十三歲。

在這組詩前有序云：「余閒居寡歡，兼秋夜已長，偶有名酒，無夕不飲。顧影獨盡，忽焉復醉。既醉之後，輒題數句自娛；紙墨遂多，辭無詮次。聊命故人書之，以爲歡笑爾。」可知此組詩乃詩人歸隱之時於飲酒醉後所作，但詩題雖爲「飲酒」，內容實爲「詠懷」。蕭統於〈陶淵明集序〉說：「有疑淵明詩篇篇有酒，吾觀其意不在酒，亦寄酒爲跡也。」㊲藉酒來表明心跡，正是陶淵明寫《飲酒》詩之意。本詩爲第五首，亦是「寄酒爲跡」之作，全詩無酒字，是陶淵明在去除孤獨與牢騷後，所表現出享受自然的樂趣及悠然自得的心境，表現人與自然契合、悠然自得的心境，可說是陶淵明歸隱田園後的最佳生活寫照。

本詩的文旨，一般多認爲是篇腹的「心遠」：因爲「心遠」，所以「地偏」，所以能領略「眞意」。所謂的「眞意」是以直覺觀照而得的意趣，來自人們在心靈上與大自然的直接對話，乃至溶入大自然中成爲大自然的一部分，既和諧又眞實，這種平淡沖和的思想境界是那些以功名富貴累其心的世人所難以體會的。但詩人所以會「心遠」則是因爲此「眞意」一直都在宇宙萬物中，詩人才有可以「心遠」的憑藉，故陳滿銘以爲本詩當是描寫「處於喧世能閒遠自得的意趣」，並以吳淇《六朝選詩定論》所說：「『意』字從上文『心』字生出，又加上『眞』字，更跨進一層。則『心遠』爲一篇之骨，『眞意』爲一篇之髓。」來主張篇內的「心遠」是一篇之綱領，而「眞意」才是一篇的最終文旨[38]。大同資訊版《高中國文》第一冊也說：「末兩句提出『眞意』兩字，概括了歸隱的生活及心境。」[39]可知，「眞意」實涵蓋了詩人與大自然合而爲一的心境，比個人的「心遠」更深一層。

(九)〈送杜少府之任蜀州〉

本詩爲王勃在長安當官時，爲一位杜姓友人遠赴蜀地就任縣尉而寫的送別詩。故此詩內容爲「臨別贈言」，而其文旨爲抒寫「離愁」，即篇內之「離別意」來統括全詩。不過，本詩雖爲送別之作，「卻不流於悲酸愁歎語調；有開合頓挫之致，又不失氣脈流通之妙；而且一洗六朝以來綺麗之習，純以質樸雄渾，橫溢奔放取勝，可說是唐人律詩的正格，也是王勃得意之傑作，尤其摯友眞情，昇華別離的傷感，而爲豪爽的勸慰，精神氣魄，自有其積極的意義。」㊵這就是本詩所以獨標高格之因。

㈩〈長干行〉

本詩是一首延用舊題，而將內容、篇幅擴大的樂府詩。《樂府詩集》雖將〈長干曲〉列於雜曲歌辭㊶，但其古辭則無論在形式或內容上，可說是一典型的南朝樂府民歌。它短短的四句中，用一位女子自語的方式，表面說水上的生活，但暗地卻隱藏著她的堅貞。古辭云：

> 逆浪故相邀，菱舟不怕搖。妾家揚子住，便弄廣陵潮。㊷

之後，與李白同時的崔顥仿作了四首〈長干曲〉，題意稍稍擴大；崔國輔擬有〈小長干曲〉一首，則與古辭意境相去不遠，這些都是五言四句的小詩，也都是描寫長江下遊一帶男女青年的生活。㊸這些詩歌內容都較簡單，但是李白的〈長干行〉雖然援引樂府舊題，題材也沒有脫離兒女言情，但篇幅加長，內容也較爲豐富，尤其藝術技巧方面更爲突出。他寫的是一位居住在長干里的商婦，透過自述，說出了她的愛情生活，表現了她對愛情的執著。雖然本詩以敍事、寫景爲主，但在敍事、寫景之中無一不是商婦思念丈夫的愁情，也因有之前的美好生活，今日卻要日日相思，如此的心境下所見的秋景更是令人感觸良多，所以才會「感此傷妾心」，帶出主題：「坐愁紅顏老」，而本詩文旨：「商婦思念遠行丈夫之愁情」也在此明白揭示。

最後，值得說明的是：此詩雖然旨在寫思念之情，但商婦並沒有整日怨歎哀傷，而是對未來充滿希望，所以也有人認爲這是一個堅持人生理想、主動追求美滿生活的勇敢婦女形象。也因如此，此詩的人生積極面，也就不知不覺流露出來了。

(十一)〈九月九日憶山東兄弟〉

這首詩是王維十七歲[44]時隻身在外的懷鄉思親之作。年少的王維此時遊學長安，獨自一人在陌生的地方，一切事物都不是自己所熟悉的，這種舉目無親、無依無靠的孤獨感受，平常就已經縈繞心頭，更何況在應該一家團聚的佳節裡，這種感懷便一觸即發，不可遏止。劉學鍇說：「作客他鄉者的思鄉懷親之情，在平日自然也是存在的，不過有時不一定是顯露的，但一旦遇到某種觸媒——最常見的是『佳節』——就很容易爆發出來。」[45]即是此意。此詩就是因爲王維在陰曆九月九日重陽節[46]的日子裡，感受到其他人都歡歡喜喜的團聚，而自己卻與親人分隔兩地[47]，難免興起思念親人的感懷。

由此可知，本詩旨在寫詩人對親人的思念之情，篇內「思親」二字爲一篇綱領，統領全詩；而其文旨即是「思親」之「思」。

(十二)〈送友人〉

據詩題〈送友人〉可知，這是一首送別詩。因爲李白客居異鄉，又在客地送友人遠行，這種在異地與好友分別的「客中送客」的離情更令人感傷。在頸聯中，詩人巧妙地引出「別」、「征」二字，敍明離別；在頷聯中，則帶出「遊子意」與「故人情」，點明客主雙方的離別情意，就這樣把一詩的文旨「離情別意」自然地凸顯出來，流露出朋友間難分難捨的情誼[48]，故其文旨是明白可知的。

(十三)〈雨霖鈴〉

柳永〈雨霖鈴〉一首有學者以爲當是柳永與一位戀人的惜別詞，如徐培均說：「此詞當爲詞人從汴京南下時與一位戀人的惜別之作。」[49]此語則將地點也指明了；或以爲送行人是知己好友，如王熙元、曾永義編著之《詩詞曲賞析》下冊[50]，但一般皆主前說。不過，不管與何人惜別，本詞「傷別」的文旨卻是顯而易見的，以篇內一句「多情自古傷離別」即籠罩全詞，不管是當時的實景觸發了「傷別」的情緒，還是「傷別」的情緒引起了設想的虛景，本詞的主要內容是以冷落的秋景作爲襯托來表達和戀人難以割捨的離情。

(十四)〈一剪梅〉

古人以贈梅表達相思，〈一剪梅〉即取此意[51]。這是一首抒寫離情別緒的詞，黃昇《花庵詞選》即題作「別愁」[52]。元人伊士珍《瑯嬛記》引《外傳》云：「易安結褵未久，明誠即負笈遠遊。易安殊不忍別，覓錦帕書〈一剪梅〉詞以送之。」但王學初在《李清照集校注》中指出：「清照適趙明誠時，兩家俱在東京，明誠正爲太學生，無負笈遠遊事。此則所云，顯非事實。」[53]陳邦炎則認爲《瑯嬛記》是僞書，所引《外傳》更不知爲何書，是不足爲據的[54]。而且玩味其詞，這首詞應是作於趙明誠遠離之後，而非分別當時。

不論此詞是否爲分別時所作，吾人可知這是李清照的前期作品，當寫在婚後不久之時；且從內容上看，是寫別後的相思之情。李清照於十八歲時就嫁給趙明誠，兩人結婚以後，感情非常好，生活充滿了學術和藝術的氣氛。所以當趙明誠出遊後，李清照當然會萬分思念，於本詩中表露出的就是此種相思之愁情。所以本詩旨在抒寫「別愁」，篇內的「一種相思，兩處閒愁」句表達的正是此意：因爲分離而造成兩地相思的愁情，這也是李清照深信趙明誠一樣會想念自己，也和自己一樣深受「別愁」之苦，由此可見兩人感情之深。

二、遣懷類

(一)〈登高〉

這首詩選自《杜工部集》卷十三，舊編在成都詩內。方回《瀛奎律髓》認爲當是離開成都以後的作品[55]；朱鶴齡輯注《杜工部集》以詩有「猿嘯哀」之句，認爲是杜甫晚年流寓夔州（今四川奉節縣）時作品。夔州在長江之濱，以風峽猿嘯聞名，頗與詩境相合，後人多從之。

瞭解本詩的寫作地點，如此也不難理解詩人所描繪的風急猿嘯、渚清鳥飛的景象；再由詩中的「蕭蕭落木」與「悲秋」看來，則此詩當作於秋日登高之時；陶道恕與李道顯則明白指出此詩寫作時間爲：大曆二年（西元七六七年）秋[56]。另外，也有人認爲是重陽登高所作，是杜甫《九日》五首（收在《杜工部集》卷十五）中的一首。《九日》五首，集中僅列四首[57]，且從抱病登臺、因病停酒這些事看，則創作時間極爲接近[58]。此說提供作爲參考。

「悲秋」是騷人墨客常有的感懷，或抒懷才不遇之感、或寫兒女離情之嘆，飽經離亂之苦的杜甫於秋日登高更是有訴不盡的愁懷。這樣的感觸當是由所見之景觸發，引起悲秋的情緒，故此篇是以「悲秋」爲綱領，再由「悲秋」拈出一篇旨意：「苦恨」，可於篇內「艱難苦恨繁霜鬢」句求得。而此「苦恨」包含了身世之感與流淚之苦，兩相交互之下，更顯得詩人的苦，當然恨之不盡了。陶道恕說：「全詩通過登高所見秋江景色，傾訴詩人長年飄泊、老病孤寂的複雜感情，慷慨激昂，動人心弦。」[59]詩人的苦恨心情在此得到了舒展。

(二)〈虞美人〉

此詩作於宋太宗太平興國三年（西元九七八年），爲李煜死前的春天。相傳於同年七月七日晚，李煜在寓所命故妓作樂，傳「小樓昨夜又東風」及「一江春水向東流」之句，聲聞於外，宋太宗大怒，遂命秦王趙廷美賜牽機藥，將之毒死。[60]所以，這首〈虞美人〉可說是後主的催命詞了。

李煜由南唐君主變爲宋室的階下囚，不僅失去了南唐的江山、失去了皇帝的寶座與豪侈奢華的宮廷生活，而且還失去了自由、失去了尊榮，這一殘酷的現實，使他「此中日夕，只以眼淚洗面」（《樂府紀聞》），產生了只有李煜特有的愁與悲，而通通抒發在詞作之中。這闋詞就是在這樣的心境下所創作出來，旨在抒寫感懷故國之「愁」，詞中的「故國不堪回首」與「雕欄玉砌」句點出了感懷故國，而其抒「愁」則可從篇內「問君能有幾多愁」句求得。

㈢〈念奴嬌〉

據南宋傅藻《東坡紀年錄》所載，本詞作於宋神宗元豐五年（西元一〇八二年）七月。此時爲烏臺詩案發生後的第三年，蘇軾也因此被貶爲黃州團練副史，在黃州過著五年的待罪生活。這時的他，一方面按詔令規定「本州安置」，也就是不可隨意離開黃州，行動受到限制；另一方面，則是經濟上頗爲艱苦。而他的心境，也因多年的磨練，更顯得超曠；對於人事之無常「如夢」，也更有深入的體會。

這首詞是蘇軾在遊賞黃岡城外的赤壁磯時所寫的，他是借古跡史事來抒發自己的懷抱。他想到三國「風流人物」的功業，引起無限的嚮往之情，反觀自己年將半百卻一事無成，再加上此時國力軟弱、邊疆紛亂，他是多麼渴望有如三國那樣稱雄一時的豪傑人物，來扭轉這現狀！這也「正是作者所以要緬懷赤壁之戰，並精心塑造導演這一戰爭話劇的中心人物周瑜的思想契機。」㊀雖然蘇軾仍有期盼，但眼前的國政現實與被貶的坎坷處境，不免與他振興局勢與有志報國的祈望相牴觸，所以在「故國神遊」之後，面對現實的無奈與不得志的感慨油然而生，而這些感慨都是源於自己的「多情」啊！不過，雖然蘇軾有所慨嘆，但他並不希望被「多情」所累，反而是「一尊還酹江月」，亟欲尋求自我的寬慰超脫。所以寫此詞之時的蘇軾是有多重感嘆（多情）的，他想抒發的也就是這些無法明指的「多情」罷了。

(四)〈武陵春〉

這首詞是李清照晚年流寓金華時所作。據清人俞正燮《癸巳類稿》：「易安於高宗紹興四年，避亂居金華。」今人何廣棪《李易安集繫年校箋》考訂：「考清照於紹興四年（西元一一三四年）十月始抵金華，惟此詞描摹暮春景色，其紹興五年（西元一一三五年）三月所作乎？」[62]

李清照寫此詩時，已年過五十了，這時趙明誠已暴病身亡，而生長的家園又被金人所踐踏，她只有孤獨一人輾轉流寓到了金華依靠其弟李迒。由此可知，李清照在遭逢這些巨變之後，內心的愁苦是怎樣也化解不開的。所以本詩旨在寫「愁」，即篇內之「許多愁」。而此「愁」是源於早年所擁有的美好「事事」已喪失殆盡，在詞中亦有對其所以愁作出說明：就是因爲「物是人非事事休」，所以當詩人在面對一年一度的春景，以及趙明誠的遺著《金石錄》和一些文物時，睹物思人、又思及物是人非、國破家亡，不禁悲從中來、感到萬事皆休。陳弘治就說：「在這首詞中，作者由『夫君的去世』、『晚年的淒涼』與『他鄉的飄泊』幾項不幸的遭遇，交織成一股濃濃的哀愁。」[63]也就是周懋昌所說的「家無重圓之望，鄉無重返之日，國無重復之期，只有終日以淚洗面了。」[64]這樣綜合多種哀痛的「愁」，是無論如何也載不走了。

(五)〈正氣歌〉

元世祖至元十五年（即南宋端宗景炎三年，西元一二七八年），文天祥於五坡嶺（今廣東省海豐縣）被元朝將領張弘範所俘。翌年三月押解遣送北方，於同年十一月抵達燕京（即今北京），幽囚土室，元人威逼利誘，勸他投降，不爲所動。至元十八年（西元一二八一年）六月，文天祥寫下了這篇流傳千古的不朽名作，翌年十二月從容就義。在寫此詩時，文天祥已經在大都一間很小的土室裡被囚禁了兩年。在這兩年裡，各種艱難困苦折磨著他的肉體和精神，正如序言中所說：獄中的水氣、土氣、日氣、米氣、火氣、人氣和穢氣不斷侵襲，一般人很少不得病的，但是文天祥卻依然無恙，所憑藉的是什麼呢？就是「吾善養吾浩然正氣」。有這樣一股天地之正氣來「以一敵七」，自然無所患，這就是本詩寫作的緣由。

歷來評論家對〈正氣歌〉一文的體認，「往往著重在『浩然正氣』對文天祥『個人』的影響，所以他能不懼環境惡劣，尚能思效古賢先哲而已。也正因爲如此，常常忽略了文天祥眞正想表達的是——藉由『以道德爲根的正氣』來維繫當代的『綱常倫紀』，來挽救積弱不振的國勢！冀盼這股正氣能發揮積極的現實意義！」[65]發揚中華民族的浩然正氣也就是文天祥寫〈正氣歌〉的目的[66]，所以本詩的文旨：「論正氣扶持倫常綱紀、延續宇宙生命的莫大價值，從而抒發憂國憂民的情懷」[67]，在篇內「三綱實繫命，道義爲之根」句。

三、說理勸勉類

(一)〈迴車駕言邁〉

〈迴車駕言邁〉一般都認爲是一首自我警惕、勉勵的說理詩。所描寫的是一位離鄉在外的遊子駕車回鄉的所見所感，所見的是「四顧何茫茫，東風搖百草」，所感的是「所遇無故物，焉得不速老」。自然界的生息變化，與人之間似乎沒有關連，但是詩人在其中發現新舊盛衰的法則，人的盛衰也同樣在自然法則的支配下演化。以此思之，人生是不可能像堅固的金石，「老化」與「物化」是人生不可避免的結果。但是人應追求更高意義的存在，而非懵懂的接受自然法則的支配，至此詩人覺悟到精神生命的重要，所以應該及時努力，建立功業，以求不朽的榮名。而這場生命短暫的嗟嘆感悟，也爲人生提示了更高層次、積極向上的精神價值。[68]由此可知，本詩的文旨即篇內「立身苦不早」一句，此乃是詩人面對盛衰莫測的世界所興起的深刻感悟。

另外，值得一提的是：雖然詩人對於短暫的人生，並沒有沉溺於悲觀的哀嘆中，而是以追求榮譽名聲作爲自己的人生奮鬥目標，但是這種理想卻「同時又被一種社會現實和自然規律帶來的無法擺脫的陰影所籠罩，所以全詩就彌漫著一種在苦悶中追求的壓抑氣氛」，而

「這種悲劇色彩眞切地表現出東漢末年社會大動亂前夕失意士人在現實生活與理想要求之間的矛盾和苦悶心情。」[69]所以有學者亦認爲此詩「流露出一種無可奈何的消極情緒」[70]。朱筠亦說：「『立身苦不早』，從無可奈何處泛泛說來。『人生』二句又進一層，言即能立身，身非金石，何由長壽?亦不過『奄忽隨物化』已耳！直是烟消燈滅，無可收什，乃從世情中轉一語曰：『求點子榮名也罷了』。」[71]若從文學欣賞的角度來分析，也的確可看出詩人心中的無奈心境，而這種無奈心境被隱藏在詩句之中，詩人並不是完全樂觀積極的；對此，馬茂元也說：「對榮祿和聲名的嚮往，是一般失意之士最現實的心情，特別當他們意識到盛年已過，衰老和死亡的不可避免，這種嚮往就更迫切。」[72]所以當時詩人的心情是失落的、無可奈何的，對於自然法則的不可抗拒，也只能從榮名去尋求滿足了。

在教學的過程中，雖然瞭解眞相很重要，但是瞭解眞相只是工具，一個可以幫助學生陶冶性情的工具。當我們知道詩人寫作時的心情並不是絕對充滿希望、樂觀向上的，並不代表此詩一定就充滿晦澀陰暗的色彩，因爲詩人能夠在如此失意的環境中，仍然堅持追求榮譽的名聲，這種精神才是吾人教學時希望學生能夠體會的。

(二)〈長歌行〉

本詩題名爲「長歌行」，崔豹以爲應與歌辭內容有關，《古今注》云：「長歌、短歌，言人壽命長短，各有定分，不可妄求。」對此，《文選》李善注分析兩首古辭[73]，則以爲上一篇似傷年命，下一篇直敍怨情，同一題名而有不同內容，可知題名與內容並無絕對關係。另，李善又說：「古詩云：『長歌正激烈，』，魏武帝〈燕歌行〉云：『短歌微吟不能長』，晉傅玄〈豔歌行〉云：『咄來長歌續短歌』。然行聲有長短，非言壽命也。」[74]證明題名與歌辭的音節相關連，與內容無涉，較合原意。

關於此詩文旨，郭茂倩引吳兢《樂府解題》說：「言榮華不久，當努力爲樂，無至老大，乃傷悲也。」[75]這是一種「及時行樂」的消極解釋；而《文選》五臣劉良注爲：「當早崇樹事業，無貽後時之嘆」，這是一種希冀建功立業、誨人自勉的解釋。究應何者爲是？所謂「作者不必有是意，讀者不必無是意」，不同的讀者解讀的角度自然不同。如果此詩是作爲學術研究的文學史料，就盡可多方探討；但如果是作爲人格教育的陶冶教材，仍宜朝積極樂觀的方向加以引導。所以，劉說較適合於教學，對青少年朋友較有積極的鼓舞作用。

由上可知，本詩文旨是在說理勸勉，即篇內「少壯不努力，老大徒傷悲」二句。詩人由自然萬物的盛衰變化，引發自身對人生盛年難得、韶光易逝的感觸，所以得出結論：人在少壯的時候如果不好好努力，等到年華老大時就只有徒然悲傷了；表面上這是一種感嘆，但是詩人的眞正用意卻是勉勵自己當在有限的生命歲月有所作爲，不要浪擲青春，徒留悔恨。吳淇《選詩定論》說此詩「全於時光短處寫長。人有一日之時，有一年之時，有一生之時。一日之時在朝，一年之時在春，一生之時在少壯。之三時者，以爲甚長而玩愒則短，以爲甚短而勤修則長也。……苟自甘暴棄，謂今日不修而有來日，今年不修而有來年，乃日復一日，年復一年，冉冉老至，恰如逝水赴海，豈有復西之日哉！輕棄重寶，那不悲傷！」可謂知言。

第二節　文旨顯中有隱者

在高中國文所選的古典詩詞中，有十二篇的文旨運用了顯中有隱的方式；其中，用以抒情的有一篇、用以遣懷的有八篇、用以說理勸勉的有一篇，還有一篇無法歸入前三項，故列於其他：

一、抒情類

(一)〈黃鶴樓〉

這是一首登臨訪古，懷念故鄉的詩作；文旨爲篇內的「鄉愁」。

詩人崔顥生逢繁榮昌盛的開元、天寶盛世，當然對於自己也是有一番期許，希望自己可以爲國效力，如：「報國行赴難，故來皆共然」（〈贈王威古〉）；或是對於功名的熱中，像「我昔初在昭陽時，朝攀暮折登玉墀」（〈行路難〉）；他也曾在〈長安道〉中表達了對權貴的不滿。但是，殘酷的現實終於讓崔顥的希望破滅，在〈行經華陰〉、〈登天竺寺〉、〈題潼關樓〉、〈題沈隱侯八詠樓〉等詩都可見到詩人對現實的企圖超脫與深刻哀愁。有了這一層的心理基礎，也就可以理解爲何詩人在登臨黃鶴樓時，會有如此的慨嘆！因爲當仕途失意、飄泊無依的崔顥，透過神話傳說與現實景象的觸動，難免興起一種物是人非、寂寞孤獨的感慨；再登樓遠望眼前蒼茫景象，看到了漢陽樹木、鸚鵡洲芳草與江上煙波等寂寥空曠的景色，但自己的家鄉呢？卻是看不到的，在無法望及的情形下，留下的只有深深的鄉愁。

除了「鄉愁」之外，詩人「有意由位於黃鶴樓西北的『漢陽』帶出位於漢陽西南長江中的『鸚鵡洲』來，暗暗表露出深沉的身世之感。因爲看到了鸚鵡洲，自然就會讓人想起那懷才不遇的狂處士禰衡來。」[76]據《後漢書・文苑傳》所載，禰衡雖少有辯才，但剛傲慢物，前後見斥於曹操、劉表，最後還死於江夏太守黃祖之手，死後即葬於此洲。由於此洲原產鸚鵡，且禰衡生前曾爲此作〈鸚鵡賦〉，於是後人以此名洲。由此可知，詩人在此是引用禰衡的典故來抒發懷才不遇之痛！所以此詩除了抒發思鄉之情（顯旨）外，還暗藏了懷才不遇之悲（隱旨）。

二、遣懷類

㈠〈詠史詩〉之一

左思的《詠史詩》是借古人古事來抒寫自己的懷抱，題爲詠史，實爲詠懷。而要瞭解本詩的文旨，除了就詩文探索、寫作動機之外，亦應將《詠史》八首視爲一整體來挖掘出左思的眞正感慨。

《詠史》八首的寫作時間，據詩中所提供的線索看來，大概是寫於入洛陽不久，晉滅吳以前。因爲詩中呈現入洛陽後所見所遇的情感，而左思是在西元二七二年（晉武帝泰始八年）因其妹左芬以才名被選入宮拜爲修儀，舉家移居洛陽的，所以入洛陽的時間當在西元二七二年以後。再從詩中有「志若無東吳」、「左眄澄江湘，右盼定羌胡」等句來看，「澄江湘」即平吳，晉武帝於咸寧五年（西元二七九年）十一月，大舉伐吳，詔書有：「孫皓犯境，夷虜擾邊……上下戮力以南夷句吳，北威戎狄」等語，與此詩所詠情事相合。太康元年（西元二八〇年）三月，孫皓投降。於咸寧五年正月討伐鮮卑樹能機部，十二月大破之。所以何焯認爲「詩作於武帝時，故下文又云：『定羌胡』。」⑰晉滅東吳是在西元二八〇年（晉武帝太康元年），則《詠史》詩當是寫於西元二八〇年以前。

瞭解了詩人寫作的當時背景後，我們可以想見有著文才武略的左思來到洛陽，對自己當然是有一番抱負與期許的，而這樣的一種急於報效國家以求統一安定的壯志完全表現於本詩中。所以就本詩詩文而言，所呈現出的是一種慷慨激昂之氣，左思旨在「抒寫自身的懷抱」，篇內「夢想騁良圖」一句即是此意。至於爲何會有這樣的壯志呢？自然有其時代背景的因素，而且左思自身又是一位有才之士，想要一展長才自是必然之事。但是結果卻並不盡如人意，美好的願望竟遭到士族制度的壓抑與摧殘，使左思獻身無門、報國無期，懷著無限的憤慨，表現在《詠史詩》的其他篇章中。不過，左思並沒有因現實的黑暗而同流合汚、或意氣消沉，這也是《詠史詩》精神可貴之處。

由上可知，本詩除了詩中呈現出的抱負：「夢想騁良圖」的顯旨外，還隱含著「懷才不遇的悲情」與「黑暗現實的感嘆」，如果單只是就本詩而論是看不出這一層隱旨的，必須全面的瞭解本詩的寫作背景以及《詠史》的其他篇章，才能眞正瞭解左思寫此詩的用意，才能領略左思隱藏在本詩中的悲痛心情。

至於爲何本詩是慷慨激昂之聲呢？因爲本詩是《詠史》八首組詩的序幕，具有籠罩全文及引導的作用。既然《詠史》是借吟詠歷史人物以抒發懷才不遇之情，所以本詩就先將詩人是怎樣的人才作了一番詳細的介紹，也抒發了自身的抱負與願望。就是因爲詩人有才有志，反而更加凸顯懷才不遇與被黑暗現實欺壓的悲哀與無奈。

(二)〈琵琶行〉

唐憲宗元和十年（西元八一五年）六月，宰相武元衡遭政敵平盧節度使李師道派人行刺致死，人心惶惶，朝廷百官噤若寒蟬，白居易雖官太子左贊善大夫，不可過問朝政，但基於義憤，上疏急請捕賊，卻被有心人抨其越權；且指白居易無行，其母因看花墮井而死，而其竟作〈賞花〉與〈新井詩〉，有傷名教　故被貶爲江州刺史，後追詔授江州司馬。其實，白居易得罪的眞正原因，還是在於他寫的那些針砭時政的諷諭詩，引起權貴的不滿。這次的事件，帶給他很大的打擊，在江州的生活更使他體會到世態的炎涼，他有滿腹的怨憤正無處宣洩，恰好在翌年的十一月，四十五歲的白居易送客湓浦口，遇到有著悲涼身世的琵琶女，訴說著自己不得志的生平，詩人的感情即因此被引發而出，遂寫作此詩。

喻守眞說：「此詩雖是詠的商婦琵琶，寫琵琶的聲調，寫商婦的身世，而著眼在『同是天涯淪落人』句，所謂『感斯人言，是夕覺有遷謫意』，就是本詩的大意。」[78]所以篇內「淪落」二字爲本詩的綱領，統攝全詩，而本詩的文旨是：「藉琵琶女的不幸遭遇，抒發自身淪落之恨。」[79]雖然詩人用了極大篇幅來描寫琵琶女的技藝與生平，但是詩人眞正要表達的還是自身遭受貶謫的淪落之恨。

另外，詩人也注意到當時的社會黑暗面，從琵琶女的沉痛告白中，我們看到了人情冷暖，女性被物化的悲劇。因爲琵琶女本是一名歌妓，年少貌美時取悅於豪貴，而當年老色衰就是淪落失意之時，因此她不得不落個「老大嫁作商人婦」，把自己的後半生寄託在商人身上。然而，「一個不再具有花容月貌的老藝人豈能拴住重利輕情的商人之心？」[80]最後她仍然逃不出獨守空閨的命運。王聚訓說：「詩中深刻地表達了對受壓迫婦女的同情和尊重，反映了當時歌妓共同的悲慘命運。」[81]可知詩人對於琵琶女是寄予眞誠的同情，彼此是同病相憐的。

(三)〈明妃曲〉

〈明妃曲〉爲樂府舊題，寫的是王昭君的故事。王安石用這個舊題，借王昭君的故事來發議論，以古諷今。所以，本詩並不是純粹寫王昭君，而是別有一番用意的。不管是詠史詩，還是敍事詩，都有其所要傳達的文旨，本詩即以篇內之「失意」貫穿全篇，爲一詩之綱領，前文之敍事都是爲了「失意」蓄力，而此「失意」不僅是王昭君之失意，也是阿嬌之失意，更是天下不得志之士的失意，當然也包含王安石自身的失意，故本詩詩旨：「借美人之生平，傷才士之遭遇，抒發了知音難覓和有志難展的感嘆」[82]，爲顯中有隱的形式，顯的是寫昭君之失意，隱的是寫自身之失意。

據蔡元鳳《王荊公年譜考略》所記載：王安石於宋仁宗趙禎嘉祐四年己亥（西元一〇五九

年）三十九歲時作〈明妃曲〉二首，名貴一時。⑧在詩作的前一年，王安石的萬言書〈上仁宗皇帝言事書〉被暮氣已深的仁宗擱置不行，自然會生出「人生失意無南北」的嘆息；而嘉祐四年十月時，王安石伴送契丹（遼）使臣到宋遼交界之處，親身經歷宋遼戰場和邊防要地，有感而發，遂作了一系列的邊塞詩篇，代傳了淪陷區人民的心聲，也表現了王安石的愛國激情。在如此的情形下，王安石既傷己身的知音難覓，也憂國家的前途堪慮，遂成就此一名作。

另外，吳孟復則以為當時遼、夏交侵，詩人們借漢言宋，自然想到明妃。梅、歐詩中皆直斥「漢計拙」，對宋王朝屈辱政策提出批評。王安石則「極意刻畫明妃的愛國思想的純潔、深厚感情，並有意把這種感情與個人恩怨區分開來，尤為卓見。」⑧並指出當時的施宜生、張元之流，就因在宋不得志而投向遼、夏，以此來證明王安石歌頌明妃的不以恩怨易心是有著現實意義的。此說提供作為參考。

㈣〈出潁口，初見淮山，是日至壽州〉

在熙寧四年（西元一〇七一年）六月，東坡以太常博士直史館出為杭州通判；於七月離開汴京，沿蔡河舟行東南赴陳州，歷潁州；十月，出潁口，入淮水，折而東行，至壽州，過濠州、臨淮、泗州，渡洪澤湖，又沿運河折而東南行，經楚州、山陽，抵揚州，渡江至潤州、蘇州；以十一月二十八日到杭州通判任。這首詩是他赴杭州途中由潁入淮初見淮山時作。由於詩人此次離京，是遭到王安石同黨謝景溫的誣陷，詩人乃自求外放；雖爲自願，其中卻包含了被排擠、被誣陷的抑鬱情緒，而這種惆悵的情緒也隱隱從本詩中透露出來。不過，由於東坡生性曠達、樂觀，故面對新的人生際遇時，依然能夠從人生困頓的生命悲感中超脫。

本詩詩題爲〈出潁口，初見淮山，是日至壽州〉，可知此詩是描寫行舟淮河的景況；因爲詩人是帶著「賢人去國」的憂憤心情，故本詩所表現的「秋興」（顯旨，在篇內）不是玩賞秋景的閒適心情，而是一種離朝日遠、寄身江海[85]的身世之感（隱旨，從篇外尋求）。如果單就詩題與文義來看，是看不出這深一層的義蘊的，所以在進行義旨教學時，對於寫作動機亦應予以瞭解。

(五)〈水調歌頭〉

本詞作於宋神宗熙寧九年（西元一〇七六年），四十一歲的蘇軾此時任密州（今山東諸城）知州。

熙寧四年（西元一〇七一年）時，蘇軾以變科舉事忤王荊公，命攝開封府推官，通判杭州；熙寧七年（西元一〇七四年）調知密州，雖說是出於自願，但實際上還是處於一種外放不得志的地位。儘管曠達的蘇軾善於自我調適，但面對這樣的打擊也難掩內心的憂憤，而這首中秋詞「正是此種宦途險惡體驗的昇華與總結」㊻。由於政治上的失意，再加上久與親人分離（其弟子由人在濟南，而己在密州），這些不如意使他在中秋佳節更感到心情憂鬱，且詞前題序曰：

丙辰中秋，歡飲達旦，大醉，作此篇，兼懷子由。

由此看來，這首詞當爲醉後抒感，懷念兄弟子由之作，而其文旨——抒發感懷，即是篇內「不應有恨」之「恨」的抒發；雖說「不應有恨」，但「恨」早已生，故聊自寬解、尋求超脫而已。不過，詞中並沒有明白揭示所恨爲何，如要瞭解其「恨」則應從篇外尋求。故可知此詞爲文旨「顯中有隱」的作品，顯旨爲醉後抒發感懷；隱旨則爲抒發本身難言的「身世之感」，這是要從多方面去探究的。

值得注意的是：雖然詞人借詞以抒懷，但他又不是全然消極沮喪的，於是詞中就出現「入世」與「出世」的矛盾思想，李澤厚說：「蘇軾把中晚唐開其端的進取與退隱的矛盾雙重心理發展到一個新的質變點。……蘇軾一生並未退隱，……但他通過詩文所表達出來的那種人生空漠之感，卻比前人任何口頭上或事實上的『退隱』、『歸田』、『遁世』要更深刻更沉重。」[87]這樣的理解更可明白本詞的深刻內涵，詞中雖然表現出詞人尋求超脫、開闊的胸懷，但詞人的憂傷卻是無法言喻的沉重。

(六)〈聲聲慢〉

此詞作於李清照晚年之時，寫出詞人秋日獨守空閨的苦悶心情。當時，北方被金人所占據，李清照避難於南方，丈夫於途中病逝，又遭國破家亡之痛。馮海榮即說此時「國破夫亡，金兵南侵浙東，女詞人孑然一身，飄泊東南，離鄉背景之苦，少依無靠之悲，一時湧集於心，令人難以釋懷。她渴望尋覓已失去的美好生活，以取得精神上的安慰，而四周一片冷冷清清，使心境更陷入淒慘悲戚的深淵中。」[88]這樣將此詞的寫作背景解說的相當清楚。

由上可知，詞人此時是懷著無限哀愁的，在經歷與丈夫死別與國破家亡的雙重打擊下，詞人所見的秋景更是一片蕭瑟、了無生機。故此詞旨在寫「愁」，即篇內「怎一個愁字了得」之「愁」；而詞人無窮無盡之「愁」卻是無法用「愁」這一個字來概括的，故要瞭解其愁需從篇外尋求，爲「顯中有隱」的形式。

(七)〈賀新郎〉

從詞題作「別茂嘉十二弟」，可知本詞爲送別之作。據張惠言《詞選》，茂嘉因得罪貶謫，故稼軒作此詞贈別。

辛棄疾於此詞中使用了三種啼鳥的哀鳴與四種古代離別的典故，極力寫出離別之苦恨。但在這一層意義下，詞人使用這些材料似乎是意有所指，而非單純只有送別的愁情。因爲從他所選都是悲劇故事看來，再對照詞人有志難伸、被彈劾落職的政治生涯，其中的冤憤之哀是遠遠超過離別之苦，所以此詞是別有一番言外之意的。劉揚忠以爲：「這首詞題爲詠別，實爲詠恨。所詠之恨，又非一般親人之間的離情別恨，而是深沉悲憤的家國大恨。親如手足的弟弟遠謫桂林，送別時自然引發作者愁怨之情，由親人離別之恨聯想及千古以來人間許多傷慘的離別，並及於當時國家南北分裂造成的最痛苦的別恨，於是稼軒仿前人作〈恨賦〉、〈擬恨賦〉的手段，集古代許多恨事，串聯成此詞，來曲折地表達自己憂國怨世之深情。」[89]楊海明亦說：「詞人在這裡是在借別人之酒杯，澆自己之塊壘，亦即借古人以抒自己的憤懣和痛楚。詞人其時正被迫貶居江西農村，他的遭受打擊之悲，他的報國無門之恨，就都通過這些典故，曲折而又暢快地得以宣泄與表達。故而此詞不應視作一般意義上的送別之作，更應視作抒寫國仇家恨與身世之悲的憤慨之作……。」[90]所論皆是。而「別恨」可從篇內「苦恨芳菲都歇」、「算未抵人間離別」看出，前句點出其苦與恨，後句述明爲離別之情；至於「身世家國之悲」的義旨則須從篇外尋求，故此篇的文旨爲顯中有隱的。

（八）〈醜奴兒〉

這首小令，是辛棄疾於宋孝宗淳熙八年（西元一一八一年）遭劾免職後，閒居信州帶湖時（西元一一八一～一一九二年）所作。因爲博山（今江西省廣豐縣西南三十里）風景秀麗，詞人常常流連此地，在《稼軒詞》中以遊博山爲題的詞就有十四首之多，本詞即爲道中題壁之作。

辛棄疾是一位有著滿腔復國熱情的詞人。無奈的是，縱使他本身有多大的才幹，對於抗金有多麼積極，苟且偷安的南宋朝廷也只是讓他擔任地方官，並沒有重用。雖然在他擔任地方官的期間，將所到之處都治理的非常好，但由於本身個性剛正不阿、辦事果決，引起了一些官僚的不滿，遂於淳熙八年（西元一一八一年）十一月被彈劾罷黜。由此可知，閒居在帶湖的詞人心中是無法平靜的，自己的一番報國熱誠，卻得不到朝廷的重視，還遭受反對者的排擠，所以即使是到風光秀美的博山遊覽，心中想起的還是關心國事、壯志未遂的國愁。

故本詞的文旨爲抒寫「關懷國事、懷才不遇的哀愁」[91]，即是篇內的「而今識盡愁滋味」之「愁」。此時的「愁」是隨著人生經驗的累積而產生的深切體會，不是勉强而來的少年之愁。陳允吉、胡中行說：「在這首詞中作者運用對比手法，突出地渲染了一個『愁』字，以此作爲貫串全篇的線索，感情眞率而又委婉，把一首短短的詞，寫得曲折多變，娓娓動人，高度概括了詞人大半生的經歷感受。」[92]說出了這首詞的特點。需要注意的是：雖然詞中有情語，但並未交待此「愁」爲何，故要瞭解詞人之「愁」，仍須從篇外來探求。所以這也是一首「顯中有隱」的作品，顯旨爲寫詩人惆悵之愁情，隱旨即爲抒發「關懷國事、懷才不遇的哀愁」。

三、說理勸勉類

(一)〈籌邊樓〉

籌邊樓在成都西郊，是李德裕於文宗太和四年（西元八三〇年）任劍南西川節度使時，爲防南詔所建。據《通鑑》記載：「德裕至鎮，作籌邊樓，圖蜀地形，南入南詔，西達吐蕃。日召老於軍旅、習邊事者，雖走卒蠻夷無所間，訪以山川、城邑、道路，險易、廣狹、遠近。未逾月，皆若身嘗涉歷。」[93]可知李德裕建此樓的用意在於軍事邊務。不久，李德裕就收復了被吐蕃占據的維州城，西北地方因而安定。但在太和六年十一月，李德裕調任離蜀後，邊疆紛爭又起。這時的薛濤雖已是七十歲的老人，但登樓見到今日吐蕃不斷擾境，也不免心有所感。在詩中，她深深地寄予勸戒之意，希望鎮守邊地的將士們不要再貪圖近利引起無謂的糾紛，免得又將掀起一場浩劫，壞了國事，篇中「諸將莫貪羌族馬」一句即是本詩的文旨（顯旨）；再從詩裡「昔盛今衰」的對比與殷切的勸告，不難看出詩人對國事的關懷與感慨（隱旨），趙昌平說：「妙在末句設想新穎，微見對照，使諷意宛而不露。」[94]故本詩是顯中有隱的。

四、其他

(一)〈陌上桑〉

崔豹《古今注》曰：「〈陌上桑〉者，出秦氏女子。秦氏，邯鄲人，有女名羅敷，爲邑人千乘王仁妻。王仁後爲趙王家令，羅敷出採桑於陌上，趙王登臺，見而悅之，因置酒欲奪焉。羅敷巧彈箏，乃作〈陌上桑〉之歌以自明，趙王乃止。」當是因此詩而產生的一種傳說，僅可作爲參考。吳兢《樂府古題要解》就對此說提出質疑：「古辭。言羅敷采桑，爲使君所邀，盛誇其夫婿爲侍中郎以拒之。」[95]所以此詩內容當是描寫一位名叫秦羅敷的採桑美女，巧妙地拒絕了太守調戲的故事。而此詩詩旨爲「稱讚羅敷的美麗與堅貞」[96]，篇首第三句之「秦氏有好女」即是此意。而秦氏女如何好，先寫因外形好發生的「事」，次寫因內在好而發生的「事」，本來傾城傾國的女子已經很令人讚不絕口了，但是羅敷的堅貞卻更另人不得不佩服，也將她的「好」推向高潮。

除此之外，此詩還有另一個想要表達的意念，那就是諷諭史君行爲的失檢。其實，在傳統的封建時代，女性一直代表著被欺壓、柔弱的象徵，當有權有勢的統治者想要得到羅敷這樣的美女，似乎是理所當然也絕對可以得到的，如此的社會問題在當時可以說是相當普遍的現象，民歌也多能表達此種問題，〈陌上桑〉即爲其中的名篇。在詩中，羅敷只是很單純的置辭說：「使君自有婦，羅敷自有夫」，就讓堅貞的羅敷與醜陋的使君兩人形象分明，有婦的太守在光天化日之下調戲良家婦女，既無盡到本身的職責也使得婦女的生活沒有保障，可知作者本身相當關心此問題，所以在讚美羅敷的同時，也深切地表達了對史君行爲的不贊同。故此詩文旨的安置爲顯中有隱的。

(二)〈關山月〉

〈關山月〉是樂府的舊題，通常描寫征人遠戍之苦、離別相思之情，《樂府解題》即曰：「〈關山月〉，傷離別也。」⑰李白的這首樂府詩亦沿用舊題，內容也繼承同樣的主題，但非陳陳相因、了無新意之作，而是在古題的基礎上，擴充了它的原意。

本詩旨在寫征夫遠戍之愁苦，可從篇內「思歸多苦顏」句探得：遠在邊地的征人所要面對的不只是身體上所受到的折磨，還有與親人相隔兩地的離情。在邊塞的環境，可能是風如刀割、雪如雨下的嚴寒氣候，在這樣惡劣的情形下戍守，身體所受到的折磨可想而知；更何況在戰事吃緊的邊地，明天會有怎麼樣的變化誰也不能預料，也許再也沒有機會可以看到親人了。思及此處，戍客思歸的情緒由此爆發，但又能如何，只是讓苦上加愁罷了。

另外，如果仔細思索本詩的內涵，會發現此詩是一首非戰思想極爲濃厚的詩篇。張高評分析此詩說：「依據唐史記載：天寶七年十二月，隴右節度使哥舒翰駐神威軍於青海上，又築應龍城於龍駒島。八年六月，攻拔吐蕃石堡城。冬，吐蕃入寇，神威軍應龍城戍者盡沒。詩云『胡窺青海灣』、『不見有人還』，盡是當時實錄。那麼，本詩定是天寶八年的作品。」[98]可知此詩描寫了當時戰爭的慘況，由於戰爭是如此的無情，所以使得戍客征夫苦顏和思歸；文中又舉出描寫戰爭殘酷的〈北風行〉、〈戰城南〉二首來證明李白批評窮兵黷武的非戰思想。就因李白深刻瞭解到戰爭的無情，所以此詩寫的不只是戍客的悲哀，還隱藏著對戰爭的控訴，而這些都源於對安定生活的渴望。鄭利華即說：「詩人在這裡並沒有從單一的角度而純粹地描寫戍客與家人離別的的痛苦，而是在痛苦和感傷的背後又默默而冷靜地揭示著別離的基源，他在盡情把邊塞將士的感情和自己善良、同情、理解的襟懷向讀者坦露，而卻在靜靜地期待和渴望著什麼，讀者自然能從這回味深長的詩句中獲得深深的思索——爲美好而安定的生活而祈禱。」[99]這種强烈的渴望不只是戍客的心願，也表達了詩人對國防戰事的關心。

綜上所述，詩人安排本詩文旨是「顯中有隱」的形式，顯旨爲「征夫遠戍的愁苦」，在篇內「思歸多苦顏」句，隱旨則爲「對安定生活的渴望」，如能夠瞭解深一層的詩意，才能眞正領略詩人寫詩的眞正心意。

第三節　文旨全隱者

當吾人在閱讀詩詞或散文時，會發現並不是所有作品的文旨都是顯而易見的，可是在讀過全篇之後，自然就可以感受到作者所欲表達的强烈訊息，這就是所謂「意在言外」之作，這類作品的文旨往往是藉敍「事」與寫「景」來寄託，故其文旨是安置於篇外，是「隱」的。也由於此種方式能達到「不著一字，盡得風流」的效果，所以講求含蓄委婉的古典詩詞多使用之，如高中國文所選古典詩詞的作品之中，以此種安排文旨形式的篇章就有二十八首之多。下文依其文旨情意爲「抒情」（八篇）、「遣懷」（十二篇）、「說理勸勉」（四篇）、「諷諭朝政」（四篇）與「其他」（一篇）五類說明之：

一、抒情類

(一)〈蒹葭〉

《秦風》中的詩歌，也許是因其「迫戎敵，習戰備，尚勇力」，呈現出來的往往是一種西北邊陲的殺伐之氣。然而，在這一片慷慨壯聲中，〈蒹葭〉卻脫盡黃土高原的粗獷氣息，展現出纏綿柔婉、空靈渺遠的境界。

然此詩詩旨歷來解者不一，綜揆諸說，約有六端：

1、刺襄公不能用周禮

如《詩序》云：「〈蒹葭〉，刺襄公也，未能用周禮，將無以固其國焉。」魏源亦曰：「襄公初有岐西之地，以戎禮變周民也。豳、郃皆公劉、泰王遺民，久習禮教，一旦爲秦所有，不以周道變戎俗，反以戎俗變周民，如蒼蒼之葭，遇霜而黃，肅殺之政行，忠厚之風盡。」

2、求賢招隱

魏源又謂：「蓋謂非如此則無以自強於戎狄，不知自強之道，在乎求賢。其時故都遺老，隱居藪澤，文武之道未墜在地，特時君尚詐力則賢人不至，故求治逆而難，尚德懷則賢人來輔，故求治順而易，溯迴不爲溯流也。襄公急於霸西戎，不遑禮教，至秦秋諸侯卒以夷狄擯秦，故詩人興霜露焉。」申公詩（或云僞作）：「周之賢臣遺老，隱處水濆，不肯出仕，詩人惜之，託爲招隱，作此見志。」姚際恆亦主張「此自是賢人隱居水濆，而人慕而思見之詩。」[100]另，崔述《讀風偶識》[101]與方玉潤《詩經原始》[102]皆主此說。

尺牘套語。

3、懷友

懷友或訪友之說，大多從求賢、招隱衍變而來。是以「蒹葭白露」、「秋水伊人」成爲

4、不知所指

朱熹：「言秋水方盛之時，所謂彼人者乃在水之一方，上下求而不可得，然不知其所指也。」⑩古添洪在〈秦風蒹葭篇〉⑭一文中，認爲應避免把「伊人」固定住，其所指當是一種「理」，一種當時詩人想要追尋的心境。

5、愛情詩

近人多有此說。程俊英、蔣見元之《詩經注析》⑮認爲是情詩。萬方駿亦云：「此詩意境，應比較接近《周南》的〈漢廣〉……《蒹葭》寫有伊人（姑且定其爲女）求之而不可得，二詩意境若相近，所以我們這裡也把它作爲一首情詩來分析。」⑯

6、祭河詩

蘇雪林《詩經雜俎》中引其所著《中國文學史》云：「〈蒹葭〉一詩與古代祭河之典極有關

係。」[107]蘇雪林認爲詩中所寫的「伊人」形象恍惚迷離，如果寫的是眞實的人應不會如此。

此詩所描繪的感情應是一種「可見而不可求」的企慕深情，全詩不著一個思字、愁字，然而讀者卻可以體會出詩人那種深深的企慕與求之不得的惆悵，所以此詩的文旨是隱而不顯的，所要表達的當是「求之不得的惆悵」，因爲有此惆悵，才會發而爲詩。所寫內容當如程俊英、蔣見元之《詩經注析》所說的：「這是一首抒寫思慕、追求意中人而不得的詩。」[108]但是「伊人」究竟是情人？賢人？隱士？友人？還是河神呢？卻無人能有充足的證據。陸侃如對於此詩究爲招隱還是懷春，亦不便妄斷[109]；屈萬里說：「此有所愛慕而不得近之之詩，似是情歌。或以爲訪賢之詩，亦近是。」[110]糜文開、裴普賢合著《詩經欣賞與研究》也說：「這篇蒹葭，可作情詩讀，也可作懷友詩讀，也可作爲求賢招隱之詩來欣賞。」[111]余培林對於此問題也提出：「或以爲情詩，或以爲祭祀水神之歌，皆持之有故，言之成理，唯皆得一察焉而已。」[112]其實仔細玩味，詩文中所透露出的那種難與人言的思慕情致，似乎把〈蒹葭〉當成情詩來欣賞較能領略出含蓄婉約的詩情。

(二)〈迢迢牽牛星〉

本詩是藉天上的牽牛、織女兩星隔著銀河，相望而不能相聚的故事，抒寫人間男女彼此分離的相思之情。

翰林版《高中國文》第一册寫到：「本詩將牽牛星、織女星及銀河三個天文現象賦予人的形象，將人間男女分離的哀怨投射於星體上。然而，作者著墨的重點並不在於描寫兩星的故事，而是借事抒情，藉天上牽牛、織女兩星被銀河所隔絕，描寫人間年年月月長相思的戀人，卻得忍受歲歲年年長別離的錐心哀痛，不僅是天上悲歌，更是人間哀聲。」[113]可知此詩描寫的重點當是現實生活的分離相思。另外，馬茂元則更進一步寫其藝術形象：「我們可以知道本篇的主題思想和牛女故事的情節內容是有著密切的關聯，但並不等於說，這首詩就是故事的複述；而是詩人在想像的馳騁中，用他自己的情感色彩和理想的光輝，渲染出一幅生動而豐富的生活畫面，塑造出具有美學價值的藝術形象。」[114]可知詩人運用想像所塑造出的效果。

全詩是以人間思婦的立場著眼，當思婦抬頭望見被銀河相隔兩邊的牛郎與織女星，不免引起自身的愁緒，因爲自己也跟織女的遭遇一樣，思念著在遠方的丈夫卻又不得相見，所以本詩雖是以寫天空中的兩顆明星發端，眞正要表達的文旨仍是思婦思念遊子的愁情。而此思念的愁情，詩人卻藉織女因分離而終日涕泣來表達，巧妙地把思婦懷念遠行丈夫的悲苦心境和她對織女悲苦遭遇的同情疊而爲一。最後以清淺的銀河相隔，卻只能含情相望不得言語，這種可望而不可及的悲哀，作爲結束。而這種含蓄的結束，我們卻更能體會出那種說不盡、道不完的惆悵。至於阻隔在他們之間是什麼力量呢？詩中並未作明確的答覆，留給讀者想像的空間。此種含蓄的筆法是將文旨置於篇外，詩中並沒有寫明「相思之情」，寫思婦的愁情是藉織女所表現的行爲；寫因景所生的感懷則以輕輕的哀嘆「盈盈一水間，脈脈不得語」來呈現出婉約曲折的詩意。

㈢〈月夜〉

唐玄宗天寶十四載（西元七五五年），發生安史之亂。次年六月，潼關（陝西潼關縣）失守，玄宗奔蜀。杜甫舉家逃至鄜州（今陝西省富縣）的羌村避難。七月，肅宗即位於靈武（今寧夏省寧武縣），杜甫聽到消息便隻身前往，欲爲朝廷效力，但不幸中途被叛軍所俘，並遭扣留在已淪陷的長安城。「此詩就是杜甫於這年秋天的一個月夜，想念遠在鄜州的妻子而寫下的作品。全詩通過設想妻子在月夜中懷念自己的情景，以表達自己對妻子的想念，充分反映無奈的離亂之情，寫得相當感人。」[115]由此可知，這是詩人杜甫被困長安，於月夜思念妻子之作，這其中自然包括分離之愁與思念之情，但此詩卻從「對面」[116]寫來，寫妻子這時想念自己之景，而不寫自己對妻子的思念之深，全詩不用一情語，卻處處是思念之情。

另外，由於戰亂是迫使夫妻不能團圓的主因，所以此詩中也隱含著杜甫對國事的關心，希望國家能早日平定，夫妻團聚。葉燮曾說：「杜甫之詩，隨舉其一篇與其一句，無處不可見其憂君愛國，憫時傷亂，遭顚沛而不苟，處窮約而不濫，崎嶇兵戈盜賊之地，而以山川景物、友朋盃酒抒憤陶情，此杜甫之面目也！」（〈原詩〉）可知「家和國，在詩人的心中是永不可分的」⑰，詩人將思念妻子之愛與憂國傷時之情都熔鑄於此詩之中。

(四)〈夜雨寄北〉

有關此詩的內容，向有二說：一爲詩人思念妻子之作；一爲思憶朋友之作。

主張前說者，如沈德潛亦認爲是寄內詩，清人馮浩則認爲詩題即使不改爲「寄內」，但內容卻依然是「寄內」的⑱，霍松林於《唐詩鑑賞辭典》中亦有此見⑲。對此，馮浩認爲寫作時間應在大中二年（西元八四八年），這一年李商隱在桂州（今廣西桂林）鄭亞的幕府。當年鄭亞由於政敵的誣陷，被貶爲循州刺史。李商隱未去循州，由水陸經長沙，於次年回到長安，此詩就是作於歸途中經過巴蜀所寫。

主張後說者，則認爲此詩應寫於巴蜀之地，而李商隱曾應聘到四川，任東川節度柳仲郢的幕僚⑳，時間卻是唐宣宗大中六年（西元八五二年），其妻已於前一年去世，所以應非寄內詩。禹克坤更進一步指出此「君」至少具備三個條件：一爲以往過從較密；二爲此刻仍有詩書交往；三爲彼此心心相印，並從現存的詩文看來，此「君」當是晚唐詞人溫庭筠，故此詩當是李商隱在梓州幕府時寫給溫庭筠的。㉑劉學鍇、余恕誠《李商隱詩歌集解》也認爲是梓幕後期思歸酬友之作[122]；張高評《唐詩三百首鑑賞》則主張爲大中五年七至九月間，入東川節度柳仲郢的幕中之寄友詩[123]，但都並未指出此君爲何人。

在兩說僵持不下的情形中，吾人若從詩面上深情委婉的字句來看，此詩內容似乎是寄給心所掛念的人較爲妥適，選錄此詩的龍騰版《高中國文》第三冊第十五課即採前說，認爲此詩似是李商隱收到在長安的妻子王氏來信後所寫的贈答詩。

因兩人相隔兩地，彼此之間都充滿了相思之情，希望早一日可以「共剪西窗燭」，雖然詩中沒有直抒思念的情感，但這樣的情意卻完全充滿在字裡行間，藉由今日之「實景」與設想未來之「虛景」來表達彼此的盼望。故此詩旨在寫「思念之情」，可以說是詩人對妻子的思念之情，需從篇外尋求，是隱而未見的。也由於是置於篇外，更令人有餘韻不盡的感動。屈曰：「即景見情，清空微妙，《玉谿》集中第一流也。」（《玉谿生詩意》）全詩借眼前景寫思念意，情景交融，情眞意切，實非過譽。

另外，須再加以解釋的是：雖然此詩旨在寫詩人對妻子的「思念之情」，但由於作者宦途失意，羈旅窮愁，抑鬱難歡，故本詩借秋雨不斷、秋池已漲之景，兼寫詩人客寓離索之境。

(五)〈無題〉

此詩是寫遠別的相思之情，對此，歷來有不少學者以爲本詩是有所寄託的，或以爲君臣遠隔不得相見；或以爲此詩爲恨令狐綯之不省陳情也；或以爲此詩爲詩人於茂元幕府時之感嘆，但此皆難免有穿鑿附會之嫌，將一首美麗浪漫的愛情詩賦予其他含意，也不一定即是詩人本意。汪辟疆《玉谿詩箋舉例》便對此提出了駁斥；劉學鍇、余恕誠則採折衷的看法：「愛情之失意與仕途之失意，形態本有相似處，於吟詠失意愛情時融入政治上失意之感，亦屬可能。蓬山重隔之恨，相思無望之嘆，可望不可即之感，或亦略有所寓焉。」[124]不管後人如何解讀此詩，在未能有充足的證據之前，於教學時就更應謹慎，應以教學目的爲考量，給予學生正確、實用的知識。

就本詩所謂的表面詩意而言，此詩旨在寫情人遠別的思念之情。劉學鍇則指出：「『夢爲遠別』四字是一篇眼目。全詩就是圍繞著『夢』來抒寫『遠別』之情的」[125]，由此可知，「夢爲遠別」當爲全詩綱領，文旨則安置於篇外，雖然篇末有「恨」之情語，但是此句是借用劉晨尋仙女的傳說，推進一層，悲嘆情人天涯阻隔，比劉郎相聚更難，並非詩人直接抒感。

㈥〈寄黃幾復〉

黃幾復與黃庭堅是同鄉好友，於少年時交遊密切，但是兩人於熙寧九年（西元一〇七六年）同科出身，於京城歡聚後就各奔東西，黃幾復在嶺南地區做官多年，兩人還是保持著書信和詩文的往來。此詩作於神宗元豐八年（西元一〇八五年），其時詩人擔任德州（今屬山東）德平鎮知監，而黃幾復擔任四會縣（今屬廣東）知縣，彼此相隔兩地，黃庭堅以此詩寫對故人的强烈懷念。

此詩並無直接抒情之字語，而是借事語來寓其文旨——思友之情，故其文旨是全隱的。且詩中透露出對友人遭遇的不平也需從篇外探求。

㈦〈山行〉

此詩是一首秋日遊山之作，描繪詩人山行時所見的秀麗秋色。雖然詩人在篇內的「停車坐愛楓林晚」句明顯表達出喜愛「楓林」之情，但這並非作者所要抒發的文旨，其旨應爲「藉山行時所見淸麗秋色以寫作者恬適的心情。」⑯抒發他對大自然、對秋天、對野趣的賞愛之情，這才是詩人所要表達的深意。而這種心情是要從篇外去尋求、領會的，所以本詩文旨是全隱的。

(八)〈春日田園雜興〉之二

范成大在這組詩的序裡說：「淳熙丙午，沉疴少紓，復自石湖歸隱。野外即事，一絕，終歲得六十篇，號《四時田園雜興》。」由此可知，這組詩是詩人於孝宗淳熙十三年（西元一一八六年）退職閒居在蘇州石湖時所作。此時宋、金分立，南北對峙，雙方暫時處於休戰狀態，江南的居民因此也得到喘息的機會，所以在此組詩中，頗能顯出一些生氣。這是一首全然客觀、純粹描寫農村景色的詩，詩中沒有范成大的身影，有的只是遠山近水、青青禾苗、村中似錦的春光，與村人迎接清明的興奮，顯現出一片生意盎然與祥和熱鬧的景象。故其文旨——閒適之情，並沒有在篇內直接顯露，是全隱的。

當時范成大雖然已六十一歲又身體病苦，但「猶有善良知識分子對農民的憫惜以及傳統知識分子的隱逸之情。於是，田園的農事、勞動的生活情趣、酸甜苦辣、田園的優美風光，一年四季入目動心，不時觸動作者即興抒寫偶然的感興。從中可以看到一顆正直的心在爲農民的深重苦難輕輕哀嘆，也可以看到一個文人在宦遊生涯之後隱居故鄉田園時樂於安靜、平和的心境。」[127]由此來欣賞這組詩，當可在平淡的詩句中領略出詩人的深意。

二、遣懷類

(一)〈短歌行〉

在進行文旨教學時，如能夠將寫作的當時背景作一瞭解，相信對於文旨的認定必有幫助。而本詩寫作的時間，一般認為是在建安十三年赤壁之戰前所作，根據蘇軾〈前赤壁賦〉云：「蘇子與客泛舟，遊於赤壁之下」，於是就有段對話：「『月明星稀，烏鵲南飛』，此非曹孟德之詩乎？西望夏口，東望武昌，山川相繆，鬱鬱蒼蒼，此非孟德之困於周郎者乎？方其破荊州，下江陵，順流而東也，舳艫千里，旌旗蔽空，釃酒臨江，橫槊賦詩，固一世之雄也，而今安在哉？」所述皆為赤壁之戰的事，所以此詩應是在戰爭前夕所作。此外，在《三國演義》第四十八回「宴長江曹操賦詩」中，寫建安十二年（依《三國志》當作十三年）赤壁大戰之前的十一月十五日，天色向晚之時，曹操坐大船之上，四顧空闊，心中歡喜，因江南未得而感慨，尚未完成削平天下大事。而在談笑間，忽聞鴉聲望南飛鳴而去，曹操乃橫槊賦此〈短歌行〉[128]。文中除了「但為君故，沉吟至今」二句，及少數個別字不同外，幾乎是一模一樣。所以一般人自然會以為〈短歌行〉作於赤壁之戰前。因為尚未匡正天下、建立功業，所以曹操極欲招覽有才之士，輔佐之完成統一大業。如果從曹操的政治活動中，我們也可以看出他爲了擴大在庶族地位的統治基礎，曾大力强調「爲才是用」，爲此他先後發布了〈求賢令〉、〈擧士令〉與〈求逸才令〉等，可知他求賢若渴的心情，所以〈短歌行〉就是一首「求賢詩」，不僅有效地宣揚了他的主張，也配合他所頒布的政令。

雖然此詩文旨仍有不同的說解[129]，但綜上所論，「此詩即漢高大風歌思猛士之旨也。」[130]這種盼得人才輔佐來建功立業、統一天下的求賢渴望，蕭滌非《漢魏六朝樂府文學史》就分析得很清楚：「此篇大意，似在延攬人才。曰但爲君故，念人才也。曰何時可掇，言人才之不易得也。曰何枝可依，喻賢者之擇主而仕也。末以周公自比，始說出本意。」所論極是。所以此詩直到篇末最後一段，才點明詩人的意圖是：「山不厭高，海不厭深。周公吐哺，天下歸心。」這幾句話眞是具有畫龍點睛的效果，讀到這裡才知道，他前面所說的那些多是有用意的。[131]不過，詩人於此仍是使用比喻來表示自己希望廣招人才，故其文旨是隱於篇外，爲一篇語帶含蓄、情感熱烈的作品。

(二)〈使至塞上〉

這是一首赴邊塞途中所作的詩。在唐玄宗開元二十五年（西元七三七年），河西節度副大使崔希逸戰勝吐蕃，玄宗命王維以監察御使的身分出塞宣慰，察訪軍情，寫下了這首壯麗的邊塞詩。[132]但林桂香說：「開元二十四年（西元七三六年）[133]十一月，張九齡罷知政事，次年四月，又因周子諒劾牛仙客事，左遷爲荊州刺史。同年七月，李林甫爵晉國公，開始用權自專，王維遂離開中央政府，以監察御史的身分任職於河西節度使崔希逸幕中。」[134]可知開元二十五年王維離開長安並不是十分得意，反而是被排擠的情形下出塞。所以此詩雖然渲染出一片遼闊壯麗的塞外景象，但詩人的內心還是潛藏著落寞孤寂的情緒。張燕瑾即說：「古詩中多用飛蓬比喻漂流在外的遊子，這裡卻是比喻一個負有朝廷使命的大臣，正是暗寫詩人內心的激憤和抑鬱。」[135]又對寫景的頸聯寫到：「詩人把自己的孤寂情緒巧妙地溶化在廣闊的自然景象的描繪中」[136]，故此詩旨在抒寫出塞的落寞之感（身世之苦），隱於篇外；而非只是表面上的寫景敘事而已。

(三)〈蜀相〉

杜甫自安史之亂以來就一直顛沛流離，於唐肅宗乾元二年（西元七五九年）流落到了成都，本詩即作於次年春天（唐肅宗上元元年（西元七六〇年））。當時，詩人滿懷時事興衰之感和對武侯的景仰之情，到「錦官城」（成都）西北拜謁武侯祠，面對寂寞荒涼的祠堂，追念諸葛亮「鞠躬盡瘁，死而後已」的可貴精神和赫赫業績，不由得觸景生情，熱淚滿襟，因而寫作本詩，頌揚其一生的功業，並引發無限的嘆惋。

在這樣的背景下，詩人來到武侯祠的目的當然就不只是純粹觀光，而是帶有一種惺惺相惜的感觸，因爲「武侯壯志未酬而身先亡，詩人飽經喪亂而屢失意，經歷雖各有不同，可是就未能實現自己的抱負這一點來說，他們個人的命運是頗有相似之處的。」[137]所以此詩的篇旨當不是頌揚諸葛亮的功業，而是藉頌揚功業更凸顯出「壯志未酬的憾恨」，這才是詩人所要表達的文旨。値得注意的是，這裡的「憾恨」，當不只是寫諸葛武侯的的熱淚，也包含了詩人憂時失意的寄託。

另外，讀這首詩，知道杜甫是隱隱以諸葛亮的英雄志業自許的。黃永武即說：「他原不屑自甘爲文士而已，在〈赴奉先五百字〉中說：『許身一何愚，竊比稷與契』是他自許自期的話。在〈詠懷古蹟〉中則將諸葛武侯許爲伊尹呂尚之儔，他對諸葛亮的稱許，往往就是對自己的期許。他又暗示自己是『構廈』之材，宜爲『廊廟之具』，所以在〈古柏行〉中又將孔明廟前的老柏許爲『大廈如傾要梁棟，萬牛回首丘山重。』杜甫對自己的理想期許，往往又轉化成對孔明的崇拜。孔明一生忠君愛國的志業，就是杜甫衷心嚮慕的志業，借著〈蜀相〉這類題目，發洩心頭忠憤的鬱結，是杜甫詩中較常見的題材。」[138]所論極是。

由此觀之，其實杜甫始終期盼爲朝廷所重用，所以本詩表面上在寫武侯的功業與遺憾，但實爲杜甫抱負和遭遇的含蓄反映，所以其旨隱於篇外。

(四)〈旅夜書懷〉

唐代宗永泰元年（西元七六五年）正月，杜甫辭去檢校工部員外郎與節度使參謀的職務；同年四月，在成都賴以存身的好友嚴武（成都府尹兼劍南兩川節度使）死去，杜甫在此淒孤無依的環境下，而且自己也不願久困四川，便決意離開四川，遂於這年五月，挈婦攜家，離開成都草堂。此詩就是作於乘舟南下途中，至渝（重慶）忠（忠縣）時[139]的月夜感懷。

杜甫離蜀時已五十四歲，長期飄泊，返鄉之期卻因時局不穩、路途遙遠而不知是否能順利歸返。此時杜甫回顧一生，年少時的政治抱負幾已付之東流，大概只有在詩歌創作上稍有成就。回想這一切，不禁感慨萬千、悲從中來，於是發之歌詠，遂於旅途中寫了本詩。由此可知，此詩旨在寫「感懷」，也就是寫「身世之感」（志業無成的悲慨[140]）與「流浪之苦」（孤獨的心情[141]）；而造成這種苦恨的結果是由於政治上的失意，傅思均就說：「詩人素有遠大的政治抱負，但長期被壓抑而不能施展，因此聲名竟因文章而著，這實不是他的心願。杜甫此時確實是既老且病，但他的休官，卻主要不是因爲老和病，而是由於被排擠。這裡表現出詩人心中的不平，同時揭示出政治上失意是他飄泊、孤寂的根本原因。」[142]而此種「感懷」須從篇外尋求，詩中並無直接抒情之字語，而是借「景語」、「事語」來寄託。

(五)〈賈生〉

詠史詩都有其寓意，本詩的寓意或以爲「所以自況」，如劉拜山說：「義山頗以才略自負，而不甘以詞人沒世者。然半生沉淪幕府，而主者輒以文章之士遇之，詠賈生，殆所以自況也。」[143]或以爲「此刺牛黨」，如張爾田《玉谿生年譜會箋》說：「武宗崩，宣宗立，凡從前黨人見逐於衛公者，無不一一召還，乃不能佐君治安，專以傾陷贊皇爲事，假吳汝納事，大興詔獄。且吳湘冤獄，枯骨已寒，舊讞重翻，又豈宣室求賢之本意哉？不徵於人，而徵於鬼，眞所謂但問鬼神，不問蒼生矣。此雖牛黨逢君之惡，然宣室亦不能無責焉，詩之所由假古寄諷歟？」[144]然所謂「此刺牛黨」者，多泥於一時一事[145]，則以前說較合詩意。

劉學鍇、余恕誠說：「此託古諷時，借端寓慨之作。……晚唐諸帝，多崇佛媚道，服藥求仙，荒廢政事，不恤民生，不任賢才。詩明諷漢文之訪才以鬼，實暗刺時主之不能識賢、任賢，不恤蒼生而諂事鬼神。賈生才調，超軼無倫，而前席問鬼，無異巫祝視之，懷才不遇，莫此爲甚。己亦空懷『欲迴天地』之志，『痛哭流涕』之憂，而沉淪下僚，徒以文墨事人，故於賈生之虛承前席，乃別有會心。要之，諷漢文實刺時主，慨賈生實亦自傷。」[146]將本詩的寫作背景與寓意詩旨——「批評當政者不能識賢任賢，並藉以寄託作者懷才不遇的感慨」[147]——說明的很清楚。而此詩是借寫賈誼的史事以抒發議論與感慨，故其文旨隱於篇外。

(六)〈浪淘沙〉

關於〈浪淘沙〉，有人以爲此乃後主的絕命詞。這種說法起於蔡絛《西清詩話》，他說：「南唐李後主歸朝後，每懷江國，且念嬪妾散落，鬱鬱不自聊，嘗作長短句云：『簾外雨潺潺』云云，含思淒惋，未幾下世。」⑭⑧另《樂府紀聞》亦云：「後主歸宋後……每懷故國，詞調愈工。其賦〈浪淘沙〉有云：『夢裡不知身是客，一晌貪歡』、『流水落花春去也，天上人間』……舊臣聞之，有泣下者。七夕在賜第作樂，太宗聞之怒，更得其詞，故有賜牽機藥之事。」據上所述，可知此詞爲李煜被害前不久作，時間應在春末或夏初。唐圭璋《唐宋詞簡釋》說「此首殆後主絕筆」⑭⑨，可信。

此詞既是後主的絕命詞，其中的哀痛該是最深沉的。在本詞中，吾人可以窺見一位亡國的階下囚似乎已經預知自己將不久於人世，此種痛入心扉、絕望透頂的哀傷，經由景象的襯托與人物的思緒，更顯得萬分愁苦。雖然此詞不直接寫愁、不明白寫苦，但這種無窮無盡的哀愁卻充塞於其間，所以此詞的文旨——「思念故國的哀痛心情（愁）」⑮⓪，是需要讀者從篇外去尋求的。

(七)〈泊船瓜州〉

關於此詩的寫作時間，歷來學者莫衷一是，或以為此詩寫作時間不可考，似是晚年的作品⑮；或以為熙寧七年（西元一〇七四年）赴江寧途中所寫⑯；或以為作於熙寧八年（西元一〇七五年）二月，為王安石第二次拜相，奉詔進京之時⑰。不同的時期，詩人的心境也會隨之改變：如為赴江寧之作，則其寫作背景為「熙寧二年（西元一〇六九年）二月，宋神宗任命王安石為參知政事正式實行新法，到熙寧七年已經五個年頭了。五年來安石由於力排衆議，推行新法，搞得『羣疑並興，衆怨總至』（王安石《乞解機務劄子》），又加上熙寧七年時他『疾病浸加，不任勞劇』，所以不顧神宗皇帝的多次挽留，六次上書乞解機務，要求離職還鄉。同年三月，神宗終於免去他中書門下平章之職，改授觀文殿學士吏部尚書知江寧府。這首詩就是途中暫時泊船於瓜州時所寫，詩中描繪了江南的秀麗春色，表達了詩人急於回到故鄉的急迫心情。」⑱如為二次拜相時，其寫作心境為「宋神宗下詔恢復王安石的相位，表明他決心要把新法推行下去。對此，詩人感到欣喜。」但是「鑑於第一次罷相前夕朝廷上政治鬥爭的尖銳複雜，對於這次重新入相，他不能不產生重重的顧慮。變法圖强，遐希稷契是他的政治理想；退居林下，吟詠性情，是他的生活理想。」⑲不管是罷相還是復相，由於變法使得詩人遭受反對派的攻擊，自然會產生挫折感，想要職官；再加上秀麗鍾山與恬靜山林的召喚，更加深詩人想要歸鄉的心情。而這種思歸之情雖可於篇末「明月何時照我還」推敲而出，但此句並無情語，並無詩人「直接」抒發感情的字眼，只是「間接」以問句來抒發感嘆，故其文旨——思歸之情，必須從篇外來探求，從詩人所遭遇的逆境來體會出本詩沉重的意旨。

(八)〈紅梅〉

此詩為詩人貶謫於黃州時所作。蘇軾於此時多詠梅花，寫梅花的高潔、幽獨，來寄託自己的不合時宜。因為詩人的剛直個性以及在仕途上的遭遇使得他不免有所感慨，感慨自己的「不入時」，但是蘇軾不會為了五斗米而逢迎諂媚，故作此詩來表明心志。此詩專注於梅花的品格，「從表（冰容）到裡（寒心），玉潔冰清，毫無媚骨。紅梅雖帶點桃杏的淺紅，決不是迎合時俗，它並未改變霜雪之姿。」[156]由此可知，詩人是藉歌詠紅梅的高尚情操來「抒發自己不媚流俗的氣節」，故本詩之文旨隱於篇外，非為篇內純粹詠梅而已。

(九)〈定風波〉

此詞作於元豐五年（西元一〇八二年），蘇軾因烏臺詩案被貶黃州（今湖北黃崗）後的第三年。此時，他不但經濟上十分拮据，靠耕種黃州城東數十畝荒地維持生活，而且政治上的處境也十分險惡。如蘇軾〈答李端叔書〉云：「得罪以來，深自閉塞。扁舟草屨，放浪山水間，與樵漁雜處，往往爲醉人所推罵，輒自喜漸不爲人識。」另一友人陳慥約他去武昌，他也婉謝道：「恐好事君子，便加粉飾，云：『擅去安置所，而居於別路。』傳聞經師，非細事也。」（〈與陳季常〉）由這些與友人往來的書信中可以想見他當時處境之艱難。不過，胸懷開闊的蘇軾並沒有因宦途的失意與生活的困難而抑鬱不振，而是以一種豁達大度的胸襟來對待這一切。這一時期他置身於大自然的懷抱，寄情山水，寫了不少作品來抒發當時的心緒和情懷，〈定風波〉就是當時很有代表性的詞作。

由小序可知，這是一篇記實之作，記錄了詞人於三月七日沙湖道中遇雨之事。而此詞的文旨是「遇雨的感懷」⑮⑦，隱於篇外：詞中雖然寫的是蘇軾遇雨的這一件事，卻表現出他的曠達胸懷，即使是在惡劣的環境中也能尋求自我的解脫。在多年的宦海浮沉後，蘇軾也漸能從自己的忿恨與過往超脫出來，本詞中所寫的自然界的風雨不也正象徵著仕途上的風雨，而此時的蘇軾不也正是以此種智慧來看待自己的人生？

(十)〈書憤〉

此詩作於孝宗淳熙十三年（西元一一八六年）春，這時陸游退居於山陰家中，已是六十二歲的老人。從淳熙七年（西元一一八〇年）被趙汝愚彈劾後，陸游免職在山陰閒居了六年，直到作此詩時，才以朝奉大夫、權知嚴州軍州事起用，但孝宗卻對他說：「嚴陵山水勝處，職事之暇，可以賦詠自適」⑱，完全把他當成一個詩人看待，並不重視他報國的熱誠。由此可見陸游空懷復國的抱負與才識卻無法實現，也難怪「思之而有憤」⑲了。故本詩的文旨爲抒發壯志難酬的悲憤，雖全篇無一「憤」字，卻句句以「憤」字爲線貫串，表達了詩人的愛國抗戰之志、追慕先賢之志，以及壯心不老之志，「字表無憤，字裡有憤」⑳，其爲隱的形式。不過，陸游雖然在仕宦上並不得志，於詩文中也一再流露出壯志難酬的悲嘆，但是他並不因此而意志消沉，自始至終都是堅持不變不衰的愛國信念。他於臨終時寫下的〈示兒〉一詩：

> 死去元知萬事空，但悲不見九州同。王師北定中原日，家祭無忘告乃翁。

足見陸游的憂國忠情至死不渝。本詩也同樣展現出陸游的雄心壯志，以諸葛亮來期許自己，但也因此更反襯出事與願違的悲哀。

(十一)〈破陣子〉

辛棄疾有滿懷的愛國熱情，一心一意爲國效力，期望能收復故土，但空有凌雲壯志，卻無揮灑才能抱負的戰場，只能在「不眠之夜吃酒，只能在『醉裡挑燈看劍』，只能在『夢』中馳騁沙場，快意一時。……這處境，的確是『可憐』的。然而又有誰『可憐』他呢？」⑯於是，他就寫了這首「壯詞」寄給處境同樣「可憐」的陳同甫。⑯陳同甫和辛棄疾一樣，都是積極主張抗戰的愛國者，也同樣遭受到主和派的打擊，所以兩人可以說是同病相憐的。而陳同甫曾於淳熙十五年（西元一一八八年）冬，到上饒訪辛棄疾，停留十日。別後辛棄疾寫〈賀新郎〉詞寄給他，他和了一首；以後又用同一詞牌往復唱和。這首〈破陣子〉也極有可能是同一時期寫的⑯。

雖然詞題為「賦壯語以寄」，但「壯語」似乎不是辛棄疾所要表達的重點，當然辛棄疾還是希望可以收復故土，為國家效力，也以此來激勉陳同甫；但是兩人的抱負都無法實現，馳騁沙場的過往與夢境中的豪壯場面，反而更加襯托出最後一句「可憐白髮生」的淒涼悲哀，「可憐」的決不是因為年老所生的白髮，而是至今仍壯志不酬的憾恨！至此，詞人所欲抒發的文旨——不能收復中原的悲哀，經由前後詞句的強烈對比激盪而出。但因詞中並無情語，無直接點明心情沉痛之「哀」，故其文旨仍應隱於篇外。

三、說理勸勉類

(一)〈贈從弟〉之二

劉楨的《贈從弟》三首，分別以蘋藻、松柏、鳳凰來詠物言志，稱讚其從弟的品格高潔，從而表現出自己的理想與追求。由此可知，本詩雖然表面上都在歌詠松柏，但實際上卻另有含意：詩人是借著松柏具有「亭亭」、「勁」、「端正」及不畏嚴寒的本性，來象徵君子的剛直、堅强、端正及不怕惡勢力的高尚節操；目的是借寫松柏凜然不屈的特性，通過詠松柏來表達詩人對高風亮節的讚美與追求，全詩既是對其堂弟的讚美和期望，也是對自己的肯定和惕勵。

李文祿、王巍說：「最後兩句『豈不罹凝寒，松柏有本性』，揭示出松柏秉性堅貞，具有耐寒不凋的本性。歲晏之時，霜寒之際，松柏同萬物一樣，都要遭受寒冷的侵襲，但它不畏狂風，不懼嚴寒，是由松樹的本性決定的，因而松柏才儼然成爲詩人筆下高風亮節的象徵。至此，詩意得到了最後的開拓，全詩的旨意皆現，使全詩情味俱佳，感人至深。」[164]所以就表面文義而言，此詩的文旨置於篇末，爲「詠松柏之本性」，此本性爲耐寒不凋、堅貞不變的自然天性，但這只是詩文的表面意思；詩人所要表達的眞正深層的文旨則是「詠君子之本性」，讚頌君子剛正不阿、凜然不屈的高貴情操，以此來贈勉其弟，故此詩的文旨隱於篇外。

二〈和子由澠池懷舊〉

宋仁宗嘉祐元年（西元一〇五六年）三月，蘇軾與其弟蘇轍，在父親蘇洵帶領下，第一次離蜀至汴京赴試，由陝西到河南，路過澠池，借宿於縣中寺廟，二人並在住持奉閒和尚的居室壁上題詩。嘉祐六年（西元一〇六一年）十一月，蘇軾到陝西鳳翔節度判官任，其弟蘇轍送至鄭州，途經澠池縣，所以蘇轍回開封後便寫了〈懷澠池寄子瞻兄〉一詩寄贈，詩爲：

相攜話別鄭原上，共道長途怕雪泥。歸騎還尋大梁陌，行人已渡古崤西。
曾為縣吏民知否？舊宿僧房壁共題。遙想獨遊佳味少，無言騅馬但鳴嘶。

蘇軾亦依原韻和了此詩。雖然詩題爲〈和子由澠池懷舊〉，但詩中除了「懷舊」之外還有更深一層的涵義；因此時的詩人才二十六歲，與其弟都已中了進士，前途一片光明，所以詩人心中應該是充滿積極向上的思想，而不是感傷悲嘆的態度，所以他也希望蘇轍不要一直懷念過去，應該要珍惜現在，開拓將來，以積極的態度面對人生。而此「共勉」的詩旨則須從篇外探索，方能得知其深意。

㈢〈觀書有感〉二首

這兩首詩於《文集》中無年月，然經王懋竑、牟宗三、友枝龍太郎、陳來等人的推論，應成於乾道二年（西元一一六六年）。[165]這首詩題為〈觀書有感〉，可知此詩就是談讀書時的感想，而非字面上的寫景議論而已，詩人其實是藉生動的自然之景來表達他對治學讀書的深刻體認。

朱熹的一生大部分時間是在講學授徒、著書立說，他是一位非常重視讀書治學的學者。他主張讀書要注重源頭，抓住要領，他說：「學須先理會那大底，理會得大底，將來那裡面小底自然通透。」（《朱子全書卷一・總論為學之方》）所謂「大底」就是源頭、要領，只要抓得住這最重要的部分，其他細節就會迎刃而解了，這也很符合朱熹主張讀書應循序漸進之說，他認為「讀書之法，莫過於循序而致精；而致精之本，則又在於居敬和持志」（《朱文公文集》卷十四），就是說讀書應要循序漸進的細細鑽研，而想要細細鑽研就必須專心致志，充分認識讀書的重要性才行。這兩首絕句就是用詩的語言來談讀書的重要性。

由上可知，第一首的詩旨當是「通過池塘有活水而清，說明不斷接受新事物的重要」[166]；第二首則是「說讀書要循序漸進，在漸近中窮理，初學時需要推移力，到後來就會自在行。」[167]故其文旨皆隱於篇外。其實，此種不斷追求新知、循序漸進的觀念，並不僅局限於讀書求學的精神上，也可在教學時將之擴大到任何需要思考的事物，不管是在校求學、在社會上工作、生活、修養方面，都須不斷地接受新知、循序漸進，如此才能不斷進步！

四、諷諭朝政類

(一)〈碩鼠〉

〈碩鼠〉是以農夫對碩鼠的呼告為開端，因為再也不願意承受如此的壓榨，所以極欲擺脫束縛，奔往美好的國度。雖然詩中無一抒感之字，然對於苛政暴斂的憤恨之情卻洋溢在字裡行間。如果僅就詩文字句來探究詩旨，可能就會誤以為純粹是對「碩鼠」的一種埋怨，所以在進行篇旨教學時，對於詩詞的寫作背景也應有所瞭解，瞭解了詩人當時所處的社會環境之後，也就能對此詩眞正要表達的涵義有較正確的掌握。因為詩的內容為對碩鼠的呼告，也無抒感議論之語，所以此詩的文旨不在篇內，應於篇外來尋求，可從其寫作背景窺見端倪。

所謂「饑者歌其食，勞者歌其事」，在《詩經》中的篇章也反映出這種對於自身生活的感觸與渴望。〈碩鼠〉即是寫當時人民不堪統治者殘酷的剝削，幻想美好生活的憧憬。至於統治者如何剝削，《魯詩》有云：「履畝稅而〈碩鼠〉作。」《齊詩》亦云：「周之末塗，德惠塞而耆欲重，君奢侈而上求多，民困於下，怠於公事，是以有履畝之稅，〈碩鼠〉之詩是也。」[168]由此可知，〈碩鼠〉是刺履畝稅而作的。而履畝稅就是農民除了要出勞役爲公田耕種之外，還要交納私田所產的十分之一爲實物稅[169]。在如此的橫徵暴斂下，人民自然難以忍受此種雙重剝削，無法繼續維持生活，有的就離鄉背景；有的賣身爲奴；有的卻轉死溝壑。在這樣嚴苛的生活環境中，也就產生了〈碩鼠〉這種不得不發的呼號篇章！但身爲無勢的農民，又能如何呢？也只能假託對「碩鼠」的斥責與幻想美好的幸福生活罷了。

由上可知，此詩的文旨也就是《詩序》所說的「刺重斂也。」又解釋「刺重斂」的原因爲：「國人刺其君重斂蠶食於民，不脩其政，貪而畏人，若大鼠也。」[170]就是因爲統治者的剝削與不脩其政，人民才會有生活不下去的悲苦，發而爲詩，也才會激起對美好社會的渴望。所以雖然寫的是人民的忿恨與無奈，但一切皆由於對統治者的不滿，因此文旨當在「刺重斂苛政」[171]。朱熹亦附和《詩序》認爲此詩內容是：「民困於貪殘之政，故託言大鼠害己而去之也。」[172]以大鼠比貪殘的統治者，可謂妙喻。

(二)〈石壕吏〉

唐肅宗乾元元年（西元七五八年）冬至次年（西元七五九年）春，郭子儀、李光弼等九節度使率六十萬大軍包圍安慶緒於鄴城（今河南省臨漳縣西），由於指揮不統一，被史思明的援兵打得全軍潰敗，郭子儀退守河陽（今河南省孟縣）。朝廷爲了補充兵力，便在洛陽以西至潼關一帶，強行捉人當兵，人民苦不堪言。此時，杜甫正由洛陽經過潼關，趕回華州（今陝西省華縣）任所，「三吏」（〈新安吏〉、〈潼關吏〉、〈石壕吏〉）、「三別」（〈新婚別〉、〈垂老別〉、〈無家別〉）就是杜甫就途中所見所聞寫成的史詩，深刻地反映了安史之亂當時人民的苦痛。

此詩藉老婦及其一家人的悲慘遭遇，忠實地反映出戰爭帶給人民的苦難，詩人以親耳聽聞的口吻，敍述了「有吏夜捉人」的全部過程。由此可知，本詩內容是描寫「有吏夜捉人」的全部過程，而以「有吏夜捉人」爲全詩綱領，霍松林、霍有明即說：「『有吏夜捉人』一句，是全篇的提綱，以下情節，都從這裡生發出來。」[173]以詩證之，的確是如此。

另外，本詩雖然純爲敍事，不發議論，也無抒情，但實際上詩人仍將自己的悲憫感受、批判議論寄託在敍事之中，句句沉痛，展現出詩聖民胞物與的襟懷。故可知本詩爲文旨隱於篇外的謀篇方式，旨在寫「官吏的橫暴與人民的苦難」，霍松林、霍有明即說：「全詩的主題是通過對『有吏夜捉人』的形象描繪，揭露官吏的橫暴，反映人民的苦難。」[174]所說極爲正確。

㈢〈輕肥〉

本詩是《秦中吟》的第七首。白居易有序云：「貞元、元和之際，予在長安，聞見之間，有足悲者，因直歌其事，命爲《秦中吟》。」可知《秦中吟》十首⑰爲白居易在德宗貞元十九年（西元八〇三年）至憲宗元和五年（西元八一〇年）之間，對眼見或耳聞的一些社會問題、官場亂象所抒發的感慨。他在〈傷唐衢〉詩中亦說：「憶昨元和初，忝備諫官位。是時兵革後，生民正憔悴。但傷民病痛，不識時忌諱，遂作《秦中吟》，一吟悲一事。……」由此可知，《秦中吟》略作於元和初，當時白居易爲諫官，本有向朝廷提出諷諭諫戒之責，因此這些詩極爲平直慨切，洞見時弊。

從《秦中吟》看來，各詩主題相當明確，白居易在面對這些社會不平等現象時，是站在同情平民百姓的立場而對上層統治者的强烈控訴。他在詩中對朝廷不體恤民生疾苦加以諷諭；對大官權貴奢華無度與平民百姓飢寒無助也加以披露、描寫，頗能反映現實，譏刺時政。而本詩的主要用意也是「諷諭」，諷諭朝廷讓宦官過著驕奢侈靡的日子，而不體恤平民過著人吃人的困苦生活。但此詩全文是運用描寫宦官驕奢與百姓困苦的情形，來引起强烈的對比效果，並無義正詞嚴的指責怒駡，卻造成更大的控訴力量。霍松林即說：「這首詩運用了對比的方法，把兩種截然相反的社會現象並列在一起，詩人不作任何說明，不發一句議論，而讓讀者通過鮮明的對比，得出應有的結論。這比直接發議論更讓人接受詩人所要闡明的思想，因而更有說服力。」⑰所言甚是。故此詩的文旨隱於篇外。

(四)〈題竹石牧牛〉

宋代的繪畫藝術很發達，題畫詩也很風行，本詩作於北宋哲宗元祐三年（西元一〇八八年），此時蘇軾以翰林學士權知禮部貢舉，主持試務，黃庭堅與李公麟皆爲其僚屬，三年聚首唱和，依前序曰：「子瞻畫叢林怪石，伯時增前坡牧兒騎牛，甚有意態，戲詠」，此詩即是黃庭堅觀覽蘇、李兩人合繪之畫所作。

詩人從畫中憑空想像出一段議論，聯想到牛角可能會破壞本來美好的自然景觀。這是詩的表層意思，詩人所要表達的深層涵義應該是別有所指的。黃庭堅所處的北宋中後期，正值黨爭十分激烈的時代，黃庭堅屬於舊派中人，他的政治生涯也隨著舊勢力的消長而升沉。但他對新法並不是全盤否定的，而且他也深刻瞭解朋黨之爭所爲國家帶來的危害，所以本詩以牛角諷諭鬥爭，詩人是有所勸戒，寄寓自己對現實政治的觀感的。

由上可知，本詩文旨是「全隱」的，借由寫詩人熱愛大自然（竹、石）之情用來諷諭朝政，有所勸戒，這就要從篇外來領會。

五、其他

(一)〈走馬川行奉送封大夫出師西征〉

此詩作於岑參第二次出塞期間（天寶十三年夏秋間至至德二年），約與〈輪臺歌奉送封大夫出師西征〉作於同時同地，又與〈北庭西郊候封大夫受降回君獻上〉同述一事，前者作於出征時，後者作於回師時。此事爲封常清於唐玄宗天寶十三年以安西四鎮節度使兼北庭節度使，率軍西征（西征事，史書失載，或云征播仙），當時岑參爲其僚屬，且兩人之前又是安西幕府的同僚，故關係頗爲和諧；再者，詩人已歷練過邊塞生活，所以封常清此次出征，岑參情緒顯然較爲激昂，作此詩以送。

全詩內容在歌頌邊防將士之英勇無畏，但岑參寫此詩贈予封常清，當不只是純粹讚美歌頌將士的英勇，詩中還表現了自己「强烈的愛國情感和對勝利的迫切期待」[177]，所以本詩除了「歌頌戍邊將士不畏艱苦的精神」，還有「預祝他們凱旋而歸」[178]，這應是詩人寫此首送行詩的最大心願吧！因此詩寫將士的英勇並無直接稱讚，而是透過對壯偉奇麗之邊地景色與雄豪英勇之戍邊將士的交會描寫，融合一己建功立業的雄心壯志，將邊防將士的英雄氣概展現無遺；而且寫「期盼之情」也是使用「設想」之「事語」的筆法表達，所以其文旨當隱於篇外。

第四節　文旨顯隱與義旨教學之綜合分析

從以上的分析，吾人可知要辨別出古典詩詞的文旨，除了要先對詩詞本身的詞語、語句有所認識之外，亦應對題目、當時的寫作背景與前人的研究有一番瞭解，如此才能眞正掌握作者的心意，從中看出作者安排文旨的寫作技巧，是在作品中明白呈現，還是藏情於字句之中，或是另有所指[179]的。

由於，我國高級中學國文教學目標之一是「培養閱讀文言文及淺近古籍之興趣，增進吸收優美傳統文化之能力」，所以能夠給予學生研讀的方法，讓他們從中學習，獨立思考、判斷，則更易瞭解作者的心意，也更能領略詩文中的義旨。以下分別就「文旨顯隱之辨別」與「文旨情意之分析」二方面來將前文作一整理，期能尋出一大致可行之通則，可供辨識釐清，俾能對義旨教學有所助益。

一、文旨顯隱之辨別

要辨別古典詩詞文旨的顯隱，可從作者所欲表達之「情」、「理」著手，如果在作品中可以找到明顯之「情語」或「理語」者，其旨即是顯的，在篇內。表達情感者如：

(一)〈涉江採芙蓉〉的「憂傷以終老」之「憂傷」

(二)〈送杜少府之任蜀州〉的「與君離別意」之「別意」

(三)〈九月九日憶山東兄弟〉的「每逢佳節倍思親」之「思」

(四)〈送友人〉的「落日故人情」之「情」

(五)〈登高〉的「艱難苦恨繁霜鬢」之「苦恨」

(六)〈虞美人〉的「問君能有幾多愁」之「愁」

(七)〈雨霖鈴〉的「多情自古傷離別」之「傷別」

(八)〈出潁口，初見淮山，是日至壽州〉的「楓葉蘆花秋興長」之「興」

(九)〈念奴嬌〉的「多情應笑我」之「多情」等等

這些作品裡都有相當明顯的抒情字眼，人有喜、怒、哀、懼、愛、惡、欲等感情，將表達這些情感的字：思、想、情、意、苦、恨、悲、愁、哀、憂等等用於詩詞中者，皆可視爲顯的，文旨即在此；另外在文中表達出某種理念、勉勵勸戒的篇章，如：

(一)〈迴車駕言邁〉的「立身苦不早」

(二)〈長歌行〉的「少壯不努力，老大徒傷悲」

(三)〈籌邊樓〉的「諸强莫貪羌族馬」

(四)〈正氣歌〉的「三綱實繫命，道義爲之根」等句皆是「理語」，這也是顯而易見的，故其文旨往往在篇內此句。

除此之外，當詩詞中出現有兩個以上的情語或理語時，就更須要加以審辨，通常可視其抒情寫理的「程度」來辨別，以包含更上一層或更裡一層的深意者往往就是其文旨所在。如：〈飲酒〉之五，則自然之「眞意」比個人之「心遠」更上一層；〈涉江採芙蓉〉之「憂傷以終老」句比「所思在遠道」句所抒之情更裡一層；〈醜奴兒〉詞，則如今所識之「愁」比少年之「愁」更深一層。

但有時篇章並無可一眼看出的情語或理語來安置文旨，其貫穿詩詞的綱領有時也可發揮安置文旨的作用。如〈琵琶行〉抒淪落之感，詩中並沒有直接抒發其悲嘆，但讀者仍可感受到詩人的哀傷，「淪落」二字聯絡起琵琶女與白居易之間的橋梁，也點明了此詩的文旨；另如〈明妃曲〉通篇講昭君之事，寫昭君之失意，實爲寫自己之失意，故其綱領——「失意」，也述明了作者所欲抒發的是何種情懷。

以上爲文旨是「顯」的情況，簡單的說，就是可一眼看出文旨在篇內的，就是「顯」的。但有時，作品中雖然有明顯的「情語」或「理語」，但作者卻意不在此，是另有含意的；或除了字面上的意思之外，還隱含了某種訊息，這種情形就是「顯中有隱」。如辛棄疾的〈賀新郎〉，其題旨爲「抒寫別恨」，作者也使用了相當多的材料來襯托別恨，從詞題上也可看出此爲送別之作，但如果細察作者所使用的材料，不難發現作者實是另有深意的，其隱旨是「抒發家國身世之恨」，這才是作者眞正要宣洩的；再看〈陌上桑〉，其顯旨爲「稱讚羅敷的美麗與堅貞」，這是顯而易見的，也是詩人想要表達的，而其隱旨爲「諷諭使君行爲的失檢」，卻是須要加以推敲才能體察出來，這也是詩人想要表達的另一意念。像這類文旨爲「顯中有隱」的篇章，是不能不加以辨識清楚的，也由於其隱旨常被忽視，在辨別時便應從時代背景、作者生平遭遇、寫作動機、材料運用等多方面交互分析，方不至有所疏漏。

至於其他無法找到「情語」或「理語」的古典詩詞，其文旨就是「隱」的，此類詩詞爲數甚多，因爲這種寫法可以達到「含蓄不盡之意」（吳喬《圍爐詩話》卷一）且耐人尋味，由於「讀者投射機制的作用，填充了詩裡的『空白』，使詩獲得『不著一字，盡得風流』的品格」[180]，這就是「含蓄」所以爲美之因。而比較可以確切判定文旨置於篇外者，是通篇皆是敍「事」與寫「景」的作品。杜松柏闡釋魏泰《臨漢隱居詩話》之「詩者述事以寄情，事貴詳，情貴隱」說：「敍事的目的，在以見情，因爲情隨事現，由事的起迄、變化、曲折、艱難、久暫，方足以見情感的發生、精誠、摯切等等」[181]，所以敍事的目的，在於藏情於事中，這也是其所以貴之因。如〈石壕吏〉寫「有吏夜捉人」的經過，通過詳細的敍寫將官吏的橫暴完整呈現在讀者眼前，而其所欲表達的傷時之感也躍然紙上。至於寫景者，則不管是「外接貯象的觸發」、「內情外景的感發」還是「以實寓虛的抒發」，都是藉景物來傳達作者的心志，或情景相生，或借景物爲寓託比擬，都貴在能情景合一。[182]像〈春日田園雜興〉之二，通篇寫「景」，無形中即將作者的閒適之情表露而出。除了通篇寫景與寫事者外，亦有「事」「景」結合的作品，其文旨也一樣置於篇外，但仍然能從文中體會出作者的深意，如〈蒹葭〉借寫蒹葭之「景」與求伊人之「事」，表達出求之不得的相思之苦、〈使至塞上〉借寫大漠之「景」與問邊之「事」，表達出落寞的身世之感，這一類作品皆將所要抒發的意旨蘊藏於「事」、「景」之中。

除此之外，亦有所謂「另有所指」者，這類作品常藉寫他事他物來寄託自身的心志，即「言在此而意在彼」之作，從字面上常看不出作者的眞正意思，如〈紅梅〉所詠爲紅梅，實爲表明自己的節操；〈贈從弟〉之二，表面寫松柏，實爲讚揚勉勵其弟；〈觀書有感〉之一，雖寫清澈之塘，實爲借以說明讀書之理；〈碩鼠〉寫貪殘之鼠，實爲寫貪官污吏……，如此等等，皆是使用比喻、象徵的寫作技巧來將不想點破之情，或是不易明說之理寄託其中，藉由他事他物來傳達出此一訊息。

二、文旨情意之分析

由於文學作品的產生，作者常是有所抒發的，並不是毫無目的的隨意創作，所以瞭解「義旨」是相當重要的。在從各篇的分析中，筆者歸納作者所抒發的情意有「抒情」（二十三篇）、「遣懷」（二十四篇）、「說理勸勉」（七篇）、「諷諭朝政」（四篇）與「其他」（三篇）五類，可見高中國文所選古典詩詞中，所選的篇章以「遺懷」者居多，次爲「抒情」，這也與詩詞此類文體的性質有關，分析於下：

㈠抒情類

在抒情方面，有抒「相思」之情（十五篇）、抒「離別」之情（四篇）、抒「閒適」之情（三篇）和抒「孝親」之情（一篇）四種：

1、抒相思之情

	篇目	文旨	顯隱
1.	關雎	君子求淑女不得之相思。	顯
2.	飲馬長城窟行	寫女子對外出丈夫的無限思念之情。	顯
3.	客從遠方來	對遠行丈夫的相思之情。	顯
4.	涉江採芙蓉	描寫遊子思念妻子卻不得歸去的愁苦。	顯
5.	行行重行行	妻子思念遠行丈夫之情。	顯

6.	凜凜歲云暮	思婦想念遊子之情。	顯
7.	長干行	商婦思念遠行丈夫之情。	顯
8.	九月九日憶山東兄弟	抒懷鄉思親之情。	顯
9.	黃鶴樓	抒寫思鄉之情。	顯中有隱
10.	蒹葭	求伊人不得之惆悵。	隱
11.	迢迢牽牛星	思婦思念遊子之情。	隱
12.	月夜	對妻子的思念之情。	隱
13.	夜雨寄北	對妻子的思念之情。	隱
14.	無題	思念情人之情。	隱
15.	寄黃幾復	對友人的思念之情。	隱

所謂抒相思之情，並不限於抒發情人之間的愛情，也有思念朋友的、思念家鄉的，但爲數不多。從中吾人可以看出抒寫此種思念之情的詩篇，詩人並不都會隱藏自己的感情，其文旨安置於篇內者甚多，如所選的《古詩十九首》的幾首情詩，很自然的表露出相思之情。在這十五首的作品中，文旨安置於篇外的卻不過六首，如唐人杜甫的〈月夜〉，或是李商隱的〈夜雨寄北〉、〈無題〉，即是不將詩旨道破，而含蓄不盡、餘意無窮的名篇。可知高中國文教材

中所收的篇章抒寫此種感情仍多是直抒其情的。

2、抒離別之情

	篇目	文旨	顯隱
1.	送杜少府之任蜀州	抒寫離情。	顯
2.	送友人	抒離情別意。	顯
3.	雨霖鈴	抒傷別之情。	顯
4.	一剪梅	抒寫別愁。	顯

此類作品意旨全顯，蓋爲離別之時難掩傷心的愁緒，也顧不得婉轉含蓄了。

3、抒閒適之情

	篇目	文旨	顯隱
1.	飲酒之五	抒寫與大自然合一的心境。	顯
2.	山行	寫作者的恬適心情。	隱

3.	春日田園雜興之二	寫作者的隱逸之情。	隱

抒閒適之情的作品，往往為田園詩、山水詩一類，藉由寫景來寄託自己恬淡平靜的心境，如果所寫的是「全景」，那當然文旨就安置於篇外，如〈山行〉、〈春日田園雜興〉之二皆是。

4、抒孝親之情

	篇目	文旨	顯隱
1.	蓼莪	孝子痛不能終養。	顯

在一綱多本的高中國文所選古典詩詞中，只有〈蓼莪〉一首抒發孝親之情，這種感情是直抒胸臆，不假雕琢，不得不發，不需隱藏的，所以文旨自然是「顯」的。

(二)遣懷類

其實，作者所遣之「懷」也可視為所抒之「情」的一種，但在詩詞中，用以傷己之身世的作品甚多，故將之獨立出來，與純抒男女之愛、朋友之愛、大自然之愛、孝親之愛等愛情的「抒情」作品有所區別。這類作品有遺「憂國身世」之懷（二十篇）與「己之胸懷」（四篇）兩種：

1、遣憂國身世之懷

	篇目	文旨	顯隱
1.	登高	抒身世之感與流浪之苦。	顯
2.	正氣歌	抒發憂國憂民的情懷。	顯
3.	虞美人	感懷故國之愁。	顯
4.	念奴嬌	抒發關懷國事、懷才不遇的哀愁。	顯
5.	武陵春	抒發身世之愁。	顯
6.	出潁口，初見淮山，是日至壽州	抒發身世之感	顯中有隱
7.	琵琶行	抒發自身淪落之恨。	顯中有隱
8.	明妃曲	抒己之失意。	顯中有隱
9.	水調歌頭	抒發身世之感。	顯中有隱
10.	聲聲慢	抒發身世之愁。	顯中有隱

11.	賀新郎	抒發家國之恨與身世之悲。	顯中有隱
12.	醜奴兒	抒發關懷國事、懷才不遇的哀愁。	顯中有隱
13.	使至塞上	寫身世之苦。	隱
14.	蜀相	抒發自身的抱負和遭遇。	隱
15.	旅夜書懷	抒身世之感與流浪之苦。	隱
16.	賈生	抒發懷才不遇之慨。	隱
17.	泊船瓜州	思歸之情。	隱
18.	書憤	抒發身世之感。	隱
19.	浪淘沙	思念故國的哀痛心情。	隱
20.	破陣子	壯志不酬的憾恨。	隱

因文人在抒發自身不得志的憾恨時，往往與憂國憂民之愁緒結合在一起，故此處並不將「憂國」之愁與「身世」之悲兩者分開。這類作品在文旨爲「隱」的分析中占了多數，這當然和「詩言志」、「道性情」（尤侗《西堂雜組》三集卷三）的文學特色有關，但觀文旨爲「顯」（二十一篇中的五篇）與「顯中有隱」（十二篇中的八篇）的分析，其用以抒此感懷的作品多是「顯中有隱」的，如〈出潁口，初見淮山，是日至壽州〉、〈明妃曲〉、〈醜奴兒〉、

〈水調歌頭〉、〈賀新郎〉等作品，所欲抒發的身世之感與憂國傷世的家國之痛，都是要從篇外去尋求的。由此可知，文人抒懷的方式多是含蓄的，不一語道破的，或是因爲此種文體本身篇幅的限制，或是傳統儒家溫柔敦厚的詩教，也有可能是作者迫於現實而無法直接抒發其悲痛心情。

2、遣己之胸懷

	篇目	文旨	顯隱
1.	詠史詩之一	抒寫自身的懷抱。	顯中有隱
2.	短歌行	求賢以立天下的抱負	隱
3.	紅梅	抒發自己不媚流俗的氣節。	隱
4.	定風波	抒發自己曠達的胸懷。	隱

這類作品所呈現的文旨也以「隱」的方式居多。〈詠史詩〉之一雖寫自己的抱負「夢想騁良圖」，但深藏其中的不得志之慨還是要從篇外領略。

㈢說理勸勉類

	篇目	文旨	顯隱
1.	迴車駕言邁	勸勉人應即時努力、建立功業。	顯
2.	長歌行	勸勉人應即時努力。	顯
3.	籌邊樓	勸戒守邊將士勿起爭端。	顯中有隱
4.	贈從弟之二	詠君子的本性，勸勉其弟。	隱
5.	和子由澠池懷舊	與其弟共勉。	隱
6.	觀書有感之一	說明不斷接受新事物的重要。	隱
7.	觀書有感之二	說明爲學當循序漸進。	隱

說理詩往往會令人覺得枯燥乏味，常會變成「語錄講議之押韻者」（劉克莊《後村大全集》卷一），而勸勉之作又易流於千篇一律，難有新意。如能從他物寫起，或是以他物作爲比喻，則較能達到新奇有味、寓理其中的效果，像〈贈從弟〉之二寫松柏、〈觀書有感〉二首寫池塘、巨艦等。即使文旨爲「顯」的篇章，如〈迴車駕言邁〉、〈長歌行〉與〈籌邊樓〉，都也是從描寫景物寫起。

(四)諷諭朝政類

	篇目	文旨	顯隱
1.	題竹石牧牛	諷諭朝政鬥爭。	顯中有隱
2.	碩鼠	刺重歛苛政。	隱
3.	石壕吏	寫官吏的橫暴與人民的苦難。	隱
4.	輕肥	反映現實、譏刺時政。	隱

而「諷諭朝政」的作品則以「不一語道破」的方式呈現，在高中國文所選的古典詩詞中，所有的諷諭詩都是藉他人之事來比喻或是襯托。周振甫說：「含蓄的手法最易和諷刺相結合，是詩中的春秋筆法。」[183]其眞正要諷刺的主體往往都是隱而不宣的、隱於篇外的，如文旨爲顯中有隱的〈陌上桑〉（列於「其他」）、〈題竹石牧牛〉與全隱的〈碩鼠〉、〈石壕吏〉、〈輕肥〉等詩，作者藉由詩詞來抒發對朝政憤憤不平的情感，又礙於身分地位，不能直接表明，只能咬牙吞恨、暗地咒罵；也不可「淺露而昧於明哲」[184]，基於「詩宜含蓄，不露論鋒」（陸鎣《問花樓詩話》卷一）的要求，所以諷諭詩多用此種寫作方式。

㈤其他

	篇目	文旨	顯隱
1.	陌上桑	讚頌羅敷的美貌與堅貞。	顯中有隱
2.	關山月	征夫遠戍之愁苦。	顯中有隱
3.	走馬川行奉送封大夫出師西征	預祝將士凱旋而歸。	隱

這三首並無法歸類於上四類，故以「其他」安置之。不過，〈陌上桑〉的隱旨：諷諭使君行爲的失檢，則仍屬「諷諭朝政」一類。

注釋

①參見黃錦鋐，《國文教學法》，頁八八～八九。

②見魏飴，《詩歌鑑賞入門》，頁一四三。

③見陳滿銘，〈談詞章主旨的顯與隱——以中學國文課文爲例〉，載於《國文天地》一一卷三期，頁七八。

④見程俊英、蔣見元，《詩經注析》下冊（北京：新華書店北京發行所，一九九一年十月），頁六二五。

⑤方玉潤，《詩經原始》：「此詩爲千古孝思絕作，盡人能識。唯《序》必牽及人民勞苦以刺幽王。不惟意涉牽强，即情亦不眞。蓋父母深恩與天無極，孰不當報？唯欲報之而或不能終其深以奉養，則不覺抱恨終天。淒愴之情不能自已耳。若謂人民勞苦，不得終養，始思父母，則遇勞苦乃念所生，不遇勞苦即將不念所生乎？又況詩言民莫不穀，我獨何害，我獨不卒者，明明一己所遭不偶，與人民無關也。」姚際恆《詩經通論》：「鄭氏謂『二親病亡之時，時在役所，不得見』，據末兩章『南山』、『飄風』而云也。不知『南山』二句是興，非賦也。若行役則當遠，何爲只在南山地耶？且亦未有適在役所而二親齊病亡者。詠詩之事不可考，而孝子之情感傷痛極，則千古爲昭也。」（臺北：廣文書局，一九六一【民五十】年十月），頁二二一。

⑥見姚際恆，《詩經通論》（臺北：廣文書局，一九六一【民五十】年十月），頁二二一。

⑦參見陳滿銘，《文章結構分析》，頁二七六。

⑧關於〈關雎〉詩學的發展史請參見林明德〈試論詩經第一首——關雎〉，載於林慶彰編著《詩經研究論集》（臺北：臺灣學生書局），頁二八五～三〇五。文中爲了便於討論，分爲傳統的關雎與現代的關雎兩部分。傳統的關雎涵蓋面最爲廣泛，包括孔子到清代的重要詮釋家，像《毛傳》、鄭玄、朱熹、姚際恆，與方玉潤等人，是在政教的實用立場來解釋〈關雎〉詩旨；現代的

關雎是指民國以來以新觀念、新方法來詮釋〈關雎〉，包括中外學者，如胡適、顧頡剛、聞一多、屈萬里、高葆光、糜文開、裴普賢、王靜芝、顧元叔、竹添光鴻、白川靜、及高本漢等人，他們擺脫託意言志，完全以「就詩論詩」的態度來領略詩意。

⑨見《十三經注疏2詩經》（臺北：藝文印書館，一九九七【民八六】年八月初版十三刷），頁十二。

⑩見《十三經注疏2詩經》（臺北：藝文印書館，一九九七【民八六】年八月初版十三刷）頁十九。

⑪周之文王生有聖德，又得聖女姒氏以爲之配，宮中之人於其始至見其有幽閒貞靜之德，故作是詩。（《詩集傳》，頁一）

⑫姚際恆以爲《詩序》因「德」字衍爲此說，是后妃自詠，以淑女指妾媵，其不可通者四：一爲「雎鳩」爲雌雄和鳴，有夫婦之象，如以妾媵與君和鳴則不通；二爲「淑女」、「君子」的妙對，以妾媵與君對則不通；三爲「逑」、「仇」同，反之爲「匹」，以妾媵匹君亦不通；四爲「琴瑟友」爲夫婦義，若以妾媵爲與君琴瑟友則僭亂，以后妃與妾媵琴瑟友則未聞。更何況婦人不妒則亦已矣，那裡還有以己之坤位甘遜他人而後謂之不妒的呢？關於此問題詳見《詩經通論》卷一，頁十四。姚際恆《詩經通論》：「此詩只是當時詩人美世子娶妃初昏之作，以見嘉耦之合，初非偶然，爲周家發祥之兆，自此可以正邦國、風天下，不必實指出太姒、文王。」（臺北：廣文書局，一九六二【民五十】年十月），十五頁。

⑬參見姚際恆《詩經通論》：「自此可以正邦國、風天下。」（臺北：廣文書局，一九六一【民五十】年十月），十五頁。方玉潤《詩經原始》：「聖人取之以冠三百篇首，非獨以其為夫婦之始，可以風天下，而厚人倫也。」

⑭參見《古史辨》（臺北：藍燈文化事業股份有限公司，一九九三【民八二】年八月二版）第三冊下編，頁五八五。

⑮見《詩經詮釋》，四頁。

⑯見《詩經通釋》（臺北：師範大學圖書館），頁三六。

⑰見江陰香，《詩經譯注》（臺北：明文書局，一九八七【民七六】年七月），頁二。

⑱見《詩經正詁》上冊，頁七。

⑲思服，《傳》：「福，思之也。」「思」字無《傳》，是《傳》以思服連文，為思念之義。馬瑞辰謂：「思服之思，乃語中語助。……服即念也，念即思也。」

⑳《廣題》曰：「長城南有溪坂，上有土窟，窟中泉流。漢時將士征塞北，皆飲馬此水也。」

㉑見《李善注昭明文選》，頁五九七。

㉒見《樂府詩集》（北京：中華書局出版），三十八卷，頁五五五。

㉓酈道元《水經注》：「始皇二十四年，使太子扶蘇與蒙恬築長城，起自臨洮，至於碣石，東暨遼海，西並陰山，凡萬餘里，民怨勞苦。故楊泉《物理論》曰：『秦築長城，死者相屬。』民歌曰：

『生男愼勿擧，生女哺用脯；不見長城下，尸骸相支拄。』其冤痛如此。今白道南谷口有長城，自城北出有高坂，傍有土穴出泉，挹之不窮。歌錄云：『飲馬長城窟』，信非虛言也。」轉引自黃節，《漢魏樂府風箋》卷四，頁三四。

㉔參見南一版《高中國文》第一冊，頁二〇五。

㉕語出《樂府解題》，轉引自黃節《漢魏樂府風箋》卷四，頁三四。

㉖詳見費秉勛〈《飲馬長城窟行》本辭探索〉，載於《中國古代、近代文學》，一九八五年十三期，頁二四；傅如一〈樂府古辭《飲馬長城窟》考索〉，載於《文學遺產》，一九九〇年第一期，頁一一三～一一五。

㉗詳見《兩漢南北朝樂府鑑賞》，頁一四六。

㉘見陳滿銘，《文章結構分析》，頁一八〇。

㉙見賀新輝主編，《古詩鑑賞辭典》，頁一七四。

㉚見第二冊，頁一八三。

㉛見《中國文學史參考資料》，頁五九四。

㉜見《古詩十九首集釋》卷三，頁三。

㉝如《詩經・邶風・谷風》：「黽勉同心，不宜有怒。」（臺北：藝文印書館，一九九七【民八六】年八月初版十三刷），頁八九。《楚辭・九歌・湘君》：「心不同兮媒勞，恩不甚兮輕絕。」

（臺北：三民書局股份有限公司，一九九五【民八四】年十一月十版），頁六〇。

㉞見正中版《高中國文》第一冊，頁一七七。

㉟見張夢機主編，《世事舟波》，頁二八。

㊱關於《飲酒》詩的寫作時間，請參閱龔斌〈試論陶淵明《飲酒》二十首〉，載於《華東師範大學學報（哲學社會科學版）》（一九八六年第四期），頁七一～七三。

㊲見陶潛撰、陶澍注，《陶靖節集注》，頁四。

㊳參見陳滿銘，《文章結構分析》，頁一九四～一九五。

㊴頁一八九。

㊵張高評語，見張高評、黃永武，《唐詩三百首鑑賞》，頁三三〇。

㊶見《樂府詩集》（北京：中華書局印行），頁一〇三〇。

㊷見《樂府詩集》（北京：中華書局印行），卷七十二。

㊸崔顥〈長干曲〉四首：

君家何處住，妾住在橫塘，停舟暫借問，或恐是同鄉。

家臨九江水，來去九江側。同是長干人，生小不相識。

下渚多風浪，蓮舟漸覺稀，那能不相待，獨自逆潮歸。

三江潮水急，五湖風浪涌。由來花性輕，莫畏蓮舟重。

崔國輔〈小長干行〉：

月暗送湖風，相尋路不通，菱歌唱不輟，知在此塘中。

節錄自《樂府詩集》（北京：中華書局印行），頁一〇三〇。

㊹題下有注：「時年十七。」

㊺見蕭滌非主編，《唐詩鑑賞辭典》，頁一九三。

㊻陰曆九月九日爲中國傳統的重陽節，依古代風俗，人們必須在這一天佩帶茱萸、登高、喝菊花酒，以求消災祈福。

㊼王維人在長安，而他的四個弟弟（王縉、王繟、王紘、王紞）都在蒲州（今山西永濟縣）家中。因蒲州位於華山之東，所以詩題爲「山東」。

㊽參見陳滿銘，〈談安排詞章主旨（綱領）的幾種基本形式〉一文，收錄於《國文教學論叢》，頁三三一～三三二。

㊾見周汝昌等撰，《唐宋詞鑑賞辭典》，頁三二〇。

㊿見王熙元、曾永義編著，《詩詞曲賞析》下册，頁六三～六五。

(51)宋人稱一枝爲一剪。古時遠地贈人，輒以梅花一枝表相思。陸凱自江南寄長安范曄詩：「新梅逢驛使，寄與隴頭人；江南無所有，聊寄一枝春。」〈一剪梅〉即取此意。參見《李清照詩詞箋釋》，頁九一。

(52)見《花庵詞選》（瀋陽：遼寧教育出版社，一九九七年三月），（一），頁一三八。

(53)見《李清照集校注》（臺北：里仁書局，一九八二【民七一】年），頁二五。

(54)參見《唐宋詞鑑賞辭典》，頁一一九一。

(55)方虛谷曰：「此詩已去成都分曉，舊以爲在梓州作，恐亦未然。當考公病而止酒在何年也。長江滾滾，並臨大江。」

(56)參見蕭滌非等撰，《唐詩鑑賞辭典》，頁五八六；與李道顯，《杜甫詩史研究》，頁七二〇。

(57)朱鶴齡注曰：「吳若本題下注云缺一首。趙次公以『風急天高』一首足之，云未嘗缺。」

(58)浦起龍以爲五詩皆輟飲獨登之作，因獨酌無興，故抱病登臺，想見擲杯而起，如此方與三四不相背。參見《讀杜心解》（臺北：大通書局，一九七四【民六三】年十月），頁六七一。

(59)見蕭滌非等撰，《唐詩鑑賞辭典》，頁五八六。

(60)事見《樂府紀聞》與王銍《默記》。

(61)劉乃昌語，見周汝昌等撰，《唐宋詞鑑賞辭典》，頁六二一。

(62)見《李易安集繫年校箋》（臺北：里仁書局，一九八〇【民六九】年一月），頁二五。

(63)見《唐宋詞名作析評》，轉引自陳滿銘，《詞林散步》，頁二四七。

(64)見〈消瘦的身影沉重的心靈——李清照〈醉花陰〉、〈武陵春〉比較〉，載於《國文天地》第十二卷八期，頁五一。

⑥⑤見呂瑞萍，〈文天祥〈正氣歌〉篇旨探析〉（臺北：國立臺灣師大國研所一九九九年「高中國文教學專題研討」課堂報告），頁六。

⑥⑥簡有儀語，參見《高中國文教材鑑賞分析》，頁四七〇。

⑥⑦見陳滿銘，《文章結構分析》，頁二六七。

⑥⑧參見張夢機主編，《世事舟波》，頁四四。

⑥⑨黃廣華語，見賀新輝主編，《古詩鑑賞辭典》，頁二七六～二七七。

⑦⓪見《中國文學史參考資料》，頁五八七。

⑦①見朱筠口授、徐昆筆述，《古詩十九首說》，轉引自《古詩十九首集釋》卷三，頁四七。

⑦②見馬茂元，《古詩十九首探索》，頁七六～七七。

⑦③《樂府詩集》載〈長歌行〉古辭凡二首，宋嚴羽《滄浪詩話》以爲應作三首。本篇是其中一首。見《娛書堂詩話及其他三種》（上海：商務印書館，一九三六【民二五】年十二月），四五～四六頁。

⑦④見《李善注昭明文選》，頁五九七。

⑦⑤見《樂府詩集》卷三十，頁四四二。

⑦⑥見陳滿銘，〈談詞章主旨的顯與隱〉，載於《國文天地》第十一卷三期，頁七九。

(77)見《義門讀書記》（上海：上海古籍出版社，一九九二【民八一】年），卷四十六。
(78)見喻守眞，《唐詩三百首詳析》，頁九八。
(79)見陳滿銘，《文章結構分析》，頁二四四。
(80)見鄭永曉選析，《相逢何必曾相識：白居易作品賞析》，頁一五三。
(81)見馬美信、賀聖遂主編，《中國古代詩歌欣賞辭典》頁三一九。
(82)見陳達凱編著，《宋詩選》，頁一四四。
(83)見《王荊公年譜考略》卷七，頁一二二～一二七。
(84)見繆鉞、霍松林等撰，《宋詩大觀》，頁二三〇。
(85)參見徐續選注，《蘇軾詩選》，頁十二。
(86)徐翰逢、陳長明語，見周汝昌等撰，《唐宋詞鑑賞辭典》，頁六一一。
(87)見《美的歷程》，頁一六二。
(88)見陳邦炎主編，《詞林觀止》上册，頁四三八。
(89)見陳邦炎主編，《詞林觀止》上册，頁五三三。
(90)見楊海明，《宋詞三百首鑑賞》，頁三四九。
(91)陳滿銘語，見《詞林散步》，頁二九九。
(92)見周汝昌等撰，《唐宋詞鑑賞辭典》，頁一五七二。

93 見司馬光撰，《資治通鑑》（逸舜出版社），卷二四四，頁七八七二。

94 見《唐詩選》，頁一四一。

95 轉引自黃節，《漢魏樂府風箋》，卷一，頁一〇。

96 見南一版《高中國文》第二冊，頁一八八。

97 見《樂府詩集》，頁三三四。

98 見《唐詩三百首鑑賞》，頁一〇三。

99 見馬美信、賀聖遂主編，《中國古代詩歌欣賞辭典》，頁一八六。

100 見姚際恆，《詩經通論》（臺北：廣文書局，一九六一【民五十】年十月），頁一四一。

101 崔述《讀風偶識》卷之四：「周道既要衰，周禮尚在。特其君不能用賢，其臣不能舉賢，故詩人猶冀其人之出仕，其國之中興焉。迨至平王東徙，地沒於戎，秦雖得而有之，而所聽信者寺人，所經營者甲兵征戰，不復以崇禮樂敦教化爲務，人材風俗於是大變。然以地爲周之舊也，故猶有守道之君子，能服習先王之教者，見於其政變於上，俗移於下，是以深自韜晦，入山惟恐不深。詩人雖知其賢而亦知其不適於當世之用，是以反覆歎美而不勝其惋惜之情。」見《讀風偶識》（臺北：學海出版社，一九七九【民六八】年三月），頁六～七。

102 方玉潤《詩經原始》：「〈蒹葭〉，惜招隱難致也。」

103 見朱熹，《詩經集註》，頁六十。

⑩④載於林慶彰主編，《詩經研究論集》，頁三四三。

⑩⑤見《詩經注析》（北京：新華書店北京發行所，一九九一年十月），頁三四五。

⑩⑥見賀新輝主編，《古詩鑑賞辭典》，頁四四。

⑩⑦見《詩經雜俎》，頁二五〇。

⑩⑧見《詩經注析》（北京：新華書店北京發行所，一九九一年十月），頁三四四。

⑩⑨見《中國詩史》，頁七三。

⑪⓪見《詩經釋義》，頁二二一。

⑪①見《詩經欣賞與研究》，頁二六七。

⑪②見余培林《詩經正詁》上冊，頁三五四。

⑪③見翰林版《高中國文》第一冊，頁一六五。

⑪④見馬茂元，《古詩十九首探索》，頁一二六。

⑪⑤見大同資訊版《高中國文》第三冊，頁二三〇。

⑪⑥紀昀評這首詩說：「純從對面著筆，蹊徑甚別。」吳汝綸也說：「專從對面著想，筆情敏妙。」轉引自高步瀛《唐宋詩舉要》（臺北：宏業書局出版，一九七三【民六二】年元月），卷四，頁四六九～四七〇。

⑪⑦見秦似選析，《萬里悲秋常作客：杜甫作品賞析》，頁七二。

(118)馮浩曰：「語淺情濃，是寄內也。然集中寄內詩皆不明標題，當仍作『寄北』。」見（唐）李商隱著、（清）馮浩箋注《玉谿生詩集箋注》（臺北：里仁書局，六九年五月），頁三五四。

(119)見蕭滌非主編，《唐詩鑑賞辭典》，頁一一三九。

(120)時柳仲郢鎮蜀，李商隱受聘爲東州（治梓州，治所在今四川三台）節度書記，改判官，加檢校工部郎中（從五品上）。故後云「梓幕」亦是此意。

(121)參見禹克坤，〈巴山雨夜裡的情思——李商隱的〈夜雨寄北〉〉一文，收於《古典詩詞名篇鑑賞集》，頁一三九～一四二。

(122)見《李商隱詩歌集解》，頁一二三三～一二三四。

(123)見《唐詩三百首鑑賞》，頁八〇六。

(124)見《李商隱詩歌集解》，頁一四八四。

(125)見蕭滌非等撰，《唐詩鑑賞辭典》，頁一一六一。

(126)見陳滿銘，《文章結構分析》，頁二二〇。

(127)見鍾東，〈范成大《四時田園雜興》四題〉，載於《廣州師院學報（社會科學版）》一九九六年第一期，頁三二～三三。

(128)《三國演義》中的詩文爲：「對酒當歌，人生幾何？譬如朝露，去日苦多。慨當以慷，幽思難忘。何以解憂？唯有杜康。青青子衿，悠悠我心。呦呦鹿鳴，食野之苹。我有嘉賓，鼓瑟吹笙。皎皎如月，何時可輟？憂從中來，不可斷絕。越陌度阡，枉用相存。契闊談讌，心念舊恩。月明星稀，烏鵲南飛，繞樹三匝，無枝可依？山不厭高，海不厭深。周公吐哺，天下歸心。」見《三國演義》（臺北：文化圖書公司，一九六六【民五五】年九月再版），二四六頁。

(129) 關於此詩的文旨，歷來有以下幾種說法：唐人吳兢以爲：「言當及時行樂。」（《樂府古題要解》）清人張玉穀則說：「此嘆流光易逝，欲得賢才以早建王業之詩。」（《古詩欣賞》）清人陳沆則認爲：「此即漢高〈大風歌〉思猛士之旨也。」（《詩比興箋》）另外，王堯衢《古唐詩合解》卷三以爲「明明如月」暗指帝位；陳祚明《采菽詩集》卷五亦認爲「禪奪之意已萌」，所以本詩是曹操篡奪帝位之心已萌，而廣求天下賢士輔佐，但又不願讓人以爲他有篡漢之心，於是藉口周公。黃節《魏文武帝詩註》則解釋爲曹操是因爲不滿荀彧不同意他進爵魏公，又怕因此引發賢士棄己而去而作此詩。但此說前無所據，所以很少有學者贊同。對此，陳沆《詩比興箋》則以爲：「此即漢高〈大風歌〉思猛士之旨也。」並駁斥禪奪之說。

(130) 語出陳沆，《詩比興箋》，轉引自《歷代詩評註》，頁一三九。

(131) 參見葉嘉瑩講，〈建安詩歌講錄〉，載於《國文天地》第十一卷十二期，頁八八。

(132) 據詩文次句「屬國過居延」來看，作此詩時應爲要到居延（甘肅省張掖縣西北）的途中，但開元二十五年，王維是以監察使的身分到涼州（今甘肅省武威），且林桂香說：「王維於任職崔希逸幕中時，也曾至居延及榆林郡遊歷。趙殿成謂居延即古流沙，在今寧夏省西居延海之南，王維需由涼州向西北而行，至甘州（即今甘肅省張掖縣），越過沙漠，才能到達居延。……依唐書卷九玄宗紀上所載，開元二十六年三月，崔希逸曾引兵破吐番。王維的河套之行，可能是爲了遊說朔方節度使，以及安北都護府，助成崔氏破吐番之舉。」如所載爲實，則破吐蕃事似乎爲開元二十六年，王維去居延之後所作。由此看來，此詩應作於開元二十五、二十六年間，崔希逸征討吐蕃期間，而非戰勝之時。但出塞宣慰、察訪軍情之說則無疑。

(133)原作西元「七三七」年，有誤，今改爲「七三六」年。

(134)見林桂香，《詩佛王維之研究》（臺北：政治大學中國文學研究所碩士論文，一九八三年），頁一一。

(135)見蕭滌非等撰，《唐詩鑑賞辭典》，頁一六二。

(136)同上註，頁一六三。

(137)見盛廣智，〈杜甫詩〈蜀相〉賞析〉，載於《文史知識》第一卷第七期，頁三一。

(138)見黃永武，《唐詩三百首鑑賞》，頁五五一。

(139)黃叔似曰：「當是永泰元年去成都，舟下渝、忠時作。」

(140)見龍騰版《高中國文》第三冊，頁二二七。

(141)同上註，頁二二七。

(142)見蕭滌非等撰，《唐詩鑑賞辭典》，頁五六四。

⑭見《唐人絕句評注》，頁二三八。

⑭見《玉谿生年譜會箋》卷三，頁一四七。

⑮關於此詩之寓意，請參閱劉學鍇、余恕誠，《李商隱詩歌集解》，頁一五一八～一五二一。

⑯見《李商隱詩歌集解》，頁一五二〇～一五二一。

⑰大同資訊版《高中國文》第三冊，頁二三八。

⑱見胡仔纂集，《苕溪漁隱叢話》（臺北：臺灣商務印書館，一九六八【民五七】年六月），前集卷五十九引，頁四〇四。

⑲見《唐宋詞簡釋》，頁四四。

⑳見陳滿銘，《詞林散步》，頁八三。

151參見岳希仁編著，《宋詩絕句精華》，頁一五四。

152參見陳友冰、楊福生，《宋代絕句賞析》，頁七二。

153吳汝煜語，參見繆鉞、霍松林等撰，《宋詩大觀》，頁二〇七。龍騰版《高中國文》第四冊從之。

154見陳友冰、楊福生，《宋代絕句賞析》，頁七二～七三。

155吳汝煜語，見繆鉞、霍松林等撰，《宋詩大觀》，頁二〇八。

156見徐續選注，《蘇軾詩選》，頁一三一。

(157)陳滿銘語，見《詞林散步》，頁一七五。

(158)見脫脫等撰，《宋史・陸游傳》（臺北：鼎文書局印行，一九八〇【民六九】年元月初版），頁三二三四。

(159)方東樹語，見《昭昧詹言》（臺北：廣文書局，一九六二【民五一】年），卷二十，頁七。

(160)語出康錦屏等，《亙古男兒陸放翁》（華嚴出版社）。

(161)霍松林語，見周汝昌等撰，《唐宋詞鑑賞辭典》，頁一五九四。

(162)見詞前題序：「爲陳同甫賦壯語以寄。」陳同甫，即陳亮。劉熙載《藝概》：「陳同甫與稼軒爲友，其才相若，詞亦相似。」

(163)參考鄧廣銘箋注，《稼軒詞編年箋注》，頁一九八～二〇五。

(164)見賀新輝主編，《古詩鑑賞辭典》，頁三三八。

(165)關於此詩的寫作年代問題，請參閱陳榮捷〈論朱子〈觀書有感〉詩〉，載於《中國文哲研究通訊》第二卷第三期，頁一～七。

(166)見陳達凱編著，《宋詩選》，頁八二。

(167)見金性堯選注，《宋詩三百首》，頁十六。

(168)前者轉引自王符，《潛夫論・班祿篇》；後者轉引自桓寬，《鹽鐵論・取下篇》。

(169)所謂履畝稅，《春秋穀梁傳》宣公十五年：「初稅畝者，非公之去公田，而履畝十取一也。」

注：「徐邈以爲除去公田之外，又稅私田之十一。」見《十三經注疏7穀梁傳》（臺北：藝文印書館，一九九七【民八六】年八月初版十三刷），頁一二二。

⑰⓪見《十三經注疏2詩經》（臺北：藝文印書館，一九九七【民八六】年八月初版十三刷），頁二一一。

⑰①姚際恆《詩經通論》：「此詩刺重歛苛政，特爲明顯。」見《詩經通論》（臺北：廣文書局，一九六一【民五十】年十月），頁一二九。

⑰②見《詩經集註》，頁五三。

⑰③見《中國古代詩歌欣賞辭典》，頁二一五。

⑰④見馬美信、賀聖遂主編，《中國古代詩歌欣賞辭典》，頁二一四。

⑰⑤其他九首分別爲：〈議婚〉、〈重賦〉、〈傷宅〉、〈傷友〉、〈不致仕〉、〈立碑〉、〈五弦〉、〈歌舞〉、〈買花〉。

⑰⑥見蕭滌非等撰，《唐詩鑑賞辭典》，頁八五八。

⑰⑦見王鴻蘆選注，《高適岑參詩選》，頁一七一。

⑰⑧吳小林語，參見傅庚生、傅光，《百家唐宋詩新話》，頁二八二～二八三。

⑰⑨劉勵操認爲「意在言外」、「語簡意豐」、「寄深於淺」、「另有所指」、「託物寓情」與「文有複意」等爲「含蓄」所呈現的類型。而含蓄就是「文章所要表達的思想感情，不簡單地

用語句直接說出，而是或寄託於具體形象，或藉助於比喻、象徵等手法，『使人思而得之』。」其寫作手法亦有多種，有象徵法、引發法、比興法、借諷法、曲徑通幽法與託事寓理法。參見《寫作方法一百例》，頁一九三～二二二。杜松柏則以爲「含蓄」、「重意」、「餘意」不同，「含蓄」即是「不著一字，盡得風流」，即「託物寄情」；「重意」是指詩言所陳是一種意思，意之所許是另一種意義，即「文有複義」；「餘意」爲「含不盡之意，見於言外」，即「意在言外」。參見《詩與詩學》，頁二五九～二六五。

⑱⓪見童慶炳，《中國古代心理詩學與美學》，頁一一〇。

⑱①見杜松柏，《詩與詩學》，頁一〇〇。

⑱②參見杜松柏，《詩與詩學》，頁一〇六～一一四。

⑱③見周振甫，《詩詞例話》，頁二五七。

⑱④見范況，《中國詩學通論》，頁一七七。

第四章　古典詩詞之材料使用與義旨教學

當作者要將心頭的意念傳達給讀者知道時，非要藉文字爲傳遞媒介，如果作者只是在字面上不斷地重覆訴說自己抽象的感受或思想，不免讓人覺得枯燥無味，不易引起共鳴，李重華即說：

> 吟詠先須擇題；運用先須選料。不擇題則俗物先能穢目；不選料則粗才安足動人？①

沈德潛也認爲：

> 事難顯陳，理難言罄，每託物連類以形之。鬱情欲舒，天機隨觸，每借物引懷以抒之。比興互陳，反覆唱嘆，而中藏之歡愉慘戚，隱躍欲傳，其言淺，其情深也。倘質直敷陳，絕無蘊蓄，以無情之語而欲動人之情，難矣。（《說詩晬語》）

所以，如能借由具體的事情來幫助說明、具體的景物來寄託感情，則能予人一個具體形象的空間，如此讀者便能依著作者所呈現出的形象再現出一個接近作者所描繪的空間，當讀者能夠將詩文中的情景投射到自己的身上，便更能體會出作者的心境與心意。所以在詩文中，具體的材料往往是不能缺少的，如果沒有具體的材料，則抽象的情理無法落實，終究只是有心無肉、無甚內容的作品。而且，作者所運用的材料是在確立中心思想之後才去選擇哪些要用，哪些不要，這都要靠作者的生活經驗與眼力手法，才能抽繹出最適切、最精彩的材料來；所以，從材料不僅可尋得義旨，亦可明白作者爲文之思想發展。

在古典詩詞中，由於篇章的限制，並不像散文的形制無拘，所以在具體材料的取捨更顯精細，所用材料一定有其功用。趙山林在《詩詞曲藝術論》中，談到「意象的組合方式」②的「並置式意象組合」時說：

> 要形成組合，必須有一種統一的感情基調，或曰情緒色調，這樣才能形成一個統一的意境。用古人的說法，就是要有一個貫穿全篇的「意」。③

所以作者常常會藉由寫景來渲染情緒，用敍事來託以諷意，以具體的材料來讓作品之旨義有所託，是爲彰顯文旨而使用的。如此一來，要瞭解古典詩詞之義旨，則詩詞中所使用的材料亦應加以分析，如此才不致對文義有所誤解，對文旨也更能掌握，對材料的作用也能更明晰。

使用材料④的分類有很多種，或從來源上分，則有直接、間接之別⑤；或從發生時間來分，則有歷史、現實之別⑥；或從文旨角度來分，則有正面、反面之別⑦；或從反映的範圍來分，則有面上、點上材料⑧；或從實虛上分，則有材料眞實與材料虛假⑨；如說「意象」的分類，則可從語言分析的角度、或從心理學的角度、或從內容上、或從題材上等等⑩。本文擬就材料的性質區分爲事材與物材兩類，但因同一個意象名物，在同一時代，甚至於在同一作家的詩歌作品中，都有可能表現出不同涵義，這就是意象的「多義性」，再經由不同的欣賞者，從不同角度來鑑賞，就形成了「歧解性」。⑫所以筆者並不以單一意象的名詞（如「春風」、「落花」）來分類，而是依其表現功能（如「比喩」、「渲染」）來進行說明，也由於詩詞作品中所使用的材料繁多（參見【附錄】），故於本節以歸納的方式來統整出較主要、較有代表性的表現功能，並舉例說明其與義旨之關係。

第一節　事材的使用與義旨教學

劉勰在《文心雕龍・事類》中點出了援用「事類」的原則：

是以綜學在博，取事貴約，校練務精，捃理須覈，衆美輻輳，表裡發揮。

這是針對用典而言。但「事材」除了援引過去之事，也包含現在發生之「現實」，以及設想另一處、或未來、或不可能存在的「虛構」事材。這些事材的運用，都只有一個目的，就是爲了彰顯文旨，不管是擴充强化、印證、翻用、對比、比況等作用皆是。

一、歷史材料的使用

詩詞中每有不能直接抒發的委曲之意，乃引故實（歷史材料）藉以影喻，這就是用典。鍾嶸《詩品》說：「吟詠性情，亦何貴於用事！」在歷史演變的時間帶上，難免會有先後重演、如出一轍的事蹟，如此心同理同自然會沿用其事，用以據事類義、援古證今。而且詩歌是文學中最精煉的一種，如何在有限的字句裡創造出最動人的意境，就有賴作者對材料的選擇。而用典的最大好處即是「用極其簡練的筆墨，引入多數讀者知道（而非只有極少數人知道的『僻典』）的典故，將這些典故包含的意蘊和能量釋放出來，從而大大擴充詩作的容量，更深地啓發讀者的聯想。」⑫所以雖說是套用前人之語、前人之事，但如果典故用得妥切自然，則可避免語詞繁累之弊，或便於比況與寄託，而且還能有美化篇章、曲盡事理等好處，可見典故的妙用。

典故（歷史材料）可分成兩類：事典和語典。前者指古代故事、傳說、神話之類，後者指有來歷出處的詩文和詞語。⑬以下即分成「引用故實」（事典）與「引用成辭」（語典）⑭兩項：

㈠引用故實

1、佐證與擴充

〈正氣歌〉一詩，作者就列舉了十二位哲人的壯烈史蹟，來證明浩然正氣在人身上的體現：

> 天地有正氣，雜然賦流形：下則為河嶽，上則為日星，於人曰浩然，沛乎塞蒼冥。皇路當清夷，含和吐明庭；時窮節乃見，一一垂丹青：在齊太史簡，在晉董狐筆，在秦張良椎，在漢蘇武節；為嚴將軍頭，為嵇侍中血，為張睢陽齒，為顏常山舌；或為遼東帽，清操厲冰雪；或為出師表，鬼神泣壯烈；或為渡江楫，慷慨吞胡羯；或為擊賊笏，逆豎頭破裂。是氣所磅礴，凜烈萬古存。當其貫日月，生死安足論？地維賴以立，天柱賴以尊。三綱實繫命，道義為之根。……哲人日已遠，典型在夙昔，風簷展書讀，古道照顏色。

本詩旨在藉由正氣來維持當代的倫常綱紀，來挽救積弱不振的國勢，安置於篇腹「三綱實繫命，道義爲之根」二句。而之前作者論述了正氣對天、地、人的影響，並側重在人倫上，用了八十字來描寫這十二位哲人的事蹟，可說是用最精簡的文字來造成最大的藝術效果，將整首詩的內容往外延伸開來，從古人身上得到支持的力量，更能說服讀者、感動讀者。其中的史料爲：

(1)「在齊太史簡」事見《左傳・襄公二十五年》，記載齊國大夫崔杼殺齊莊公後，「太史書曰：『崔杼弒其君』，崔子殺之。其弟嗣書而死者，二人。其弟又書，乃舍之。」[15]齊國太史兄弟不畏死亡的要脅，稟承直書不諱的史筆精神，可謂正氣的展現。

(2)「在晉董狐筆」見《左傳・宣公二年》，晉靈帝欲殺趙盾，盾出走，其姪趙穿攻靈公於桃園。時趙盾未出國境，聞訊而返。「太史書曰：『趙盾弒其君』以示於朝。宣子曰：『不然。』對曰：『子爲正卿，亡不越境，返不討賊，非子而誰？』……孔子曰：『董狐，古之良史，書法不隱；趙宣子，古之良大夫也，爲法受惡。惜也，越境乃勉。』」[16]晉國董狐記趙盾事不諱，不避殺身之禍，稟筆直書的精神被孔子尊爲「良史」。

(3)「在秦張良椎」見《史記・留侯世家》：「留侯張良者，其先韓人也。……卒二十年，秦滅韓。良家僮三百人，弟死不葬，悉以家財求客刺秦王，爲韓報仇，以大父、父五世相韓故。」所以張良一心要爲韓國報仇，「東見倉海君，得力士，爲鐵椎重百二十斤。秦皇帝東游，良與客狙擊秦皇帝博浪沙中，誤中副車。」⑰張良就是憑著一股愛國志氣，最後在秦末起義中幫助劉邦一統大業。

(4)「在漢蘇武節」見《漢書・蘇武傳》，蘇武是漢武帝派到匈奴的使臣，被匈奴單于扣留招降，但蘇武寧死不屈，後來「律知武不可脅，白單于。單于愈益欲降之，乃幽武置大窖中，絕勿飲食。天雨雪，武臥齧雪與旃毛并咽之，數日不死，匈奴以為神。乃徙武北海上無人處，使牧羝，羝乳乃得歸。」縱使知其不可為，但蘇武仍是不屈節，「杖漢節牧羊，臥起操持，節旄盡落」，一直被羈留了十九年。⑱

(5)「為嚴將軍頭」見《三國志・蜀志・張飛傳》。嚴將軍指三國嚴羽，漢末時任巴郡太守，是益州牧劉璋的部下，後被張飛破城俘虜，「飛呵嚴曰：『大軍至，何以不降而敢拒戰？』嚴答曰：『卿等無狀，侵奪我州，我州但有斷頭將軍，無有降將軍也！』飛怒，令左右牽去斫頭。嚴色不變，曰：『斫頭便斫頭，何為怒耶！』飛壯而釋之，引為賓客。⑲」雖然後人對嚴羽歸降有所爭議，但當初這種視死如歸、威武不屈的氣慨，當是浩然正氣的體現。

(6)「為嵇侍中血」見《晉書・嵇紹傳》。嵇侍中指的是西晉嵇紹，晉惠帝時任侍中。永興元年皇室內亂，嵇紹忠於司馬氏，與叛亂者作戰，兵敗蕩陰，「百官及侍衛莫不潰散，唯紹儼然端冕，以身捍衛，兵交御輦，飛劍雨集，紹遂被害於帝側，血濺御服，天子深哀嘆之。及事定，左右欲浣衣，帝曰：『此嵇侍中血，勿去。』」⑳《晉書》將之列於《忠義傳》中，表揚其以身護主的赤膽忠心。

(7)「為張睢陽齒」見《新唐書・許遠傳》。張睢陽指唐人張巡，安史之亂時，死守睢陽（今河南省商邱市），故名張睢陽。被尹子琦合兵十萬攻破被縶。子琦謂巡曰：「聞公督戰，大呼輒眥裂血目，嚼齒皆碎，何至是？」答曰：「吾欲氣吞逆賊，顧力屈耳。」子琦怒，以刀抉其口，齒存者三四，最後慷慨就義。㉑這種綿延不斷的忠義氣度，至死不休。

(8)「為顏常山舌」見《新唐書・顏杲卿傳》。因其於安史之亂時死守常山，故名顏常山。安祿山叛亂，顏杲卿起兵討伐逆賊，城破被縶至洛陽，瞋目怒罵安祿山曰：「汝營州牧羊羯奴耳！……我世唐臣，守忠義，恨不斬汝以謝上，乃從爾反耶？」安祿山怒而縛之天津橋柱，節解以肉噉，詈不絕，賊鈎斷其舌，含糊而死。㉒同樣是「生死安足論」的最高節操表現！

(9)「或為遼東帽，清操厲冰雪」見《三國志・管寧傳》。管寧是三國魏人，避難於遼東，喜著皁帽，布襦褲、布裙。魏文帝徵為太中大夫、明帝徵為光祿勳，都推辭不受，終身不願出仕，欲全己真。㉓德行超卓，代表著知識份子一種節操的表現。

(10)「或為《出師表》，鬼神泣壯烈」是寫三國諸葛亮主張出兵伐曹魏，在建興五、六年，二次上書給後主劉禪，以示本心，稱為前後〈出師表〉。文中更有「鞠躬盡瘁，死而後已」一句，表明自己恢復漢室與赤膽忠誠的堅定決心，激勵著歷代無數的愛國志士。

(11)「或爲渡江楫，慷慨吞胡羯」見《晉書・祖逖傳》。指東晉的愛國志士祖逖。東晉時，北方被匈奴持續侵擾，祖逖力主北討、恢復失土。當他率軍渡江時，中流擊楫而誓曰：「祖逖不能清中原而復濟者，有如大江。」辭色壯烈，衆皆慨嘆。[24]也因此感動所有士卒，打敗石崇軍隊，收回黃河以南失土。

(12)「或爲擊賊笏，逆豎頭破裂」見《新唐書・段秀實傳》。段秀實是一位有濟世之志的士人。唐德宗時，朱泚謀反，想找段秀實一同謀反，而段秀實一聽到「僭位」，馬上起身，奪其象笏，奮而向前，唾泚面大罵：「狂賊！可磔萬段，我豈從汝反耶？」遂以笏擊之，因而遇害。[25]

如此以十二個典故，用最精簡的語言，表達複雜的感情，且大大地强化了詩篇的密度以及無限豐富的暗示性。我們可以感受到古聖先哲的種種例證，昭昭如日月一般照耀在文天祥心中，維繫著文天祥的生命，不論如何地艱辛苦楚，只要一想到這股浩然正氣，心便得以超脫當下有形的諸種限制與束縛，一任天眞的遨遊在無可設限的浩瀚時空間。可見運用事典有擴充與佐證詩意的作用。

2、寄託與比況

王安石〈明妃曲〉旨在「托古喻今」，借美人之生平，傷才士之遭遇，抒發知音難覓和有志難伸的感嘆：

明妃初出漢宮時，淚濕春風鬢腳垂。低徊顧影無顏色，尚得君王不自持。歸來卻怪丹青手，入眼平生幾曾有？意態由來畫不成，當時枉殺毛延壽。一去心知更不歸，可憐著盡漢宮衣。寄聲欲問塞南事，只有年年鴻雁飛。家人萬里傳消息，好在氈城莫相憶。君不見咫尺長門閉阿嬌，人生失意無南北。

歷代文人寫了許多昭君出塞的作品，「除了一些『琵琶一曲干戈靖，論到邊功是美人』（郭潤玉〈明妃〉）之類誇獎她的「和蕃」功勞外，大多是認爲『紅顏勝人多薄命』，把她的『失身異域，製爲怨調，列之恨賦』，以寄託個人不幸際遇的。」㉖自古以來用美人比賢才已成爲我國古典詩歌慣用的手法，這一首〈明妃曲〉也是有這一層寓意，雖是寫明妃之事但實際上是寄託己不遇的失意。

3、翻用

也稱「反用」、「翻引」，即「翻前人作」、「反其意而用之」，目的是爲了翻出不同觀點的思想與情意。李商隱的〈賈生〉一詩是翻用賈誼之事：

宣室求賢訪逐臣，賈生才調更無倫。可憐夜半虛前席，不問蒼生問鬼神。

事見《史記・屈賈列傳》：「賈生徵見。孝文帝方受釐，坐宣室。上因感鬼神事，而問鬼神之本。賈生因具道所以然之狀，至夜半，文帝前席。既罷，曰：『吾久不見賈生，自以為過之，今不及也。』」㉗劉學鍇說：「在一般封建文人心目中，這大概是值得大加渲染的君臣遇合盛事。但詩人卻獨具慧眼，抓住不為人們所注意的『問鬼神』之事，翻出了一段新警透闢、發人深省的詩的議論。」㉘詩人不是直用其事，而是翻用以發議論，嚴有翼在《藝苑雌黃》中即說：「文人用故事有直用其事者，有反其意而用之者。（王）元之〈謫守黃岡謝表〉云：『宣室鬼神之問，豈望生還？茂陵封禪之書，惟期死後。』此一聯每為人所稱道。然皆直用賈誼、相如之事耳。李義山詩：『可憐夜半虛前席，不問蒼生問鬼神。』雖說賈誼，然反其意而用之矣。林和靖詩：『茂陵他日求遺稿，猶喜曾無〈封禪書〉。』雖說相如，亦反其意而用之矣。直用其事，人皆能之，反其意而用之者，非識學素高，超越尋常拘攣之見，不規規然蹈襲前人陳述者，何以臻此？」㉙如此翻用，反而更能襯出賈誼的「可憐」。而詠史詩都有他的寓意，本詩的寓意，劉拜山《唐人絕句評注》以為所以自況：「義山頗以才略自負，而不甘以詞人沒世者。然半生沉淪幕府，而主者輒以文章之士遇之，詠賈生，殆所以自況也。」㉚故全詩是藉賈誼之事以諷喻時主與抒發自身懷才不遇的感慨。

㈡引用成辭

1、用以擴充詩意

當作者心有所感，發而爲詩，其中有與前人心意相通之處便引用其辭，將引用之辭的全句或全篇之意帶入己之作品中，則有擴充詩意之效。朱自清說：「借著引用的成辭的上下文，補充未申明的含意；讀者若能知道所引用的全句以至全篇，便可從聯想領會得這種含意。這樣，詩句就增厚了力量。這所謂詞短意長，以技巧而論，是很經濟的。典故的效用便在此。」[31]如此說明已相當清楚。

以〈短歌行〉一詩爲例：

……青青子衿，悠悠我心。但為君故，沉吟至今。呦呦鹿鳴，食野之苹。我有嘉賓，鼓瑟吹笙。……

「青青子衿，悠悠我心」二句語出《詩經・鄭風・子衿》：「青青子衿，悠悠我心。縱我不往，子寧不嗣音？」，《詩序》曰：「〈子衿〉，刺學校廢也，亂世則學校不修焉。」《毛傳》曰：「青衿，青領也，學子之所服。」《疏》：「《正義》曰：《釋器》云：『衣皆謂之襟。』李巡曰：『衣皆衣領之襟。』孫炎曰：『襟，衣領也。』衿與襟音義同。衿是襟之別名，故云青衿青領也。衿領一物，色雖一青，而重言青青者，古人之復言也。」《顏氏家訓・書證》云：「古者斜領下連於衿（襟），故謂領爲衿。」但按《禮記・深衣》云：「具父母，衣純以青；如孤子，衣純以素。」則是父母在者，其深衣自領及衽皆是青綠色，並非僅是學子的服裝。故〈子衿〉篇當是「女子思其所愛」之詩，這裡非用原意，而是取其字面意義，用來形容自己覓求人才的急迫心情。金舒年說：「曹操在這裡引用這首詩，而且還說自己一直低低地吟誦它，這實在是太巧妙了。他說『青青子衿，悠悠我心』，固然是直接比喻了對『賢才』的思念；但更重要的是他所省掉的兩句話：『縱我不往，子寧不嗣音？』事實上，由於曹操不可能一個一個去找那些『賢才』，所以他便用這種含蓄的方法來提醒他們：『就算我沒有去找你們，你們爲什麼不主動來投奔我呢？』」㉜如此分析，吾人可以看出，用典用得恰到好處便更具有感人的力量。

接下來的「呦呦鹿鳴，食野之苹。我有嘉賓，鼓瑟吹笙。」則語出《詩經・小雅・鹿鳴》，這是一首「天子燕羣臣」㉝的樂歌，用來描寫君主歡宴、上下無間的情景。這裡是表示只要你們到我這裡來，我一定會以「嘉賓」之禮款待，而且一定能夠相處融洽、合作愉快。雖然作者沒有明確地說出「求才」二字，但「用了典故來作比喻，這就是『婉而多諷』的表現方法」㉞，間接地表達了自己招納賢才的誠意。

針對以上兩處，張夢機說：「曹操大量引用《詩經》中〈青矜〉、〈鹿鳴〉的句子，表現自己對賢才的渴慕及禮遇。這種方式在樂府詩中是被認可的。緣由只有唱大家熟悉的句子才較能達到共通的功效。而且自春秋戰國，就很流行此種賦詩明志的方式來訴懷。雖然說同是《詩經》的句子，但寄託的意思則出自胸臆，大大不同。其中『但爲君故，沉吟至今』兩句說明了曹操引用兩篇《詩經》的心理背景。」㉟可知引用前人之辭並非完全是抄襲的行爲，如能巧妙地運用大家熟悉的典故，則不僅可在小篇幅的詩詞中擴充作品所能含蘊的詩意，又能達到含蓄不盡、餘味無窮的美感追求，且易引起讀者在閱讀上的共鳴，用以加强深化義旨的感染力。

2、**借其辭而捨其事**

當然也有作品只是套用前人之辭，並非援引前人之詩意，也就是一般所稱的「借用」，即「借其辭而捨其事」，並不能豐富語意。如李白〈送友人〉：

青山橫北郭，白水遶東城。此地一為別，孤蓬萬里征。浮雲遊子意，落日故人情。揮手自茲去，蕭蕭班馬鳴。

其中的「蕭蕭班馬鳴」一句，何國治以為此句語出《詩經・小雅・車攻》：「蕭蕭馬鳴」。他說：「詩人和友人馬上揮手告別，頻頻致意。那兩匹馬彷彿懂得主人心情，也不願脫離同伴，臨別時禁不住蕭蕭長鳴，似有無限深情。馬猶如此，人何以堪！李白化用古典詩句，著一『班』字，便翻出新意，烘托出繾綣情誼，可謂鬼斧神工。」[36]除了化用《詩經》之外，霍松林則以為此句用《左傳・襄公十八年》：「邢伯告中行伯曰：『有班馬之聲，齊師其盾。』」杜注：「夜盾，馬不相見，故鳴。班，別也。」他以為言「馬」之「別」，可見它們本來是在一起的，彼此的主人自然也在一起。當主人揮手而去，馬自然也就馱著各自的主人踏上征途。[37]如此藉不忍離別的馬匹來表達自己之深情，所引用成辭的篇章：用以申君威之〈車攻〉與記載歷史之〈左傳〉，皆與〈送友人〉之「別情」毫無關聯，作者於此只是借前人之辭來寫分離之景，雖然用典，卻使人渾然不覺。

3、翻用以發議論

除了用來擴充詩意、直接套用之外，也有翻用前人之辭來發議論的，如蘇東坡的〈紅梅〉所運用的語典即是用其反面之意：

怕愁貪睡獨開遲，自恐冰容不入時。故作小紅桃杏色，尚餘孤瘦雪霜姿。寒心未肯隨春態，酒暈無端上玉肌。詩老不知梅格在，更看綠葉與青枝。

其中「詩老不知梅格在，更看綠葉與青枝」兩句，蘇軾自注曰：「石曼青《紅梅》詩云：『認桃無綠葉，辨杏有青枝。』此至陋，蓋村學中語。」用來嘲諷不懂欣賞「梅格」之人，言下之意也是在嘲諷不懂欣賞自己者。

二、現實材料的使用

描寫當時發生、或發生時間不久的事實皆可視爲現實材料。

(一)烘托與强化

〈陌上桑〉一詩旨在讚頌羅敷的美貌與堅貞，但作者並不是從正面直接描繪羅敷的美貌，而是從側面烘托出她容貌之「好」：

……行者見羅敷，下擔捋髭鬚。少年見羅敷，脫帽著帩頭。耕者忘其犁，鋤者忘其鋤。來歸相怨怒，但坐觀羅敷。……

張燕瑾評此詩說：「作者獨具手眼，大膽地捨棄了這些具體描寫，完全從虛處著筆，爲了表現羅敷的容貌之美，作者的筆墨左盤右旋，寫下了不少文字，卻唯獨沒有一語言及容貌。」[38]他以爲作者是從「環境描寫」、「器物描寫」、「服飾描寫」以及「四種人看見羅敷的反應」等方面來片段整合出羅敷的美麗。其中，尤其是「四種人看見羅敷的反映」更是令人不得不相信羅敷的傾國傾城，作者分別就「行者」、「少年」、「耕者」、「鋤者」四種人在看到羅敷時，都忘情地停下了腳步，只顧著欣賞羅敷的美麗竟也忘了工作，作者這樣描寫美的效果，去啓發讀者的想像力，使他們自己去「再創造」一個他們所認爲美的羅敷形象。每個人的想法不同，所欣賞的美麗也不相同，但同樣都是自己心中認爲最完美的形象，這樣運用「烘雲托月」的手法來表現羅敷的美，收到强烈的藝術效果。

(二)反襯

王安石在〈明妃曲〉一開頭就先描寫昭君要離去時的情景：

明妃初出漢宮時，淚濕春風鬢腳垂。低徊顧影無顏色，尚得君王不自持。……君不見
咫尺長門閉阿嬌，人生失意無南北。

首四句以「明妃初出漢宮時，淚濕春風鬢腳垂。低徊顧影無顏色，尚得君王不自持」描寫王昭君當時要離去時的情形，陳達凱認爲這四句是使用了欲揚先抑的手法，從側面的角度把明妃的美麗動人烘托出來。㊴王昭君在元帝時被選入宮，但一直都沒有被召見，時值匈奴王呼韓邪來朝，元帝命令把五個宮女送給他，王昭君即因「入宮數歲，不得見御，積悲怨」㊵而自願前去。但她還是熱愛中原，依戀故土的，所以她在初離漢宮時，淚流滿面，鬢髮蓬鬆散亂下垂，低頭徘徊，且因傷心而面無血色。這樣「既從外貌和行動來深刻細微地描繪她的心理狀態，又爲第四句『尚得君王不自持』作反襯，說明她的美麗。『雲鬢半偏，花冠不整』還使得漢元帝心動不能控制，如果加以脂粉打扮，那就更不待言了。《後漢書》說元帝召見時，昭君是『豐容靚飾』的，作者卻別出心裁，如此描寫，表達了人物的複雜思想感情，又突出了其絕世容貌，這已可見其『新奇』的一斑了。」㊶如此可知，作者採用「示現」的手法，將當初明妃離去的情景描寫得好像在眼前一般，使讀者彷佛親眼看到了一位傾城美女淚流滿面、頭髮散亂無神采，卻依然讓人動心，作者更以「尚得君王不自持」一句便將前三句反轉成襯托她的美麗。而且，描寫她的容貌越美，等於是越反襯出她的失意。

㈢對比

以兩件有極端差異的事來進行對比，常會因此衝擊讀者的思緒，造成巨大的影響力。如白居易的〈輕肥〉：

> 意氣驕滿路，鞍馬光照塵。借問何為者？人稱是內臣。朱紱皆大夫，紫綬或將軍。誇赴軍中宴，走馬去如雲。樽罍溢九醞，水陸羅八珍。果擘洞庭橘，鱠切天池鱗。食飽心自若，酒酣氣益振。是歲江南旱，衢州人食人。

本詩前十四句都在描寫內臣驕奢的情形，極力地鋪陳出內臣的權勢、地位，已具有暴露意義。「然而詩人的目光並未局限於此。他又『悄焉動容，視通萬里』，筆鋒驟然一轉，當這些『大夫』『將軍』酒醉餚飽之時，江南正在發生『人食人』的慘象，從而把詩的思想意義提到新的高度。同樣遭遇旱災，而一樂一悲，卻判若天壤。」[42]霍松林還說：「這首詩運用了對比的方法，把兩種截然相反的社會現象並列在一起，詩人不作任何說明，不發一句議論，而讓讀者通過鮮明的對比，得出應有的結論。這比直接發議論更能使人接受詩人所要闡釋的思想，更有說服力。」[43]所論甚是。可知如此以江南大旱一事作結，與前文所描繪的內臣之驕奢形成強烈對比，揭示出人民的苦難與朝政的腐敗，這正是此詩之義旨。

(四)比喻

在〈和子由澠池懷舊〉一詩中，前四句就運用了現實材料來作比喻以發議論：

人生到處知何似，應似飛鴻踏雪泥。泥上偶然留指爪，鴻飛那復計東西！……。

這前四句以飛鴻雪泥爲喻，形容人生的無常，就像來來去去的鴻雁，偶爾在雪地上留下腳爪的痕跡，可是一下子卻又飛走，這一飛走也不知道飛到那兒去了，再也難尋找牠的蹤跡；而雪地上的痕跡呢？牠又哪裡會記得？更何況這偶然留下的痕跡過不久也就會消失了。詩人以這樣形象生動的鴻雁踏雪泥之事來比喻人事的變遷，後來「雪泥鴻爪」也就成了慣用的成語。經過詩人生動的比喻，一方面抒發了感慨，回應了其弟之詩；另一方面也表達出作者曠達的態度，勸勉其弟不應再留連過去。

(五)敘事

〈石壕吏〉是一首有名的敘事詩，眞實地記錄了當代的歷史事件：

暮投石壕村，有吏夜捉人。老翁逾牆走，老婦出門看。吏呼一何怒！婦啼一何苦！聽婦前致詞：「三男鄴城戍。一男附書至，二男新戰死。存者且偷生，死者長已矣！室中更無人，惟有乳下孫。有孫母未去，出入無完裙。老嫗力雖衰，請從吏夜歸。急應河陽役，猶得備晨炊。」夜久語聲絕，如聞泣幽咽。天明登前途，獨與老翁別。

全詩是以敍述事情發生經過的方式進行，從一開始的「暮投石壕村」即詭異地暗示這是個不平靜的時代，再以「有吏夜捉人」作爲一詩的開端，這是全篇的提綱，以下情節都是由此生發出來。霍松林、霍有明說：「全篇句句敍事，無抒情語，亦無議論語；但實際上，作者卻巧妙地通過敍事抒了情，發了議論，愛憎十分强烈，傾向性十分鮮明。寓褒貶於敍事，既節省了很多筆墨，又毫無概念化的感覺。」㊹如此說明的很清楚，可知作者藉寫官吏夜捉人的具體過程，反映了安史之亂中百姓所遭受的苦難，寓褒貶於敍事之中。

三、虛構材料的使用

設想他處、夢中所見、表達願望、推測未來（預見）與憑空想像（附錄部分以此分類）等不是親身所見聞，或是不曾發生，或是根本不可能發生的事情，都是所謂的「虛構」事材。這一類材料多爲詩人想要表達思念之情，因爲思念情深，所以才會設想對方現在的情形；因爲思念情深，所以才會夜有所夢；因爲思念情深，所以才會希望將來能有好的結果。當然，也有不是表達思念之情的，如〈走馬川〉、〈陌上桑〉等。

(一)表達思念之情

王維〈九月九日憶山東兄弟〉就是「設想」兄弟們思念自己來表達自己思念兄弟之情：

獨在異鄉為異客，每逢佳節倍思親；遙知兄弟登高處，遍插茱萸少一人。

這首詩先寫自己一個人孤單在外，於重陽節這種家人團聚的日子難免會更加思念親人，而末兩句並未繼續承接自己的思念以抒發情感，卻突然話鋒一轉，轉到思念的人身上，說兄弟們在這天登高，佩帶茱萸時卻少了我一人，由兄弟思念自己寫來，分外有味。也是因爲思念心切，所以才會在自己的想像下，融合過去兄弟登高的經驗，而設想出家鄉兄弟在沒有自己的重陽節也該是不勝感慨，思念自己吧！劉學鍇就說：「好像遺憾的不是自己未能和故鄉的兄弟共度佳節，反倒是兄弟們佳節未能完全團聚；似乎自己獨在異鄉爲異客的處境並不值得訴說，反倒是兄弟們的缺憾更須體貼。這就曲折有致，出乎常情。」㊺而這種出乎常情的寫法，正是它所以「至情流露」㊻、「萬口流傳」㊼之處。

〈凜凜歲云暮〉是以「夢境」來寫思念之情：

……獨宿累長夜，夢想見容輝。良人惟古歡，枉駕惠前綏。願得常巧笑，攜手同車歸。既來不須臾，又不處重闈。……

張庚《古詩十九首解》言道：「良人四句敘夢中情景。既來二句咎所夢之不明，以下乃因夢而思愈深、悲愈促。」㊽所以中間這八句承上段同袍違離，過渡到長夜獨宿，步入夢境，彷彿新婚重現，義重情深，描寫閨中怨婦積思成夢、迷離恍惚的情景，入木三分。如此描寫思極入夢的迷離情景，藉夢到新婚之時的歡愉，更加深現實分離的悲哀。

〈關雎〉則在最後說出了「願望」：

……參差荇菜，左右采之。窈窕淑女，琴瑟友之。參差荇菜，左右芼之。窈窕淑女，鐘鼓樂之。

詩中的「琴瑟友之」與「鐘鼓樂之」兩句「非追述事實，而係想像將來」㊾，是「在想像世界進行的事件。」㊿而「夢幻中的歡愉可以暫時解脫長期的相思之苦，又能給繼續的追求以美好的憧憬，或者更切實的希望，今日之夢幻，即是將來的現實，它鼓勵追求者更堅韌地前行。」[51]牛淼祥接著說：「用夢來表現日夜的思念，已比一般的直接敍述要深一層，而用幻境就更要深刻，因爲夢是在睡著後出現的，而幻境是在凝想中產生的，其入迷入醉的程度比起夢境來要深厚得多，所以就更生動地表現了强烈的相思之情。」[52]如此說明，將這兩句所造成的效果都掘發出來了。

(二)其他

〈走馬川行奉送封大夫出師西征〉末三句運用了「預見」的虛構材料來表達預祝成功之意：

> 君不見走馬川，雪海邊，平沙莽莽黃入天！……馬毛帶血汗氣蒸，五花連錢旋作冰，幕中草檄硯冰凝。虜騎聞之應膽懾，料知短兵不敢接，軍師西門佇獻捷。

此詩從開頭「君不見走馬川」一直到「幕中草檄硯冰凝」都極力描寫邊地氣候、環境的惡劣，並以此襯托出唐軍的士氣如虹、威武不可侵，這樣的勢大耐戰的軍隊一定無人能敵，故自然引出末三句「虜騎聞之應膽懾，料知短兵不敢接，軍師西門佇獻捷」承上歌頌唐軍之勇武，來料想敵軍一定聞風喪膽，預祝凱旋而回。

〈陌上桑〉則是使用「虛構」的材料來嚇阻使君：

……使君從南來，五馬立踟躕。……羅敷前置辭：「使君一何愚！使君自有婦，羅敷自有夫。」「東方千餘騎，夫婿居上頭，何用識夫婿？白馬從驪駒；青絲繫馬尾，黃金絡馬頭；腰中鹿盧劍，可直千萬餘。十五府小吏，二十朝大夫，三十侍中郎，四十專城居。為人潔白皙，鬑鬑頗有鬚，盈盈公府步，冉冉府中趨。坐中數千人，皆言夫婿殊。

此詩前半段都在鋪陳羅敷的美貌，也因爲她的美貌才引起使君的覬覦，後半段從「使君從南來」一直到篇末是用對話的方式展現出羅敷的堅貞與機智，也反襯出使君的醜陋。在這部分中，羅敷在回答使君問話時，即使用了「虛構」的方法，她說自己已經有丈夫了，而且這個人還是在「千餘騎」中「居上頭」的，羅敷還描述出他俊美的坐騎、昂貴的佩件，用來襯托出他的身份；並以「十五府小吏，二十朝大夫，三十侍中郎，四十專城居」的時間順序法寫其官運亨通、官位的顯赫，這都是用來鎮嚇使君，讓使君不敢再有非份之想。除了身份高貴之外，羅敷再以「爲人潔白皙，鬑鬑頗有鬚。盈盈公府步，冉冉府中趨。坐中數千人，皆言夫婿殊」來稱頌其夫萬中選一的容貌、從容的儀態可見其才貌出衆，如此形容更讓使君自慚形穢，神氣全無。張燕瑾說：「這裡所誇耀的『夫婿』，也只是羅敷爲了對付『使君』而虛構出來的子虛烏有。『使君』以爲依靠他的地位便可以調戲羅敷，羅敷便『以其人之道還治其人之身』，用盛誇夫婿來壓倒對方，才使『使君』插翅低頭，不敢胡來。這是她『滅敵人威風』的一種手段，表現了她既機智又活潑的性格。」[53]全詩至此戛然而止，詩人只是陳述一件事情的經過，而不發議論批評，但讀者卻可在這一段對話中感受到羅敷的勇氣與智慧，以及想像出不知所措、相形見絀的使君形象。

第二節　物材的使用與義旨教學

關於文學創作與自然景物的關係，劉勰曰：

> 春秋代序，陰陽慘舒；物色之動，心亦搖焉。蓋陽氣萌而玄駒步，陰律凝而丹鳥羞，微蟲猶或入感，四時之動物深矣。若夫珪璋挺其惠心，英華秀其清氣，物色相召，人誰獲安？是以獻歲發春，悅豫之情暢。滔滔孟夏，鬱陶之心凝。天高氣清，陰沉之志遠。霰雪無垠，矜肅之慮深。歲有其物，物有其容。情以物遷，辭以情發。一葉且或

> 迎意，蟲聲有足引心，況清風與明月同夜，白日與春林共朝哉！（《文心雕龍・物色》）

自然氣候的變化自然會影響景物的變化，便使人產生不同的情感，劉勰又云：

> 是以詩人感物，聯類不窮；流連萬象之際，沉吟視聽之區。寫氣圖貌，既隨物以宛轉，屬采附聲，亦與心而徘徊。（《文心雕龍・物色》）

如此一來，不管是《詩經》的作者，還是後來的詩、詞作者，都會受到景物的感召而觸動，但所描寫的景物卻已不是客觀存在的物象，而是透過「與心徘徊」後的主觀意象。劉熙載也說：

> 「昔我往矣，楊柳依依，今我來思，雨雪霏霏。」雅人深致，正在借景言情。若捨景不言，不過曰冬去春來耳，有何意味？（《藝概・詩概》）

所謂「借景言情」就是作者積蓄了某種情感，借助外界某種景物的描寫，把自己的情思寄託在這景物上使之自然流露而抒發出來。所以，雖然寫景，實爲抒情，作者透過寫景的手段將自己的思想感情委婉、曲折地表達出來，如此便可使作品更有「意味」。

比如詞人柳永最常利用大量寫景的鋪敍手法，烘托整個氣氛，以表達其深厚纏綿的情感。黃文吉分析柳永〈雨霖鈴〉說：「此詞寫離別的痛苦，柳永除了敍述臨行依依不捨的場面：『都門暢飲無緒，……竟無語凝咽』，及直接抒情：『多情自古傷別離』、『便縱有千種風情，更與何人說』外，其他則配合多處寫景，首先是離別週遭之景：『寒蟬淒切。對長亭晚，驟雨初歇』，營造淒涼冷落的氣氛；其次是遠眺前程之景：『千里煙波，暮靄沉沉楚天闊』，亦有一股孤寂茫然的感受。接著設想別後酒醒之景：『楊柳岸、曉風殘月』，另從美景中傳遞哀愁的訊息，所以最末總括：『此去經年，應是良辰、好景虛設』，離別之後，即是面臨如何的良辰美景，對自己而言，已經不具意義，只是徒增苦痛而已。」㊹王國維《人間詞話》云：

昔人論詩詞，有景語、情語之別。不知一切景語皆情語也。㊺

柳永這些寫景的句子，已經融入作者的感情，不是一般的客觀景物而已。

由上可知，使用「物材」的原因與重要性，在古典詩詞中使用「物材」來寄托情感更是常見，而「心意靠物象來表達，物象爲詩歌主旨駕馭並爲之服務。」㊻所以，如能掌握住此

「爲了表現自己的內心世界，把客觀的物象經過選擇、提煉重新組合後而產生的一種含有特定意義的語言形象」[57]的「物材」在作品中的用意，是用來借代、用來比喻、用來象徵，還是用來渲染氣氛、烘托情感，則更能對作品的文義有深層的認識，文義瞭解之後也更能明白「物材」是如何達到凸顯文旨，又如何達到統一於文旨的目的。

一、自然物的使用

人類本來就生活在自然的世界中，眼中所見的自然景物，又易使多情的詩人、詞人生發感懷，自古就多有以景入詩、以景入詞的佳作，這類作品以其所選材料不同，所呈現的文義也就大異其趣。而只要是在自然界中的事物皆屬「自然物」，但不包括人爲者。筆者大致區分爲植物、動物、氣象、時間、天文、地理等六項：

(一)植物

1、形容美好的情景

春天盛開的花朵往往給人生機盎然、充滿喜樂的感覺，所以像「春花」、「二月花」，或是在春天綻放的「桃」、「李」、「杏」等代表性花卉常被用來形容或象徵美好的情景。如〈寄黃幾復〉一詩：

> 我居北海君南海，寄雁傳書謝不能。桃李春風一杯酒，江湖夜雨十年燈。……

這首詩最爲人傳誦的就是「桃李春風一杯酒，江湖夜雨十年燈」兩句，這兩句中使用了「桃李」、「春風」、「一杯酒」、「江湖」、「夜雨」、「十年燈」等意象，雖都是常見的詞，無甚新奇，但就整體意境而言，卻給人豐富的暗示。針對「桃李」一詞的作用，霍松林說：「詩人又選了『桃李』、『春風』兩個詞。這兩個詞，也很陳熟，但正因爲熟，能夠把陽春煙景一下子喚到讀者面前，給人以美感和快感，同時又喻示了彼此少年時春風得意的神情。」[58]木齋則認爲「以『桃李』、『春風』四字映托，是在春風桃李下飲酒吟詩？還是說當年之情景美好如桃李春風？都盡可由讀者想像。」[59]不管如何，這裡使用「桃李」都是爲了襯托當年「一杯酒」的美好時光。

2、渲染淒涼的氣氛

比如〈蒹葭〉每章前四句都是寫景，主角眼中先看到的是晨曦中的「蒹葭」：

> 蒹葭蒼蒼，白露為霜。所謂伊人，在水一方。……蒹葭淒淒，白露未晞。所謂伊人，在水之湄。……蒹葭采采，白露未已。所謂伊人，在水之涘。……

當然，不管是在晨曦中看到「蒼蒼蒹葭」，還是「結霜白露」，詩中主角心中所欲見的、所想的還是「伊人」。而景物的安排「不僅布置了廣闊的自然環境，令詩人有縱目騁懷的寬廣餘地，而且『蒹葭』與『白露』，也點綴了寥落淒清的秋容，隱寓詩人此時情懷的淒寂。寥寥數語，達到了景情融合無間的藝術境界。」[60]所以「蒹葭」在這首詩中的作用就是用來描繪出深秋時節的河邊景物，渲染出淒楚寒涼的氣氛，並以此起興，隱寓詩人此時淒寂的情懷。

3、描寫離情與孤寂心境——青草

一整片綿延不絕的青草，常常是騷人墨客用來描寫離情與孤寂心境的象徵。就像〈飲馬長城窟行〉即以綿延的河畔草起興：

> 青青河畔草，緜緜（綿綿）思遠道。遠道不可思，夙昔夢見之。……

本詩文旨也安置於此。李春芳說：「開端『青青河畔草，緜緜（綿綿）思遠道』二句，是起興。古人常借春草比況離愁。淮南小山《招隱士》云：『王孫游兮不歸，春草生兮萋萋。』李煜《清平樂》云：『離恨恰似春草，更行更遠還生。』這些都是借春草的綿綿無窮形象化地表現相思離愁的深長的。在這首詩裡，河畔綿延的青草，撩起了思婦的一團離愁。她懷念遠方丈夫的情思正如眼前的青草一般綿綿無窮。」⑥①可以說思婦因爲看到綿延至遠方的青草，便聯想到在遠方的丈夫，其思緒也就像青草一樣綿延不絕，如此用比興的手法入筆，具有雙關之意，使得這兩句特別動人。

4、飄泊的象徵——蓬

「蓬」屬菊科，爲多年生草本，葉形似柳，花白色，秋枯根拔，風捲而飛，或稱「飛蓬」。因爲有這樣隨風飄轉的特性，故多被用來比喻飄流無定的遊子，如李白〈送友人〉一詩：

青山橫北郭，白水遶東城。此地一為別，孤蓬萬里征。……

頷聯以「孤蓬萬里征」來形容友人就像隨風飛轉的蓬草要奔向遠方的征途，表達了對朋友飄泊生涯的深切關懷。其中的「孤蓬」，張高評以爲「本鮑照《蕪城賦》：『孤蓬自振』語，以況客愁，兼勉客志」⑥②，用來比喻飄泊的友人。而「蓬」用一「孤」字，更顯得離別後友人的孤單，也流露出詩人的不忍之意。

5、節操的象徵——松、梅、菊

「松」、「梅」、「菊」在古典文學中常用作「節操」的象徵，這是因爲文人們見其堅忍不拔、頂風傲霜而紛紛賦予它特定的象徵意義。劉楨〈贈從弟〉即是藉堅忍不拔、不畏強風、冰霜的松柏來隱喻自己的從弟：

亭亭山上松，瑟瑟谷中風。風聲一何盛，松枝一何勁。
冰霜正慘悽，終歲常端正。豈不罹凝寒，松柏有本性。

全詩所詠的是松柏的本性，不管多麼惡劣的天候環境都能保持堅定不移的信念，李文祿、王巍就說：「歲晏之時，霜寒之際，松柏同萬物一樣，都要遭受寒冷的侵襲，但他不畏狂風，不懼嚴寒，是由松樹的本性決定的，因而松柏才儼然成爲詩人筆下高風亮節的象徵。」[63]所以詠松柏的本性就是在詠君子的節操，不會因外力的打壓誘惑而屈節，故詩人以此來讚美其從弟，並以松柏的堅韌來互相惕勵。

至於蘇軾的〈紅梅〉一詩：

怕愁貪睡獨開遲，自恐冰容不入時。故作小紅桃杏色，尚餘孤瘦雪霜姿。

寒心未肯隨春態，酒暈無端上玉肌。詩老不知梅格在，更看綠葉與青枝。

是藉寫紅梅的姿態與氣節來表明自己的心志，這也是因爲梅花盛開於嚴寒淒冷的冬天，而不是媚俗地與百花爭鳴，這時萬物沉寂，一派冷清，梅花卻於此時不畏霜雪，獨自綻放出最迷人燦爛的姿態。不過，雖然梅花有著絕代的風華，「卻兼備强者的寂寞，他冰玉樣的孤淸，出俗絕塵，所以詩人們已替梅塑造了自己理想人格的範型，於是將各種曠世的孤懷、歲寒的心事，一齊傾訴給他！」⑭這也就是蘇軾所以詠梅之因吧！

愛菊的陶淵明，其〈飲酒〉之五是相當膾炙人口的佳作：

結廬在人境，而無車馬喧。問君何能爾，心遠地自偏。
採菊東籬下，悠然見南山；山氣日夕佳，飛鳥相與還。
此中有真意，欲辨（辯）已忘言。

其中又以「採菊東籬下，悠然見南山」最爲人稱道。由於詩人耿介不阿的性格，不願隨波逐流、同流合汚，他於是隱逸，歸居田園；在他心目中，「菊」是他的最愛，因爲菊「春露不染色，是恬退的『隱士』；秋霜不改條，是堅毅的『受難者』。自來中國詩人對於菊的喜愛，就是因爲他兼含這二種個性。」⑥⁵可以說，雖然菊盛開於疾風橫掃、寒霜施威的深秋，當百花紛紛凋零之際，它卻昂然挺立，展奪目之異彩，吐醉人之芳香，故詩人便賦予它與世抗爭、不同流合汚、淸高貞潔、剛烈不阿的象徵，這正與陶淵明「不爲五斗米折腰」的氣節相合，所以在歷代文人中，眞正賦予菊以抗爭、貞烈品性的，或者說眞正以菊自況、對菊愛得最執著、影響也最深廣的當獨推陶淵明了。⑥⁶也無怪周敦頤會說：「菊，花之隱逸者也」與「晋陶淵明獨愛菊」（〈愛蓮說〉）這番話了。

6、烘托內心的惆悵——落花

在多情的文人眼中，滿地的落花常會引起傷春的愁緒，藉此烘托出文人內心的惆悵。譬如女詞人李淸照的〈一剪梅〉、〈武陵春〉與〈聲聲慢〉中都可看到「落花」的蹤影，以〈一剪梅〉爲例：

> 紅藕香殘玉簟秋。輕解羅裳，獨上蘭舟。……花自飄零水自流。一種相思，兩處閒愁。此情無計可消除，才下眉頭，卻上心頭。

〈一剪梅〉以「紅藕香殘玉簟秋」領起全篇，上半句「紅藕香殘」寫戶外之景，下半句「玉簟秋」寫室內之物，「對清秋季節起了點染作用，說明這是『已涼天氣未寒時』（韓偓〈已涼〉詩）。全詩設色清麗，意象蘊藉，不僅刻劃出四周景色，而且烘托出詞人情懷。花開花落，既是自然界現象，也是悲歡離合的人事象徵。」⑥⑦而「花自飄零水自流」一句，則「承上啓下，詞意不斷。它既是即景，又兼比興。其所展示的花落水流之景，是遙遙與上闋『紅藕香殘』、『獨上蘭舟』兩句相拍合的；而其所象徵的人生、年華、愛情、離別，則給人以『無可奈何花落去』（晏殊〈浣溪沙〉）之感，以及『水流無限似儂愁』（劉禹錫〈竹枝詞〉）之恨。」⑥⑧這都是以詩人眼中的衰敗殘破形象來進行烘托。

7、其他

還要加以討論的是〈蓼莪〉中的「莪」、「蒿」、「蔚」與〈九月九日憶山東兄弟〉的「茱萸」：

> 蓼蓼者莪，匪莪伊蒿。哀哀父母，生我劬勞。蓼蓼者莪，匪莪伊蔚。哀哀父母，生我勞瘁。……（〈蓼莪〉）

> 獨在異鄉為異客，每逢佳節倍思親；遙知兄弟登高處，遍插茱萸少一人。（〈九月九

日憶山東兄弟〉）

〈蓼莪〉前兩章皆以植物入筆，張厚余認爲「這兩句意爲：明明是一棵高高大大的莪，卻被我認作蒿。人在心神迷亂時往往會把兩種相似的東西混淆，以莪爲蒿，正表現了作者在心情極度悲痛時的精神狀態。」[69]但歷來學者則多以爲「莪」是用來比作父母期望的美才，而「蒿、蔚皆作者喻己之不才。」[70]所以，「莪」、「蒿」、「蔚」在這裡是有比喻的作用。

至於〈九月九日憶山東兄弟〉中所用的「茱萸」，則是因傳統重陽節有登高的習俗，而登高時要佩帶茱萸囊。[71]在葛洪《西京雜記》中記載戚夫人的侍兒賈佩蘭說漢宮之俗：「九月九日佩茱萸，食蓬餌，飲菊花酒，令人長壽。」[72]托名吳均的《續齊諧記》又記，漢時仙人費長房，對弟子汝南人景桓說：「九月九日，汝家當有災厄，急宜去，令家人各作絳囊，盛茱萸以繫臂，登高飲菊酒，此禍可消。」桓景從其言，傍晚歸家，見雞、犬、牛、羊皆暴死，全家免禍。又言：「今世人每至九日，登高飲菊酒，婦人帶茱萸囊是也。」可知漢代就有此種習俗。這裡是承上「登高」而來，卻也含蓄地表示思親之情，後來也就成爲詩人們表達兄弟朋友之情的一個傳統意象。

(二)動物

1、用以借代

像〈飲馬長城窟行〉是用「雙鯉魚」來借代書函：

……客從遠方來，遺我雙鯉魚。呼兒烹鯉魚，中有尺素書。長跪讀素書，書中竟何如？上有（言）加餐食，下有（言）長相憶。

由於古代書信是用雙片木版疊合而成，狀似鯉魚，魚身鑿有一孔三槽。寄信時，將信件夾在雙魚之中，順槽痕綁緊，然後在孔上加封泥。所以這裡直接以「雙鯉魚」代爲「書信」，又說「烹鯉魚」（實爲解開繩子，拿出書信），可使造語生動，增添活潑生動的詩味，也委婉地表現思婦此刻的心境。

2、用以自比

杜甫的〈旅夜書懷〉是一首意象豐富的詩作，即使是在後四句的抒懷中，詩人還是運用了動物的材料來比況：

……名豈文章著？官應老病休。飄飄何所似？天地一沙鷗。

末一句詩人以微不足道的沙鷗自比，林家英說：「因鷗的身影時時縈繞詩人心中，所以當他舟行大江，被大江壯闊的夜色所激發，產生了創作衝動之際，自然意隨筆到，『飄飄』二字似脫口而出。詩人長年飄泊的命運與鷗鳥浮沉江海的形象熔鑄爲一，構成詩中一個含有悲劇意味的形象，在讀者的心海中激起共鳴。」⑬所以《唐詩矩》才會說：「『一沙鷗』，何其渺；『天地』字，何其大。合而言之曰：『天地一沙鷗』，語愈悲，氣愈傲。」⑭如此詩人便將自身的悲憤、不平、孤寂藉具體的形象抒發出來。

3、用以比喻

〈碩鼠〉旨在諷刺「重歛苛政」，以貪殘的大老鼠來比喻「重歛苛政」的剝奪者，可謂千古妙喻：

碩鼠碩鼠，無食我黍！三歲貫女，莫我肯顧。……碩鼠碩鼠，無食我麥！三歲貫女，莫我肯德。……碩鼠碩鼠，無食我苗！三歲貫女，莫我肯勞。……。

郝聞毅說：「這首流傳千古的比體詩，在藝術上的最成功處，在於它的喻體（碩鼠）選擇得好。一是日常生活中人們熟知的。二是貼切、生動。所謂貼切，就是認眞地概括喻體──老鼠和本體──奴隸主的共同點，抓住了二者的共同特徵。……三是具有鮮明的感情色彩。用老鼠比喻剝削者，與作者的愛憎感情相一致。」⑮所以材料的選擇也將是作品好壞的關鍵。

4、象徵男女之匹配

成雙成對的動物，常是文人用以象徵男女之間的匹配，比如和鳴的關雎（〈關雎〉）、比翼雙飛的鴛鴦（〈客從遠方來〉），以及成雙飛舞的蝴蝶（〈長干行〉）都有這一層意思。以〈長干行〉爲例：

……十六君遠行，瞿塘灩澦堆。五月不可觸，猿聲天上哀。門前遲行跡，一一生綠苔。苔深不能掃，落葉秋風早。八月蝴蝶黃，雙飛西園草。感此傷妾心，坐愁紅顏老。……

此段是描寫商人出外遠行，商婦心情藉秋日成雙飛舞的蝴蝶反襯出思婦的孤寂，也以此引出下文的感懷：「感此傷妾心，坐愁紅顏老」。

5、悲悽的象徵——鳥啼、猿鳴

「鳥啼」與「猿鳴」在古典文學中有相當重要的地位，這是因爲這兩種聲音讓人聽起來有哀傷悲涼之感，尤其是內心本已苦悶的文人，再聽到如此悲淒的鳴聲，更是加深內心的苦楚，如〈琵琶行〉：

……我從去年辭帝京，謫居臥病潯陽城；潯陽地僻無音樂，終歲不聞絲竹聲。住近湓江地低濕，黃蘆苦竹繞宅生；其間旦暮聞何物？杜鵑啼血猿哀鳴。……

詩人以「黃蘆苦竹」形容所居住的環境，以「杜鵑啼血猿哀鳴」形容日夜所聽到的聲音。徐敏說：「詩人病臥潯陽，那麼孤寂，他借寫生活的悲涼苦悶來表現政治上的失意，借寫生活環境的惡劣來表現政治處境的艱難，借寫對潯陽地僻的不滿來表現對遭受貶謫的憤懣。」[76]而「杜鵑」相傳爲古代蜀帝杜宇精魂所化，在春雨前常啼叫不停，鳴聲淒厲，故有「杜鵑苦啼，啼血不止」（《埤雅》）的記載。又其鳴聲似「不如歸去」，故後世多以杜鵑啼血，寄寓謫居的逐臣與飄泊遊子的鄉思之情。至於「猿」則常於淒風苦雨的夜晚鳴嘯不絕，聲音淒楚，故這兩種鳴聲爲悲淒的象徵，反映出詩人的悲淒心境。

6、寄託相思之意——雁

相傳古代有「寄雁傳書」的傳說，事見《漢書・蘇武傳》：「數月，昭帝即位。數年，匈奴與漢和親。漢求武等，匈奴詭言武死。後漢使復至匈奴，常惠請其守者與俱，得夜見漢使，具自陳道。教使者謂單于言天子射上林中，得雁，足有係帛書，言武等在某澤中。使者大喜，如惠語以讓單于，單于視左右而驚，謝漢使曰：『武等實在』。」⑰所以「雁」在古典詩詞作品中常用來表示因想念而欲傳情之意，如黃庭堅的〈寄黃幾復〉：

我居北海君南海，寄雁傳書謝不能。……

這裡雖用「寄雁傳書」的典故，但黃庭堅卻別出新意，輕輕點出「謝不能」三字。這是因爲在南嶽衡山有回雁峯，相傳雁飛至此而回，不再南去，而黃幾復在廣州四會，於衡山之南，故詩人化用雁飛不過衡陽故事，表達此種思念無法傳遞給黃幾復，可見思念之甚。

㈢氣象

自然界中天氣的變化常會影響人們的情緒：如果是春天輕輕吹拂的微風，會給人舒服微醺的感覺；如果是冬日颯颯的强風，就會給人刺骨難耐的感受。所以不同的氣象類材料在使用時已有其不成文的模式，但這完全是因作者對氣象變化的感發而來。

1、**渲染淒清之詩境**

多愁善感的文人在大自然的變化中，常會因「雨」、「風」、「露」、「煙」等天候而生發愁緒，尤其是夜晚的雨、綿密的雨更是讓文人愁上加愁，李商隱的〈夜雨寄北〉即以「夜雨」渲染出淒清的詩境：

君問歸期未有期，巴山夜雨漲秋池。何當共剪西窗燭，卻話巴山夜雨時？

雨已經是讓人感到煩悶了，更何況是秋天的夜雨，黃雨分析道：「從意境上說：遠居異地，接到家書，正當雨夜，特別感到淒涼孤寂，因而引起倍加深切的懷念，想到不知何時能夠相對訴說今夜這種懷念、惆悵之情，融入雨夜，自然格外感人。然而，還有一點，往往爲人所忽視。四川盆地，因氣候關係，多於夜間下雨，平均一年之中，夜雨占全年降雨次數的百分之六十以上。『巴山夜雨』一語，正表現了當地風候的特徵。」⑱可見詩人選取材料的用心與其效果。霍松林也說：「那已經躍然紙上的羈旅之愁與不得歸之苦，便與夜雨交織，綿綿密密，淅淅瀝瀝，漲滿秋池，瀰漫於巴山的夜空。」⑲這就是「夜雨」渲染出的效果。

2、比喻外界的影響

像「浮雲」、「風」、「冰霜」、「煙雨」一類的材料，在文學作品中常用來形容、比喻成外來的打擊或誘惑等影響。比如在〈行行重行行〉中的「浮雲」：

……浮雲蔽白日，遊子不顧反。……

《文選》李善注以爲「浮雲蔽白日」句是「以喻邪佞之毀忠良。故遊子之行不顧反也。《文子》曰：『日月欲明，浮雲蓋之。』陸賈《新語》：「邪臣之蔽賢，猶浮雲之障日月。」《古楊柳行》曰：『讒邪害公正，浮雲蔽白日。』義與此同」。[80]但在這裡，用來比喻遊子可能在外另結新歡，所以才久未歸家，可能更爲適切。

3、比喻美好的事物——春風

徐徐的春風吹拂在臉上，給人舒適愉悅、生氣蓬勃的感受，所以當作者運用到「春風」一詞，也常是用來比喻美好的情景。以〈泊船瓜州〉一詩爲例：

京口瓜州一水間，鍾山只隔數重山。春風又綠江南岸，明月何時照我還。

陳友冰、楊福生在《宋代絕句賞析》中分析說：「詩的三、四兩句是在前面敍事的基礎上再加以描景和抒情。『春風又綠江南岸』是個人人稱讚的名句，它不但生動地描繪出春到江南的盎然景象，而且也流露出詩人對春到江南的無限欣喜之情。需知，詩人這時尚在瓜州，他不寫眼前的江北之景，而專說『又綠江南岸』，這說明他的目光所向仍是前面所敍的京口、鍾山，他眼中只有江南，心中只有故鄉。」[81]另外，也有學者以爲「春風」既是寫實，也有政治寓意[82]，但不管如何，以「春風」用來比喻美好的事物當無庸置疑。

(四)時間

四時節候變化，會改變自然景象，也會影響文人之心境，鍾嶸於《詩品》序曰：

> 若乃春風春鳥，秋月秋蟬，夏雲暑雨，冬月祈寒，斯四時之感諸詩者也。

季節的變化會影響萬物的變化，自然也會誘發人的情感。在「時間」的材料方面，文人常以「春」來象徵美好的情景，以「秋」、「落日」來象徵悲涼的情景。

1、象徵美好的情景——春

李煜以「春」來象徵美好的情景：

……流水落花春去也，天上人間。（〈浪淘沙〉）

陳滿銘就說得好：「這所謂的『春』，既指自然之『春』，也指生命之『春』，更包括過去的美好生活、所有夢裡『貪歡』的事和一切希望。」⑧³可見「春」是有象徵意義的。

2、象徵悲涼的情景——秋

蕭瑟的秋天常引起文人的愁緒，畢竟這是由生機旺盛的夏日轉爲萬物凋零的秋日，滿地的落葉黃花，秋風颯颯，自然讓人不自覺地哀傷起來。〈長歌行〉中，即以「春」與「秋」作了「盛」與「衰」的對比：

青青園中葵，朝露待日晞。陽春布德澤，萬物生光輝。常恐秋節至，焜黃華葉衰。百川東到海，何時復西歸。少壯不努力，老大徒傷悲。

「秋節」即是秋天，是園中葵枯黃衰敗的時節，與「陽春」爲對比，董冰竹說：「詩人常常害怕秋天的到來，因爲那時華麗的葵葉就要枯黃敗落了，表現了詩人『惜春常怕花開早』的惋惜心情。從而向人們透露了在興旺時要經常擔心衰落的必然到來，這樣極富哲理的詩意。」[84]詩人從自然界的四時變化聯想到人世的盛衰變遷，由此引出最後須及時努力的結論。

(五)天文

日、月、星是人們仰望天空所見的材料。因「日」有照耀大地，給人希望、強盛、高高在上的感覺，故自古就以「日」來比喻男子或丈夫；而「月」在夜晚出現，當人們於夜晚沉思，見到皎潔的月光，自然就會聯想到家鄉、親人，所以「月」往往會被借以抒發思鄉的愁懷，也因其美不勝收，故也用來象徵美好的情景，或當作品格高潔的象徵。

1、渲染淒清的詩境

〈旅夜書懷〉是一首「先景後情」的詩作，在「景」的部分，詩人用「岸邊細草」、「微風」、「夜舟」、「星」、「平野」、「月」、「大江」等意象交織建構成一幅遼闊的景象：

> 細草微風岸，危檣獨夜舟。星垂平野闊，月湧大江流。……

而此遼闊的景象正烘托出詩人孤苦無依的形象和顚連無告的淒涼心情。傅思均認爲「這裡不是空泛地寫景，而是寓情於景，通過寫景展示他的境況和情懷，像江岸細草一樣渺小，像江中孤舟一般寂寞。」而三、四兩句「寫景雄渾闊大，歷來爲人所稱道。……詩人寫遼闊的平野、浩蕩的大江、燦爛的星月，正是爲了反襯出他孤苦伶仃的形象和顚連無告的悽愴心情。」㊽這首詩中前四句的物材都爲後半段感嘆的鋪墊，用以渲染淒清的詩境的。

2、象徵美好的情景——秋月

月亮在秋天是最美最亮的，所以美好的「秋月」也就被用來象徵美好的情景。如李煜的〈虞美人〉即以美好的秋月襯托詩人被囚禁之愁苦，也以美好的秋月象徵往昔歡愉的生活：

春花秋月何時了？往事知多少！小樓昨夜又東風，故國不堪回首、月明中。雕闌玉砌應猶在，只是朱顏改。問君能有幾多愁？恰似一江春水、向東流！

開頭兩句，「由眼前的『春花秋月』牽出過去那段擁有美好『往事』的『春花秋月』，而過去的那段『春花秋月』愈爲美好，那麼眼前的這段『春花秋月』更難於讓人面對，所謂『過去的歡樂適足以增添眼前的痛苦』，所以作者就眼前的『春花秋月』說：『何時了』、就『往事』（過去的『春花秋月』）說：『知多少』，以預為結尾的『愁』字做好鋪墊。」⑯如此可知，「秋月」於此是有兩層含意的。

3、鄉愁與離情的象徵——月

當遠遊異鄉的遊子於靜夜望月之時，常會興起思念故鄉的愁緒，畢竟「月是故鄉明」，所以「月」就有鄉愁的意義。〈泊船瓜州〉一詩就運用了「明月」來寫鄉情：

京口瓜州一水間，鍾山只隔數重山。春風又綠江南岸，明月何時照我還。

末句「明月何時照我還」是「進一步抒發『近鄉情更切』的急迫心情。詩人在瓜州夜宿，隔宿還要渡江，至京口後仍有一段旅程，所以儘管故鄉遙遙在望，但也不是即刻可到的。詩人問明月，何時能返故鄉？這似是問句，但無須回答，明月也不可能作答，只不過用來表現詩人急切的鄉思罷了。」⑰在龍騰版《高中國文》第四冊中，認為本詩是作於王安石第二次拜相，赴京途中之作，雖與前說不同，但「明月」所代表的意涵還是「鄉思」。

料。

㈥地理

凡在地表上的地理現象皆歸於此類，如江、河、川、流、山、水、石、塵等皆是此類材料。

1、用以比喻

有名的說理詩——〈觀書有感〉之一，即以鮮明的形象來比喻：

半畝方塘一鑑開，天光雲影共徘徊。問渠那得清如許？為有源頭活水來。

這是藉清澄的方塘來象徵明澈的思維，以此爲喻，引發議論。陳友冰、陽福生說：「詩人是從讚譽『半畝方塘』入手的。這『方塘』雖然不大但卻很美。……它美在清澈深邃，像一面鏡子，藍天白雲清晰地倒映其中，隨著池水而蕩漾。這兩句詩的高明之處不僅在於它生動地勾勒出方塘清澈明淨的形象，給人一種清新澄沏的美感，同時，它也寫出了觀者的感受：這明淨之水，蕩滌了觀者心中的雜塵，使人感情澄淨、心胸開朗，而這兩點的本身就含著理性：半畝方塘清而深，這才能反映出天光雲影，給人清新澄澈之感，如果它淺而濁，就不可形成這個境界。這裡所强調的清新澄澈，與南宋道學家所提倡的『正心、誠意、修身、齊家、治國、平天下』的修身主張是一致的，只不過在此詩中是暗含在自然景色的描繪之中罷了。」[88]這樣就清楚地說明「半畝方塘一鑑開」的意象效果。

2、用以象徵

如黃庭堅的〈寄黃幾復〉，其中的「江湖」即用以象徵多年的飄泊：

我居北海君南海，寄雁傳書謝不能。桃李春風一杯酒，江湖夜雨十年燈。……。

霍松林就說：「『江湖』一詞，能使人想到流轉飄泊，遠離朝廷。杜甫〈夢李白〉云：『江湖多風波，舟楫恐失墜。』……在『江湖』而聽『夜雨』，就更增蕭索之感。而『十年燈』則是作者的首創。此語和『江湖夜語』相聯綴，就能激發讀者的一連串想像：兩個朋友，各自飄泊江湖，每逢夜雨，獨對孤燈，互相思念，深宵不寐。而這般情景，已延續了十年之久。」[89]這裡的「江湖」已非「三江五湖」的合稱，而是指四方各地之意。

3、渲染淒清的詩境

杜甫〈登高〉的前四句寫登高見聞，其中的「渚清沙白」與「滾滾長江」皆是地理材料。

風急天高猿嘯哀，渚清沙白鳥飛迴。無邊落木蕭蕭下，不盡長江滾滾來。……。

詩人即是運用前四句寫登高之景，鋪陳出蕭索淒清的氣氛。而在寫景的同時，便也深沉地抒發了自己的情懷。陶道恕分析頷聯說：「『無邊』『不盡』，使『蕭蕭』『滾滾』更加形象化，不僅使人聯想到落木窸窣之聲，長江洶湧之狀，也無形中傳達出韶光易逝，壯志難酬的感慨。」⑼所論確是。袁行霈在《中國詩歌藝術研究》中論杜甫詩說：「杜甫詩中意象的組合比較緊密，往往把幾個意象壓縮在一句詩中，顯得凝重、老成、深沉。杜甫的詩密度大，容量也大，意象一個接一個層出不窮，讀起來有無窮的回味。」⑼說明了此詩的特色。

二、人工物的使用

只要是人、或人力造出的「物」，皆是「人工物」。

(一)人體

在「人」的「物」方面，常見的有「白髮」與「涕淚」，這兩者所抒發的多是惆悵、憂傷之感。

1、表達憂傷之情

人在憂傷時，難免會因心傷而淚流，故「涕」、「紅闌干」、「淚」甚或「苦顏」、「無眠」多是用來表達憂傷之情。來看柳永〈雨霖鈴〉詞：

> 寒蟬淒切，對長亭晚，驟雨初歇。都門帳飲無緒，方留戀處，蘭舟催發。執手相看淚眼，竟無語凝噎。念去去、千里煙波，暮靄沉沉楚天闊。……。

這闋詞是寫與情人離別時的不捨之情，在「蘭舟催發」之時，兩人仍是捨不得分離，好似有千言萬語，卻「執手相看淚眼，竟無語凝噎」。徐培均分析這兩句說：「語言通俗而感情深摯，形象逼真，如在目前。寥寥十一字，眞是力敵千鈞！後來傳奇戲曲中常有『流淚眼看流淚眼，斷腸人對斷腸人』的唱詞，然卻不如柳詞凝煉有力。」[92]可見這兩句的形象生動，感人至深。而兩人「淚眼」相對，益見情傷。

2、寄寓惆悵之意——白髮

不管是〈書憤〉的「衰鬢」、〈念奴嬌〉的「華髮」，還是〈破陣子〉的「白髮」，皆是形容自己已經年老，但卻無甚成就，表達出壯志難酬的感慨。以陸游〈書憤〉為例：

早歲那知世事艱，中原北望氣如山。……塞上長城空自許，鏡中衰鬢已先斑！……。

本詩前四句是寫年輕時不可一世的雄心壯志，後四句則是寫今日年老卻壯志未酬的惆悵。在頸聯中，詩人以已先斑的「衰鬢」對應首句的「早歲」，也以已先斑的「衰鬢」暗示自許為「塞上長城」的壯志還未達成，映襯出壯志未酬的憾恨。

(二)器物

1、用以比喻

〈蓼莪〉一詩中，有「缾」、「罍」之喻：

……缾之罄矣，維罍之恥。鮮民之生，不如死之久矣。……。

對此，朱熹曰：「言缾資於罍，而罍資缾；猶父母與子相依為命也。故缾罄矣，乃罍之恥；

猶父母不得其所，乃子之責。」（《集傳》卷五）嚴粲曰：「缾小喻子，罍大喻父母。缾汲水以注於罍，猶子之養父母。缾罄竭則罍無所資，爲罍之恥；猶子窮困則貽親之羞也。」[93]兩說不同，余培林以爲「此兩句乃詩人以不能終養父母，致貽父母羞，而深切自責之語」[94]，故取嚴說。

2、烘托人物

運用器物來烘托人物最成功的作品之一，即是〈陌上桑〉：

……羅敷喜蠶桑，采桑城南隅。青絲為籠係，桂枝為籠鉤。頭上倭墮髻，耳中明月珠。緗綺為下裙，紫綺為上襦。……「東方千餘騎，夫婿居上頭，何用識夫婿？白馬從驪駒；青絲繫馬尾，黃金絡馬頭；腰中鹿盧劍，可直千萬餘。……。」

擅於養桑的女子，在城南採桑，作者不直接形容這位女子的容貌身材，卻先從她手邊用來採桑的工具寫起：「青絲爲籠繫，桂枝爲籠鉤」二句，張燕瑾說：「『青絲』、『桂枝』取其精美香潔，這又是欲美其人故美其物了。」[95]再來是描寫羅敷的穿著裝飾：「頭上倭墮髻，耳中明月珠。緗綺爲下裙，紫綺爲上襦」，寫出她豔麗又高雅的裝束，通過描寫妝束之美，來襯托身著這種妝束的人的美。這樣用層層筆墨來描寫，都有烘托羅敷容貌美的作用。

另外，羅敷在誇耀自己的丈夫時，也使用此種材料來襯托丈夫的身份高貴：「白馬從驪駒；青絲繫馬尾，黃金絡馬頭；腰中鹿盧劍，可值千萬餘」五句旁寫夫婿俊美的坐騎及配帶的名貴長劍，來烘托其身份地位。

3、烘托惆悵之情

李清照的〈武陵春〉藉「輕舟」來烘托、鋪墊出下文無法消除的愁濃、愁重：

……聞說雙溪春尚好，也擬泛輕舟。只恐雙溪舴艋舟，載不動，許多愁。

徐培均說：「在這首詞裡，李清照說：『只恐雙溪舴艋舟，載不動，許多愁。』同樣是用誇張的比喻形容『愁』，但他自鑄新詞，而且用得非常自然妥帖，不著痕跡。我們說它自然妥帖，是因爲它承上句『輕舟』而來，而『輕舟』又是承『雙溪』而來，寓情於景，渾然天成，構成了完整的意境。」96可見適切的材料必能造出具大的藝術效果。而教學時如能掌握作者如何選擇材料，必能對作品的義旨有更深的領略。

4、寓含男女相思之情

在民間作品中，常有使用雙關的手法，而受民歌影響的《古詩十九首》中，也出現這一類運用「器物」等材料來進行雙關。如〈客從遠方來〉：

> 客從遠方來，遺我一端綺。相去萬餘里，故人心尚爾。文綵雙鴛鴦，裁為合懽被。著以長相思，緣以結不解。以膠投漆中，誰能別離此！

詩以「一端綺」開端，寫思婦收到遠方丈夫託人送來的一疋布所觸發的欣喜、思念之情。其中描寫思婦想要將這疋布「裁爲合懽被」，「合歡」是一種落葉喬木，因其葉片每至黃昏即兩兩相合，故又稱「合昏」、「夜合」，所以常被用以形容成對、並合的東西，在這裡即指表裡對合的被子，同時又雙關夫妻好合的寓意。[97]而「絲」在民歌作品中更是常見，因其與「思」諧音，故兩者常用以雙關，所以「著以長相思」是指在被中裝綿，象徵自己綿長的情思。至於「緣以結不解」的「緣」，是指在被的邊緣用絲縷綴結起來，雙關「姻緣」，這句是表示兩人的眞摯情感不能解開。所以從字面上，雖然是寫思婦在設想裁被的情形，但實際上是句句雙關到夫妻情誼上。

㈢飲食

1、寓含澆愁之意——酒

「酒」向來就是用以澆愁的象徵，自古至今皆然。當人們失意之時，常借喝酒來痲痺放鬆自己，以爲喝醉了之後便可以忘卻所有煩憂，這只是一種逃避心態，酒醒之後卻還是要面對殘酷的現實，所以李白才有「舉杯銷愁愁更愁」之語。以李清照〈聲聲慢〉爲例：

尋尋覓覓，冷冷清清，悽悽慘慘戚戚。乍暖還寒時候，最難將息。三杯兩盞淡酒，怎敵他、晚來風急？……這次第，怎一箇愁字了得。

因爲是冷冷清清的「乍暖還寒時候」，所以女詞人想要以「三杯兩盞淡酒」來藉酒禦寒，卻敵不過風吹，這裡也寓含了女詞人想要以酒消愁，卻沒想到哀傷反而累積更多，多到用「愁」字都無法形容了。在整首詞中，女詞人安排了「淡酒」、「急風」、「飛雁」、「黃花」、「梧桐」、「細雨」等物材來極力渲染出悲傷的情境，也難怪會愁之不止了。

2、表達關懷之情——加餐飯

在〈飲馬長城窟行〉與〈行行重行行〉兩詩中都有提到「加餐飯」：

> ……客從遠方來，遺我雙鯉魚。呼兒烹鯉魚，中有尺素書。長跪讀素書，書中竟何如？上有（言）加餐食，下有（言）長相憶。（〈飲馬長城窟行〉）
>
> 行行重行行，與君生別離。……思君令人老，歲月忽已晚，棄捐勿復道，努力加餐飯。（〈行行重行行〉）

這是勸對方吃多一點、吃飽一點，言下有自己多保重身體之意，關心之情流露其中。張夢機在《公無渡河》一書中，分析〈飲馬長城窟行〉時說：「『上言加餐飯』這種勸人保重身體的忠厚之情，在古詩十九首『行行重行行』的結尾也出現：『棄捐勿復道，努力加餐飯』。這應該是漢人流行的語句。並且也正是愛的本質，體諒和關懷。」[98]江寶釵也說：「『上言加餐飯』勾使我們思及古詩十首〈行行重行行〉的結句：『棄捐勿復道，努力加餐飯。』這或者爲當時流行的問候之辭。紙短情長，深切的關懷與寬諒，原不是堆砌文詞所能表現，於是約作平淡的叮嚀，指向每一日每一日的生活。」[99]這句聽來平淡的關心話語，時至今日仍常出現在母親與子女之間，這其中的關懷、思念之情，是無法用言語直接訴說出來的。

注釋

①見《貞一齋詩說》上册，頁二。

②趙山林分爲「承續式」、「層梯式」、「逆推式」、「並置式」、「對比式」、「反諷式」、「交錯式」、「輻軸式」、「輻射式」、「疊映式」等十類。

③見《詩詞曲藝術論》，頁一二七。

④使用材料是指經過選擇的材料爲表現主題服務。見《寫作知識辭典》，頁六三。

⑤直接材料又稱爲第一手資料，是作者親自體驗和直接實踐的結果；間接材料又稱爲第二手資料，即作者間接聽到過的，或通過文字、圖片之類的介紹而掌握的材料。見《寫作知識辭典》，頁五八～五九。

⑥歷史材料即已往客觀事物發展過程中的實物或文字資料；現實材料指現實生活中的材料。見《寫作知識辭典》，頁五九～六〇。

⑦有二說：一爲符合文章主旨者爲正面材料，不合者反；二爲《寫作知識辭典》中以進步的、正確的、被人民羣衆肯定者爲正面材料，而反動的、錯誤的、被人民羣衆否定者爲反面材料。（見頁六〇～六一）後說較不合客觀之科學精神，判別時易有歧見。

⑧面上材料指反映全面的、概括的材料；點上材料指反映局部的、具體的材料。見《寫作知識辭

典》，頁六一～六二。

⑨材料眞實是指眞切無誤、確實可靠的，並能體現事物本質和主流的材料；材料虛假是與材料眞實相對而言，指材料不是現實生活中發生過的事實，不能反映事物的本質和主流，不能經受客觀實踐的檢驗。見《寫作知識辭典》，頁六四～六六。

⑩參考陳植鍔，《詩歌意象論》，頁一二七～一四〇。

⑪參考陳植鍔，《詩歌意象論》，頁一八一～一八七。

⑫見谷遠淸、孫光萱，《詩歌修辭學》，頁三五二。

⑬參考谷遠淸、孫光萱，《詩歌修辭學》，頁三五一～三五二。

⑭參考段致平，《稼軒詞用典研究》（臺北：國立臺灣師範大學國文研究所碩士論文，一九九九年六月），頁一〇～二〇。

⑮見《十三經注疏六左傳》（臺北：藝文印書館，一九九七【民八六】年八月初版十三刷），頁六一九頁。

⑯見《十三經注疏六左傳》（臺北：藝文印書館，一九九七【民八六】年八月初版十三刷），頁三六五頁。

⑰參見司馬遷著，《新校本史記三家注》（臺北：鼎文出版社，一九七六年初版），卷五五，頁二〇三三～二〇三四。

⑱參見班固撰、顏師古注，《新校本漢書》（臺北：鼎文出版社，一九七六年初版），卷五四，頁二四五九～二四六九。

⑲參見陳壽撰、裴松之注，《新校本三國志・蜀志》，卷三六，頁九四三。

⑳參見房玄齡撰，《新校本晉書》，卷八九，頁二二九七～二三〇一。

㉑參見歐陽修、宋祈撰，《新校本新唐書》，卷一九二，頁五五三四～五五四一。

㉒參見歐陽修、宋祈撰，《新校本新唐書》，卷一九二，頁五五二九～五五三二。

㉓參見陳壽撰、裴松之注，《新校本三國志》，卷一一，頁三五四～三六六。

㉔參見房玄齡撰，《新校本晉書》，卷六二，頁一六九三～一七〇〇。

㉕參見歐陽修、宋祈撰，《新校本新唐書》，卷一五三，頁四八四七～四八五二。

㉖見雷啓洪選析，《不畏浮雲遮望眼——王安石作品賞析》，頁一五八。

㉗見司馬遷撰，《新校史記三家注》（臺北：世界書局，一九九三年一二月六版二刷），頁二五〇二～二五〇三。

㉘見蕭滌非等撰，《唐詩鑑賞辭典》，頁一二二二。

㉙轉引自劉學鍇、余恕誠，《李商隱詩歌集解》，頁一五一八。

㉚見《唐人絕句評注》，頁二三八。

㉛轉引自賀新輝主編，《古詩鑑賞辭典》，頁二五五。

㉜見〈試析曹操的短歌行〉，載於《文史知識》七卷一三期，頁六〇。

㉝見余培林，《詩經正詁》下册，頁七。

㉞見〈試析曹操的短歌行〉，載於《文史知識》七卷一三期，頁六〇。

㉟見《公無渡河》，頁一一二。

㊱見蕭滌非等撰，《唐詩鑑賞辭典》，頁三一二。

㊲見《唐宋詩文鑑賞舉隅》，頁三八～四二。轉引自《高中國文古典詩詞曲鑑賞》，頁八四。

㊳見賀新輝主編，《古詩鑑賞辭典》，頁二一九。

㊴參見《宋詩選》，頁一四五。

㊵事見范曄撰，〈後漢書・南匈奴傳〉，《後漢書》（臺北：鼎文書局印行，一九七九【民六八】年十一月初版），頁七八九。

㊶見雷啓洪選析，《不畏浮雲遮望眼——王安石作品賞析》，頁一五九。

㊷霍松林語，見蕭滌非等撰，《唐詩鑑賞辭典》，頁八五八。

㊸見蕭滌非等撰，《唐詩鑑賞辭典》，頁八五八。

㊹見馬美信、賀聖遂主編，《中國古代詩歌欣賞辭典》，頁二一七。

㊺見蕭滌非等撰，《唐詩鑑賞辭典》，頁一九三。

㊻清人宋宗元語，語出《網師園唐詩箋》。

㊼俞陛雲在《詩境淺說續篇》評曰：「此詩尤萬口流傳，詩到眞切動人處，一字不可移也。」
㊽轉引自《歷代詩評注》，頁八四。
㊾裴普賢、靡文開，《詩經欣賞與研究》，頁五。
㊿林明德，〈試論詩經第一首〉，收於《詩經研究論集》，頁二九六。
51牛淼祥語，見《古詩鑑賞辭典》，頁二。
52見賀新輝主編，《古詩鑑賞辭典》，頁二。
53見賀新輝主編，《古詩鑑賞辭典》，頁二二一。
54見黃文吉，《北宋十大家詞家研究》，頁一四一。
55見《人間詞話》，頁五八。
56晏小平語，見〈淺析詩歌意象的運用手法〉，載於《文藝理論與批評》五三期，頁五四。
57翁光宇語，見《鄭愁宇的〈錯誤〉賞析》，轉引自王明文〈詩的意象的表達方式〉，載於《文史知識》八期，頁二九。
58見繆鉞等撰，《宋詩大觀》，頁五〇五。
59見繆鉞等撰，《宋詩評釋》，頁一二六。
60見王培元主編，《詩騷與辭賦》，頁四五。
61見《古詩鑑賞辭典》，頁一七四。

⑥②見《唐詩三百首鑑賞》，頁三七〇。

⑥③見賀新輝主編，《古詩鑑賞辭典》，頁三三八。

⑥④見黃永武，《中國詩學——思想篇》，頁二五。

⑥⑤見黃永武，《中國詩學——思想篇》，頁三二。

⑥⑥參見洪林鐘，〈鳥、菊、酒——略論陶淵明詩歌意象建構及其人格凸顯〉，載於《中國古代、近代文學研究》一九九三年一一月，頁七二～七九。

⑥⑦陳邦炎語，見周汝昌等撰，《唐宋詞鑑賞辭典》，頁一一九二。

⑥⑧陳邦炎語，見周汝昌等撰，《唐宋詞鑑賞辭典》，頁一一九二。

⑥⑨見賀新輝主編，《古詩鑑賞辭典》，頁七一。

⑦⓪余培林，《詩經正詁》上册，一九六頁。

⑦①據《爾雅翼・風土記》中記載：「俗尚九月九日謂爲上九，茱萸至此日氣烈熟，色赤可折，其房可以插頭，云避惡氣禦冬。」轉引自趙殿成箋注《王摩詰全集箋注》。

⑦②見葛洪編纂，《西京雜記》（臺北：地球出版社，一九九四【民八三】年九月第一版），頁一三六。

⑦③見傅庚生、傅光，《百家唐宋詩新話》，頁二六二。

⑦④轉引自陳伯海，《唐詩彙評》，頁一一九八。

⑮見賀新輝主編，《古詩鑑賞辭典》，頁三八。
⑯見〈琵琶行藝術特色新探〉，載於《北京師範大學學報》一九八五年一期，頁九二。
⑰見班固撰、顏師古注，《漢書》（臺北：鼎文書局印行，一九八一【民七〇】年十一月二版），頁六五六。
⑱轉引自傅庚生、傅光，《百家唐宋詩新話》，頁四三〇。
⑲見蕭滌非，《唐詩鑑賞辭典》，頁一一三九。
⑳見《李善注昭明文選》，卷二十九，頁六三一。
㉑見《宋代絕句賞析》，頁七四。
㉒參考繆鉞等撰，《宋詩大觀》，頁二〇八。
㉓見陳滿銘，《詞林散步》，頁八四～八五。
㉔見賀新輝主編，《古詩鑑賞辭典》，頁二二二。
㉕參見蕭滌非，《唐詩鑑賞辭典》，頁五六四。
㉖見陳滿銘，《詞林散步》，頁七六。
㉗見陳友冰、楊福生，《宋代絕句賞析》，頁七五。
㉘見《宋代絕句賞析》，頁三四四～三四五。
㉙見繆鉞等撰，《宋詩大觀》，頁五〇五。

(90)見蕭滌非，《唐詩鑑賞辭典》，頁五八七。

(91)見《中國詩歌藝術研究》，頁二五三。

(92)見蕭滌非，《唐宋詞鑑賞辭典》，頁三三〇。

(93)見《詩緝》（臺北：廣文書局，一九六〇【民四九】年一一月），卷二十五，頁五。

(94)見《詩經正詁》下册，頁一九三～一九四。

(95)見賀新輝主編，《古詩鑑賞辭典》，頁二一九。

(96)見周汝昌等撰，《唐宋詞鑑賞辭典》，頁一二一一。

(97)馬家楠語，參見賀新輝主編，《古詩鑑賞辭典》，頁二八六。

(98)見《公無渡河》，頁四八。

(99)見《樂府詩選粹》，頁一八八。

第五章　古典詩詞之章法結構與義旨教學

在分析課文文義的內容時，最重要的就是讓學生能夠正確掌握全文的中心意旨，不致被各段各節的情節所迷惑，導致把握不住全文的要旨。所以必須在聯絡各句而成節，聯絡各節而成段，聯絡各段而成篇之後，方能知道全文中心思想之所在。因文章的中心，不在於任何一段，而是聯絡各段的段旨之後，文章的中心思想才宛然可見。①但在分析課文時，不一定就要依照段落安排來辨認文義與文旨，這樣很容易就以段落大意來統攝全文，並不易看出作者在作法上的特色，如〈蓼莪〉一詩：

蓼蓼者莪，匪莪伊蒿。哀哀父母，生我劬勞。

蓼蓼者莪，匪莪伊蔚。哀哀父母，生我勞瘁。

第一、二章（段）爲第一個層次，以兩個樂章的反覆表現作者對父母的深切悼念。

缾之罄矣，維罍之恥。鮮民之生，不如死之久矣。無父何怙？無母何恃？出則銜恤，
入則靡至。
父兮生我，母兮鞠我。拊我畜我，長我育我，顧我復我，出入腹我。欲報之德，昊天
罔極。！

第三、四章（段）爲第二個層次，表達父母去世後無恃無靠的悲傷和對父母養育之恩的無限懷念。

南山烈烈，飄風發發。民莫不穀，我獨何害？
南山律律，飄風弗弗。民莫不穀，我獨不卒！

第五、六章（段）爲第三層次，亦以結構相同的句式反覆詠嘆，表現作者失去父母的悲痛心情。②這樣分析課文只能看出各章（段）大意，並不能凸顯出文旨與作者爲文的寫作手法，故應打破各段的限制，以章法所形成的結構來幫助分析，一方面可幫助學生分辨結構中各段的文義與各段之間的關係，另一方面也可培養學生運用章法來謀篇布局的能力。而所謂的章法，章微穎先生下定義說：

章法就是文章構成的型態，也就是句成段、段成篇，如何組織起來的方式。③

至於「謀篇」又稱布局、布格等，是指材料的安排與組織，而其安排的方法就是「章法」，包括如何開頭、結尾，怎樣過渡、照應，哪些先寫，後寫等問題；落實到一篇之中的組織方式和內部構造就形成了「結構」。吳德旋說：「章有章法」（《初月樓古文緒論》），一篇之中，無論內容、體裁、篇幅如何，都需要講究章法。只有這樣，才能使主題鮮明突出，讀者印象明晰深刻。④所以從章法所形成的結構型態來分析，更能掌握課文之義旨。就像〈蓼莪〉一篇爲「目凡目」結構，其分析簡表如下：

- 目
  - 一、父母劬勞
  - 二
    - 無親之苦（人子不幸）
    - 育子之艱（父母劬勞）
- 凡：「欲報之德」二句
- 目（人子不幸）

這樣一分析，吾人可以很清楚的看出此詩的文旨安置於篇腹，在「凡」的位置上；而第一個「目」的段旨爲寫「父母劬勞」與「人子不幸」，第二個「目」則寫「人子不幸」。由此便可清楚明白，寫「父母劬勞」與「人子不幸」都是用以烘托「欲報之德，昊天罔亟」的文旨的。所以如果能夠從篇章結構的方式來進行課文分析，相信對義旨的掌握也能更確實。

在一篇文學作品中，不管是古典的詩還是古典的詞，其章法結構通常不只一層，有時甚至多至五層，如〈正氣歌〉等篇章。不過，不管其層數多少，一篇之中用了多少種章法結構，它的目的都只有一個：爲「文旨」服務，這也就是「統一律」的原則。鄭文貞的《篇章修辭學》對「統一律」的定義爲：

> 一篇文章是一個有機整體，無論內容還是形式，都應該統一。篇有主體，段有段旨，句有句意；句受制於段，統於段，段受制於篇，統於篇。⑤

可知，篇章中的內容和形式都是統一於「文旨」的。譬如〈九月九日憶山東兄弟〉一詩：

> 獨在異鄉為異客，每逢佳節倍思親；遙知兄弟登高處，遍插茱萸少一人。

其結構分析表如下：⑥

- 實
  - 因：「獨在異鄉為異客」
  - 果：「每逢佳節倍思親」
- 虛
  - 地：「遙知兄弟登高處」
  - 事：「遍插茱萸少一人」

此詩第一層爲「先實後虛」的結構，第二層前半爲「由因及果」結構，後半虛寫設想之地與事，因爲運用「虛」筆，從想念的對面寫來，更加深「思親」之意；而實寫自己的處境，寫自己「因爲」獨在異鄉，「所以」自然會在佳節倍思親；可知不管一篇中運用了幾種章法，都是爲了凸顯出、表達出作者爲文的意旨，由此可清楚看出章法與義旨之間的關係。

以下將針對高中國文所選的古典詩詞教材進行結構的分析，依每一篇作品的第一層結構所使用之章法歸納整理，最後並以四大原則來綜合分析，期能從章法的角度來幫助國文課文義旨之教學。

第一節 「虛實」結構與義旨教學

在章法中，「虛實」法算是使用得最頻繁、變化得最繁多的一種。陳滿銘在《國文教學論叢》中，分析「虛」與「實」說：「所謂的『虛』，指的是『無』，是抽象；所謂的『實』，指的是『有』，是具體。通常一個詞章家在創作之際，在運材上，往往從兩方面著手；一是就『有』，運用當時所見、所聞、所爲的實際材料；一是就『無』，運用憑著個人內心的感覺或想像所捕捉或製造的抽象材料。」⑦透過如此清楚的說明，吾人可大致瞭解「虛實」法的特性。而「虛實」法的內容豐富多變，經由仇小屏歸納前人研究的成果後，有「情景」、「論敍」、「時間上的虛實」、「空間上的虛實」、「假設與事實」、「虛構與眞實」與「泛具」等幾類⑧。以下將以高中國文所選古典詩詞的第一層結構所運用到的章法，依其使用次數的多寡爲序分篇討論之：

一、「情景」法

仇小屏在《篇章結構類型論》中爲「情景」法所下的定義爲：「情景法乃是借重具體的景物（實）來襯托抽象的情感（虛），以增強詩文的情味力量的一種方法。」⑨她並加以說明「情」與「景」的定義與關係：「『情』乃是指種種喜怒哀樂愛惡欲之情感，是『虛』；『景』則包括了『自然之景』和『人事之景』，是『實』。『自然之景』無庸贅言，乃是指自然界的種種景色；『人事之景』則是人力造做之物所呈現的景觀，如亭臺樓閣等，另外人事活動若是以一個畫面來呈現，也可算是人事之景。『情』與『景』的關係非常密切，沒有『景』，則抽象的情感無所附麗；沒有『情』，則一切景色皆爲死物，與你我又何涉呢？」⑩可知「情景」法中的「情」與「景」是相輔相成的。其所呈現的結構相當多樣，不管是即景生情，還是藉景言情，大致皆可形成此種結構，只是如何排列的問題。

在高中國文所選的古典詩詞篇目中，出現「全景」、「先景後情」、「情景情」、「景情景」等結構：

㈠全景

第一層爲「全景」結構者，有〈春日田園雜興十二絕〉之二：

高田二麥接山青，傍水低田綠未耕。桃杏滿村春似錦，踏歌椎鼓過清明。

其結構分析表如下：

- 遠景（村外）
  - 高：「高田二麥接山青」
  - 低：「傍水低田綠未耕」
- 近景（村內）
  - 大：「桃杏滿村春似錦」
  - 小：「踏歌椎鼓過清明」

范成大是南宋時期有名的田園詩人，本詩是其田園詩的名作之一，四句完全寫景，從遠景寫到近景，從村外寫到村內，將清明節的自然景色具體呈現在讀者眼前。以詩文看來，詩人是運用「視角變換法」來安排材料，先看到遠方高處的麥田，還同山上的草色一樣青；再往低處看到水田也還沒到耕種的時候，這兩句寫出此時節應有的景象，可見詩人體察之深。末兩句詩人將視線移至近處的村落，先看到整村的桃杏花開，一片繁華春景，最後把焦點集中在村中農民正趁著插秧之前的閒暇慶祝清明節，以末句歡愉的熱烈景象使得全詩都生動起來。而這樣透過對「景」的描寫，也可讀出詩人安置於篇外的閒適心情。

㈡先景後情

第一層使用「先景後情」結構的篇章有〈送杜少府之任蜀州〉、〈旅夜書懷〉、〈登高〉、〈泊船瓜州〉、〈題竹石牧牛〉、〈一剪梅〉、〈武陵春〉等：

1、〈送杜少府之任蜀州〉

城闕輔三秦，風煙望五津。與君離別意，同是宦遊人。
海內存知己，天涯若比鄰。無為在歧路，兒女共沾巾。

其結構分析表如下：

- 景
  - 近：「城闕輔三秦」
  - 遠：「風煙望五津」
- 情
  - 正
    - 果：「與君離別意」
    - 因：「同是宦遊人」
  - 反
    - 因：「海內存知己」二句
    - 果：「無為在歧路」二句

本詩「前兩句實，後六句悉虛」（《唐詩矩》），以首聯寫景爲「實」，後三聯抒情爲「虛」。以首句「城闕輔三秦」的近景點出送別之地；再以「風煙望五津」的遠景帶出友人即將赴任之地，用一「望」字把彼此連接起來，興起不必感傷之意。頸聯承不必傷別的暗示，說明所以有「離別意」，實是因爲「同是宦遊人」，別中送別，因此感觸良多，這是正寫「離別意」，於篇腹點出本詩之詩旨。頸聯隨而一轉，雖說兩人相隔天涯也像近鄰一樣，此一層有輕視離別之意。末聯承上之因，轉而相慰藉，說你我也不用像小兒女一樣，在歧路上淚濕沾巾。⑫這裡是反寫「離別意」，說不用感傷卻更加深「離別」的痛苦。俞陛雲即

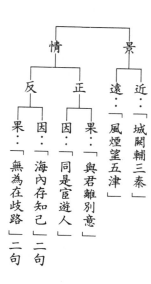

說：「後半首言得一知己，則千里同心，何須傷別，推進一層，不作尋常離別語。故三四句言送別而況同是宦遊，即堪傷感，正以反逼下文，乃開合頓挫之法也。」⑫可見本詩構篇之巧。

2、〈旅夜書懷〉

細草微風岸，危檣獨夜舟。星垂平野闊，月湧大江流。
名豈文章著？官應老病休。飄飄何所似？天地一沙鷗。

其結構分析表如下：

- 景
  - 近：「細草微風岸」二句
  - 遠：「星垂平野闊」二句
- 情
  - 身世之感：「名豈文章著」二句
  - 流浪之苦：「飄飄何所似」二句

由本詩詩題：「旅夜書懷」，可知此詩爲作者客居他地於夜晚所抒之感懷。仇兆鰲分析此詩說：「上半旅夜，下半書懷」⑬，故其構篇方式爲「先景後情」：先敍寫周遭的景物，再抒發自身的感懷。

在「景」的部分，就是寫「旅夜」的情景：以「細草微風岸」二句勾勒出近處的景物，藉由夜晚岸邊的細草與獨舟，鋪陳出孤獨離索的景象；再加以「星垂平野闊」二句，則詩人的視線由近處移向遠方，看到了星空下的廣闊平野與月光下的滔滔江水，如此浩蕩的景色反而更襯托出「獨夜舟」的孤寂，詩人內心的失意可想而知。

在「情」的部分，就是寫「書懷」：作者以頸聯「名豈文章著」二句抒發了不得志的身世之感，沈德潛說：「胸懷經濟，故云名豈文章而著，官以論事，而云老病應休，立言之妙如此。」⑭可見詩人是企望在國事上有一番作爲的，但因迫於老病不得不休官而一無所成，如此寫來，極爲惻怛。而尾聯以「飄飄何所似」二句抒發了顛沛流離的流浪之苦，以江上沙鷗喻己之飄泊無依。因爲詩人仍是希望爲國效力，而不甘只是一位詩人，卻由於政局不穩，長期飄泊，不知何時才能達成自己的心願。如此「情景相生，互藏其宅」⑮的寫法，深刻地表現出詩人隱於篇外的內心感傷。

3、〈登高〉

風急天高猿嘯哀，渚清沙白鳥飛迴。無邊落木蕭蕭下，不盡長江滾滾來。
萬里悲秋常作客，百年多病獨登臺。艱難苦恨繁霜鬢，潦倒新停濁酒杯。

其結構分析表如下：

- 景
  - 景一
    - 山：「風急天高猿嘯哀」
    - 水：「渚清沙白鳥飛迴」
  - 景二
    - 山：「無邊落木蕭蕭下」
    - 水：「不盡長江滾滾來」
- 情
  - 流浪之苦：「萬里悲秋常作客」二句
  - 身世之感：「艱難苦恨繁霜鬢」二句

本詩亦是一首「先景後情」的作品，邱燮友分析此詩說：「前四句寫秋景，後四句寫一己的感懷，一生的悲歡際遇，全部都從這首詩中抒唱出來。」⑯可知這首詩也是藉景寓情之作。在寫景的部分，第一句寫「山所聞」、第二句寫「水所見」、第三句「承風急所聞」，第四句「承渚清所見」⑰，如此藉「登高」所見聞的山景、水景，勾勒出哀傷孤獨、蕭瑟悲涼的景象，將詩人內心的苦恨寓含景中，帶出後四句的抒情，詩旨安置於篇末「艱難苦恨繁霜鬢」句。陶道恕也分析道：「詩前半寫景，後半抒情，在寫法上各有錯綜之妙。首聯著重刻畫眼前具體景物，好比畫家的工筆，形、聲、色、態，一一得到表現。次聯著重渲染整個秋天氣氛，好比畫家的寫意，只宜傳神會意，讓讀者用想像補充。三聯表現感情，從縱（時間）、橫（空間）兩方面著筆，由異鄉飄泊寫到多病殘生。四聯又從白髮日多，護病斷飲，歸結到時世艱難是潦倒不堪的根源。這樣，杜甫憂國傷時的情操，便躍然紙上。」⑱說出本詩構篇的特色。

4、〈泊船瓜州〉

京口瓜州一水間，鍾山只隔數重山。春風又綠江南岸，明月何時照我還。

其結構分析表如下：

- 景
  - 實（真實）
    - 近：「京口瓜州一水間」
    - 遠：「鍾山只隔數重山」
  - 虛（設想）：「春風又綠江南岸」
- 情：「明月何時照我還」

本詩爲王安石「泊船瓜州」時所寫抒懷之作。首先詩人以眼前所見之「實」景寫起，寫從瓜州望去，京口也只有一水之隔，而「思鄉之情盡含於『一水間』三字之中」；抬頭望去，遠處的鍾山也只隔幾重山，因王安石曾隨父定居江寧，且曾寓居江寧鍾山，所以此句隱含著詩人對鍾山的依戀。第三句「春風又綠江南岸」則從「虛」處寫景，寫初春時江南的明媚，但作者此時仍在瓜州，故此句當爲作者設想而來，可知作者「眼中只有江南，心中只有故鄉」；末句爲作者近一步抒發「近鄉情更切」的急迫心情，「詩人在瓜州夜宿，隔宿還要渡江，至京口後仍有一段旅程，所以儘管故鄉遙遙在望，但也不是即刻可到的。詩人問明月，何時能返故鄉？這似是問句，但無須回答，明月也不可能作答，只不過用來表現詩人急切的鄉思罷了。」[19]可見此詩是景中有情，其旨需由篇外探求的。

5、〈題竹石牧牛〉

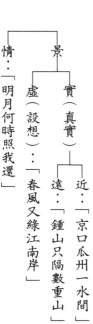

野次小崢嶸，幽篁相倚綠。阿童三尺箠，御此老觳觫。石吾甚愛之，勿遣牛礪角；牛礪角尚可，牛鬥殘我竹。

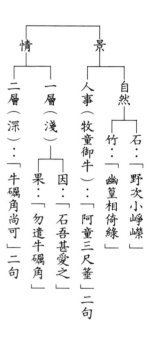

其結構分析表如下：

- 景
  - 自然
    - 石：「野次小崢嶸」
    - 竹：「幽篁相倚綠」
  - 人事（牧童御牛）：「阿童三尺箠」二句
- 情
  - 一層（淺）
    - 因：「石吾甚愛之」
    - 果：「勿遣牛礪角」
  - 二層（深）：「牛礪角尚可」二句

陳伯海分析此詩說：「詩分前後兩個層次。前面四句是對畫本身的描繪……四句詩分詠石、竹、牧童、牛四件物象，合組成完整的畫面。……但是，詩篇的重心還在於後面四句由看畫生發出來的感想……這段感想又可以分作兩層：『勿遣牛礪角』是一層，『牛鬥殘我竹』另是一層，它們之間有著梯進的關係。」[20]可知前四句是描繪畫中之「景」，有自然之竹、石，也有人事之牧童御牛；後四句則是詩人因看畫所生發之「情」，可知詩人對自然的喜愛。雖此處分為深、淺兩層，倒不是詩人較愛竹而薄石，而是牛礪角對石的傷害較少，牛鬥對竹的損害較大之故。不過，此詩雖是題畫詩，卻寓含諷諭朝政、黨爭之事，故詩旨安置於篇外。

6、〈一剪梅〉

紅藕香殘玉簟秋。輕解羅裳，獨上蘭舟。雲中誰寄錦書來？雁字回時，月滿西樓。
花自飄零水自流。一種相思，兩處閒愁。此情無計可消除，才下眉頭，卻上心頭。

其結構分析表如下：

- 景
  - 實
    - 自然：「紅藕香殘玉簟秋」
    - 人事：「輕解羅裳」二句
  - 虛
    - 問：「雲中誰寄錦書來」
    - 答：「雁字回時」二句
  - 實：「花自飄零水自流」
- 情
  - 因：「一種相思」二句
  - 果：「此情無計可消除」三句

首句「紅藕香殘玉簟秋」點出了此時爲清秋時節，暗含傷感之意；「輕解羅裳」二句寫女詞人在水面泛舟，藉「獨」字渲染出孤寂的景象，「暗逗離情」。接著以「雲中誰寄錦書來」一句明寫出別後的懸念；以「雁字回時」二句構成一種神迷虛幻的意境，陳邦炎說：「按順序，應是月滿時，上西樓，望雲中，見回雁，而思及誰寄錦書來。……但是明月自滿，人卻未圓；雁字空回，錦書無有，所以有『誰寄』之嘆。」[21]故這裡是女詞人因思念遠行的丈夫，而遙想雲空引出雁足傳書的遐想。下片開頭「花自飄零水自流」則有承上寫景啓下抒情的作用，此句雖爲寫景，但景中含情，藉花落水流之景寫離別的感傷，也自然引出下文直抒胸臆的相思情懷。女詞人雖是寫自己的思念之苦，但從「一種相思」二句可看出夫妻兩人的心心相印，如此也更加深相思的愁苦，明白揭示此詩文旨爲「愁」，所以才會生發「此情無計可消除」之慨；末兩句「才下眉頭，卻上心頭」則將此種慨嘆無法排遣的心境表現的淋漓盡致。

7、〈武陵春〉

風住塵香花已盡，日晚倦梳頭。物是人非事事休，欲語淚先流。　聞說雙溪春尚好，也擬泛輕舟。只恐雙溪舴艋舟，載不動，許多愁。

其結構分析表如下：㉒

- 景
  - 物：「風住塵香花已盡」
  - 人
    - 梳頭：「日晚倦梳頭」
    - 流淚：「物是人非事事休」二句
- 情
  - 反：「聞說雙溪春尚好」二句
  - 正：「只恐雙溪舴艋舟」二句

在寫景的部分，女詞人藉香塵花盡的外在景物與「日晚倦梳頭」、「欲語淚先流」的自身模樣，襯托出「物是人非事事休」的悽惋意緒，雖不說愁，卻字字含愁。下片全是抒情，先以「聞說雙溪春尚好」二句，透過想像，寫因聽聞雙溪春好，所以想泛輕舟來銷愁，但這是不可能的，於是再以結尾兩句，將這種虛幻的願望翻轉過來，將自己無窮無盡的「愁」宣洩而出。

㈢情景情

而呈現「情景情」結構的，有〈飲酒〉之五與〈水調歌頭〉：

1、〈飲酒〉之五

結廬在人境，而無車馬喧。問君何能爾，心遠地自偏。
採菊東籬下，悠然見南山；山氣日夕佳，飛鳥相與還。
此中有真意，欲辨（辯）已忘言。

其結構分析表如下：㉓

- 情
  - 果：「結廬在人境」二句
  - 因：「問君何能爾」二句
- 景
  - 白晝：「採菊東籬下」二句
  - 傍晚：「山氣日夕佳」二句
- 情：「此中有真意」二句

第一個「情」先提明「心遠地自偏」的意思：以起首兩句寫自己雖處塵世卻不受擾的心境以引出三、四兩句的問答，由此拈出「心遠」爲一篇之骨，以貫穿全詩。接著四句寫景，是敘寫玩賞大自然的悠然心情：藉白晝採菊無意中所見的山景，與傍晚時所見的山氣與飛鳥，生動地描繪出「心遠」的自然體現。最後兩句順勢再一次抒情，結出「得意而忘言」（《莊子・齊物》）的眞趣。[24]而這一切都歸向於自然的「眞意」，故文旨安置於篇末。

2、〈水調歌頭〉

明月幾時有，把酒問青天。不知天上宮闕，今夕是何年。我欲乘風歸去，惟恐瓊樓玉宇，高處不勝寒。起舞弄清影，何似在人間！　轉朱閣，低綺戶，照無眠。不應有恨，何事長向別時圓。人有悲歡離合，月有陰晴圓缺，此事古難全。但願人長久，千里共嬋娟。

其結構分析表如下：㉕

- 情（物外）
  - 問天：「明月幾時有」四句
  - 欲歸：「我欲乘風歸去」三句
- 景
  - 人：「起舞弄清影」二句
  - 月：「轉朱閣」三句
- 情（物內）
  - 目（月）：「不應有恨」二句
  - 凡
    - 目
      - 人：「人有悲歡離合」
      - 月：「月有陰晴圓缺」
    - 凡：「此事古難全」
  - 目（人）：「但願人長久」二句

本詞為「情景情」結構，在第一個「情」方面：藉由「問天」來表達有志難伸的感慨，藉由「欲歸」將自己比爲謫仙，寫欲歸去月宮卻又怕高寒的心理，來寄託出世（隱）、入世（仕）的矛盾心理。在「景」的部分：先以「起舞弄清影」二句承上表明了入世等於出世的決心，接著以「轉朱閣」三句寫整夜月光的移動，可知作者是通夜不眠的，由此帶出篇腹「恨」之題旨來，如此自然地引出下文的抒「情」：先以「不應有恨」二句，將人之「恨」移到「月」上，使「恨」又推深一層；再以「人有悲歡離合」三句將「月有陰晴圓缺」推廣至人的悲歡離合上，表達出「此事古難全」的曠達胸懷；最後結尾兩句則承上之領悟對子由發出深摯的祝福。至於所「恨」爲何，就要從篇外尋求了。

㈣景情景

至於呈現「景情景」者，則有〈送友人〉一篇：

青山橫北郭，白水遶東城。此地一為別，孤蓬萬里征。浮雲遊子意，落日故人情。揮手自茲去，蕭蕭班馬鳴。

其結構分析表如下：

- 景
  - 自然（實）
    - 山：「青山橫北郭」
    - 水：「白水遶東城」
  - 人事（虛）：「此地一為別」二句
- 情：「浮雲遊子意」二句
- 景
  - 人事：「揮手自茲去」
  - 自然：「蕭蕭班馬鳴」

本詩一開始先點出分別之地，再以「此地一爲別」二句預想在此地分別之後，就會如同蓬草一樣，隨風萬里飄泊，如此以眼前所見自然之景與心中所想人事之景導引出下面兩句的抒情：以飄泊不定的浮雲比遊子，以離情依依的落日寫自己；「一寫朋友，一寫自己，情景兼描，面面俱到。」[26]將本詩文旨——離情別意——揭露出來。最後這場離別會在兩人揮手離去與蕭蕭馬鳴聲中結束，詩人藉由揮手的場景勾勒出感傷的畫面，雖不直接寫離別的愁緒，卻將惜別之情藉由馬鳴聲哀婉唱出，令人惻然。

二、「論敘」法

仇小屛在《篇章結構類型論》中針對「論敘法」分析說：「論敘法中的『論』是『虛』，『敘』

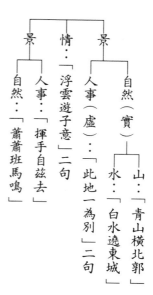

是『實』。」接著又說：「而『虛』是抽象，『實』是具體，所以論因敘而具體化，道理更明白易懂；敘因論而抽象化，對事物得以有更深一層的觸發，蘊意不盡。」[27]由此可知，論敘法就是結合具體的事和抽象的理來達到事之有理、理之有據（事）的效果。

而在高中國文所選古典詩詞的篇目中，則有「先敘後論」與「先論後敘」的結構：

(一)先敘後論

第一層為「先敘後論」的篇章，有〈長歌行〉、〈贈從弟〉之二、〈明妃曲〉、〈紅梅〉、〈書憤〉、〈觀書有感〉之二等：

1、〈長歌行〉

青青園中葵，朝露待日晞。陽春布德澤，萬物生光輝。
常恐秋節至，焜黃華葉衰。百川東到海，何時復西歸。
少壯不努力，老大徒傷悲。

其結構分析表如下：

- 敘
  - 盛
    - 果：「青青園中葵」二句
    - 因：「陽春布德澤」二句
  - 衰
    - 正寫：「常恐秋節至」二句
    - 喻寫：「百川東到海」二句
- 論
  - 因：「少壯不努力」
  - 果：「老大徒傷悲」

本詩是採「先敘後論」的形式構篇，藉由前面八句的敘寫來導引出最後兩句的結論。在「敘」的部分，作者先以園中生長茂盛的植物起興，由此聯想到生物的盛衰變化。有盛就有衰，這也是人生不可避免的歷程，作者藉敘寫「春盛」、「秋衰」，也達到了強烈對比的效果，由此透露出盛年難再的道理，從中激盪出應把握盛年的含意。須加以說明的是：在「衰」的部分，除了上承四句由盛而思衰外，另以流水東去來比喻時間一去不復返，如此則更映襯出「應及時努力」的結論。經由上文的敘寫比喻之後，最後兩句點出全詩的文旨：「少壯不努力，老大徒傷悲」，爲「論」的部分。作者由自然景物的變化歸結到人生的盛年難再，所以人們應趁著盛年之時，及早努力作一番事業，否則到了晚年還一事無成，就只能感嘆傷悲了。

陳友冰認爲：此詩除了最後兩句是蘊含哲理的告誡之外，其餘八句全是比喻，透過這些比喻，吾人對人生、對事物的發展規律，已有了充分的瞭解和感慨，最後再引出「少壯不努力，老大徒傷悲」的結論，當然就讓人能夠信服，給人向上的信心和動力。而且，前八句的基調是憂傷、喟嘆的，但作者並不流連於此種悲情中，反而是正視人生苦短的事實，認爲當珍惜時光，及早努力。「這樣不但在情調上變得積極向上，給人鼓舞和力量，而且在結構上也變得波瀾頓宕，富有變化」[28]，所以本詩構篇是極有章法的。

2、〈贈從弟〉之二

亭亭山上松，瑟瑟谷中風。風聲一何盛，松枝一何勁。
冰霜正慘悽，終歲常端正。豈不罹凝寒，松柏有本性。

其結構分析表如下：

- 敘
  - 先（風松）
    - 點：「亭亭山上松」二句
    - 染：「風聲一何盛」二句
  - 後（霜松）：「冰霜正慘悽」二句
- 論：「豈不罹凝寒」二句

作者以不畏風霜的松柏來比喻具有堅貞不屈的高尚品格之君子。全詩皆從「松柏」著眼，將比喻之意藏於詩面下，故其文旨安置於篇外。

本詩在構篇方面，先敘寫松柏的形象：以首二句點出松柏佇立於高山峻嶺上，來自山谷的强風不斷吹襲著，發出瑟瑟的風聲；接著承前兩句之「點」，後兩句續染出松柏與强風的對抗，一邊是强盛的風聲呼呼作響，可想見其風力之大；另一邊是承受强風吹襲仍然挺立不搖的松柏，由此可見松柏之「勁」，表現出松柏堅貞的「本性」。再接下來這兩句讓松柏的堅貞「本性」更加深一層，因爲除了强風侵擾之外，松柏依然不畏冰霜的考驗，可知不管是狂風還是冰霜都奈何不了它。經由上文先後的敘寫之後，吾人對松柏如何堅貞已經有一具體形象的呈現，最後作者揭示出爲何松柏可如此不畏風寒，那是因爲具有堅貞的「本性」啊！如此寫來，既具體呈現出松柏與外界對抗的形象，也將抽象的事理明白揭示。

3、〈明妃曲〉

明妃初出漢宮時，淚濕春風鬢腳垂。低徊顧影無顏色，尚得君王不自持。歸來卻怪丹青手，入眼平生幾曾有？意態由來畫不成，當時枉殺毛延壽。一去心知更不歸，可憐著盡漢宮衣。寄聲欲問塞南事，只有年年鴻雁飛。家人萬里傳消息，好在氈城莫相憶。君不見咫尺長門閉阿嬌，人生失意無南北。

其結構分析表如下：

- 敘
  - 主
    - 先（去時）
      - 因
        - 因：「明妃」三句
        - 果：「尚得」
      - 果
        - 敘：「歸來」二句
        - 論：「意態」二句
    - 後（去後）：「一去心知更不歸」六句
  - 賓：「君不見咫尺長門閉阿嬌」
- 論：「人生失意無南北」

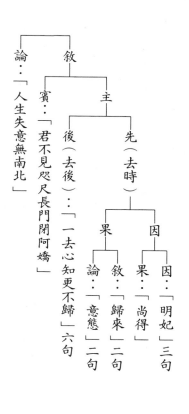

全詩是以寫明妃之事來寓含自身之「失意」，其謀篇方式爲「先敍後論」的結構：先敍寫明妃之事，在末句才點明「失意」之綱領來統馭全詩，全篇詞句亦充滿著「失意」的哀情。

在「敍」的方面，作者用極大篇幅在刻畫明妃去時與去後的形象：在去時的明妃雖然是傷心的淚流滿面，沒有紅潤的臉色，但仍然讓漢元帝「不自持」，烘托出明妃的容貌動人。因爲君主見識到了明妃的美貌，所以發生了「殺畫師」一事，這裡作者也稍爲毛延壽抒發了議論，認爲意態是無法描摹的；不過，「作者並非爲毛延壽開脫，而在於用詩筆遺貌取神出色地表現了美女的神情意態。」㉙就這樣，作者從「不自持」與「殺畫師」二事襯托出明妃的美貌，也帶出明妃的「失意」。接下來是寫明妃去後之事，著重描寫明妃意志的堅貞與哀傷的心情，由「著盡漢宮衣」與「欲問塞南事，只有鴻雁飛」的景況可知明妃對漢朝的心志與思念，但家人也只能安慰她不要再想家了，好好的留在當地吧！這樣無可奈何的言語强爲寬解，越解反而越悲，將「失意」更加深一層。後又用阿嬌的典故以爲「賓」，藉阿嬌之事帶出最後的結論：這種失意是不分南北，當然也不分時代了，將「失意」的意境擴大至所有通感者，作者的「失意」也由此吐露出來。對此，黃振民說：「結四句藉明妃家人萬里傳信相慰，致慨人生得意與否，不在離君遠近，其意隱與意態二句喻意相連，前後迴護，章法極爲綿密周至。」㉚所論極是。

4、〈紅梅〉

怕愁貪睡獨開遲，自恐冰容不入時。故作小紅桃杏色，尚餘孤瘦雪霜姿。

寒心未肯隨春態，酒暈無端上玉肌。詩老不知梅格在，更看綠葉與青枝。

其結構分析表如下：

- 敘
  - 抑：「怕愁貪睡獨開遲」二句
  - 揚
    - 果：「故作小紅桃杏色」二句
    - 因：「寒心未肯隨春態」二句
- 論
  - 果：「詩老不知梅格在」
  - 因：「更看綠葉與青枝」

蘇軾藉詠紅梅來表達自己的心志，雖然通篇皆是落於紅梅的意態，但也寓含了「不媚流俗」的精神，故其文旨安置於篇外。

本詩所採的是「先敍後論」的結構：前兩句似乎是在貶抑紅梅，因爲紅梅並不跟其他美麗的花爭奇鬥豔，反而是怕惹愁又貪睡，所以很晚開花，而自己也知道這樣恐怕不合時俗。但在次四句，卻完全是「揚」的筆法，三、四兩句寫紅梅雖有一些桃杏的淡紅色，但仍是孤高硬瘦的堅忍姿態；而為何會有小紅色，又具有這種氣節呢？五、六兩句說明了紅梅本身心裡是充滿寒意的，當然不願媚春，至於小紅色也不過是酒暈罷了。所以這裡是使用「先抑後揚」的筆法，既表達出了作者不容於時的處境與悲嘆，也堅決的表現出作者不媚俗的清風亮節，所以詩意雖是「抑」，其實是要激出後文之「揚」。最後兩句為「論」，論不知梅格的詩老只是膚淺的從表面上來看待紅梅，這是諷刺那些不懂得眞正欣賞才士品格之人，而只會讚許表現於外媚俗的庸人。如此「先敍後論」的結構，將作者所要呈現的高潔在敍述中展現，也將作者對不懂欣賞的時人之憤慨，於議論中抒發。

5、〈書憤〉

早歲那知世事艱，中原北望氣如山。樓船夜雪瓜州渡，鐵馬秋風大散關。
塞上長城空自許，鏡中衰鬢已先斑！《出師》一表真名世，千載誰堪伯仲間！

其結構分析表如下：

- 敘
  - 昔（反）
    - 因：「早歲那知世事艱」
    - 果
      - 泛：「中原北望氣如山」
      - 具：「樓船夜雪瓜州渡」二句
  - 今（正）：「塞上長城空自許」二句
- 論：「《出師》一表真名世」二句

這是一篇「先敍後論」的詩作。在「敍」的部分是以「昔」盛「今」衰爲對照來引出後文之「論」。作者先從回憶入筆，先寫當年之盛：第一句寫自己年輕氣盛時的不可一世，用「那知」二字暗點出今日之「已知」，其無法實現「復國」之大志，已由此點明。因早年並沒有體悟到人事的難爲，所以才會生發「中原北望氣如山」的氣慨；「樓船夜雪瓜州渡」兩句就是具寫作者如何的「中原北望氣如山」，可見當時之「盛」。後二句轉爲寫今時之況，以「塞上長城空自許」寫出作者復國無望的無奈，再以「鏡中衰鬢已先斑」之今衰與昔日之盛相對照，反襯出復國無期之失落。最後兩句爲作者藉諸葛亮之事來議論，從中表達出他對諸葛亮的欽慕，以之作爲追隨的對象，也表現出作者仍念念不忘復國的大業。因全詩無情語、理語，故文旨安置於篇外。

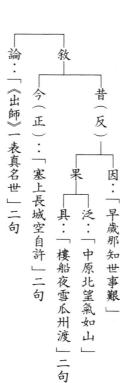

6、〈觀書有感〉之二

昨夜江邊春水生，蒙衝巨艦一毛輕。向來枉費推移力，此日中流自在行。

其結構分析表如下：

- 敘
  - 因：「昨夜江邊春水生」
  - 果：「蒙衝巨艦一毛輕」
- 論（抒感）
  - 反（昔）：「向來枉費推移力」
  - 正（今）：「此日中流自在行」

本詩是藉自然景物來比擬讀書這件事，詩的前兩句敍述水漲船輕之事，後兩句由此生發議論。在「敍」的部分，因爲昨天夜裡下了一場春雨，使得江水潮漲，所以巨大的船隻就如羽毛一般，飄浮在水面上，「從表面看，詩人並沒有直接描寫水勢之大，但從巨艦輕飄如毛，則反襯出江面寬闊、江水浩蕩。這兩句寫詩人的感性認識，也爲後兩句詩作了鋪墊。」[31]而「論」的部分是說本來江水未漲之時，水淺船大，費了不少力氣卻無法移動，而今船卻在江心自由自在的前進，一點都不費力了，這樣以一前一後對比出讀書不得法與得法的不效與效的結果。而整首詩是比喻讀書應循序漸進，一步一步地紮下基礎，雖然剛開始會像枯水中的巨船，不易推移，費很多工夫，但只要不斷地累積學識、潛心靜慮，自然會達到駕馭自如、中流自在的境界。

㈡先論後敘

第一層爲「先論後敘」者，則有〈和子由澠池懷舊〉與〈正氣歌〉二篇：

1、〈和子由澠池懷舊〉

人生到處知何似，應似飛鴻踏雪泥。泥上偶然留指爪，鴻飛那復計東西！

老僧已死成新塔，壞壁無由見舊題。往日崎嶇還記否？路長人困蹇驢嘶。

其結構分析表如下：

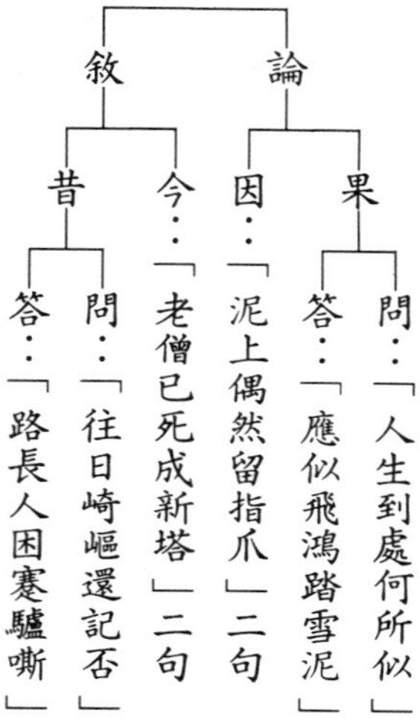

本詩雖爲懷舊詩，但作者並不希望被困在懷念過去的感傷中，因爲這首是和其弟子由之前所寫的懷舊詩，所以一開始作者就先抒發議論，他首先問道：「人生就像什麼呢？」這裡採一問一答的形式，自己就以被飛鴻踏過的雪泥爲喻作答，如此的比喻可說別出心裁，另開詩境。至於爲何像「飛鴻踏雪泥」呢？作者接著說明原因爲「泥上偶然留指爪，鴻飛那復計東西」二句，所以在「論」的部分是「先果後因」的結構，作者藉由飛鴻雪泥的具體形象表現出人生如寄的抽象哲理。而後四句作者敘寫今昔的變遷，是爲應和其弟詩中的懷舊之情，也爲前四句的議論提出了有力的背景佐證，暗暗回應「雪泥鴻爪」之意。雖然仍具有對人生無常與念舊惜舊的感慨，但卻蘊涵了更多的樂觀進取精神。

木齋在《宋詩評釋》中分析此詩時，說：「此詩前四句議論，後四句回憶實景，但卻具有內在聯繫：前者因有了後者更加形象、具體，後者也因有了前者而深刻。前後交融，相得益彰。」㉜所論極爲精當。但因全詩無情語、理語，故其文旨安置於篇外。

2、〈正氣歌〉

天地有正氣，雜然賦流形：下則為河嶽，上則為日星，於人曰浩然，沛乎塞蒼冥。
皇路當清夷，含和吐明庭；時窮節乃見，一一垂丹青：在齊太史簡，在晉董狐筆，
在秦張良椎，在漢蘇武節；為嚴將軍頭，為嵇侍中血，為張睢陽齒，為顏常山舌；
或為遼東帽，清操厲冰雪；或為出師表，鬼神泣壯烈；或為渡江楫，慷慨吞胡羯；
或為擊賊笏，逆豎頭破裂。是氣所磅礴，凜烈萬古存。當其貫日月，生死安足論？
地維賴以立，天柱賴以尊。三綱實繫命，道義為之根。嗟予遘陽九，隸也實不立。
楚囚纓其冠，傳車送窮北。鼎鑊甘如飴，求之不可得。陰房闃鬼火，春院閟天黑。
牛驥同一皁，雞棲鳳凰食。一朝蒙霧露，分作溝中瘠。如此再寒暑，百沴自辟易。
哀哉沮洳場，為我安樂國！豈有他繆巧？陰陽不能賊。顧此耿耿在，仰視浮雲白，
悠悠我心悲，蒼天曷有極！哲人日已遠，典型在夙昔，風簷展書讀，古道照顏色。

其結構分析表如下：㉝

- 論
  - 凡：「天地有正氣」二句
  - 目
    - 平提
      - 地：「下則為河嶽」句
      - 天：「上則為日星」句
      - 人：「於人曰浩然」二句
    - 側注
      - 因
        - 平提：「皇路當清夷」四句
        - 側注：「在齊太史簡」十六句
      - 果
        - 時間：「是氣所磅礴」二句
        - 空間：「當其貫日月」四句
        - 人倫：「三綱實繫命」二句
- 敘
  - 厄運
    - 凡：「嗟予遘陽九」二句
    - 目
      - 敘事
        - 被囚：「楚囚纓其冠」四句
        - 情形：「陰房闃鬼火」十二句
      - 抒感：「顧此耿耿在」四句
  - 作意：「哲人日已遠」四句

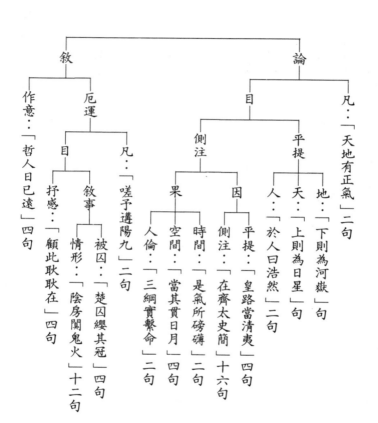

這首五言古詩採「先論後敍」的結構，陳達凱云：「前段三十四句寫盛大剛直的正氣貫穿在歷代忠正的志士仁人的行爲之中；後段二十六句則寫自己胸懷正氣，戰勝了一切邪惡。」㉞前段三十四句爲「論」的部分，採「先凡後目」結構；後段二十六句爲「敍」，寫自己的「厄運」及作此詩之「作意」，「厄運」亦是依「先凡後目」的結構寫成。

本詩第一次使用「先凡後目」結構在「論」的部分，是第一段從篇首至「道義爲之根」三十四句。作者於此先以「天地有正氣」二句作一總括（凡），以引出下面的議論（目）。其次以「下則爲河嶽」三句，平提河嶽、日星和人，然後側注在「人」，用「先因後果」的形式來議論，於篇腹「三綱實繫命，道義爲之根」二句揭示文旨。第二次使用則是在「敍」的部分，這裡是先採「先凡後目」的形式來敍自己所遭遇的厄運。其中「嗟予遘陽九」二句爲凡，爲下文的敍寫作一總說；而「目」的部分，則先以「楚囚纓其冠」四句寫自己倉促被囚之事，再以「陰房闃鬼火」十二句寫自己在獄中的狀況，然後以「顧此耿耿在」四句抒發他憂國憂民的情懷。㉟最後，詩人跳出感今憂慮的思緒，以末四句來呼應前十位將正氣發揚至極的忠義烈士的行跡，自許自慰更自勉自勵，意境悠遠，令人嚮往！

三、「空間的虛實」法

陳滿銘談到「虛實」法時，說：「虛實就空間來說，凡窮盡目力，寫眼前所見的，是實；而透過設想，寫遠處情況的，則是虛。」㊱可以說在同一個時間點上，作者除了描繪出自身眼前所見者外，也馳騁自己的思緒想出別處的情形，這裡的「別處」或許是當時無法親眼看見的，或許是根本就不存在於實際生活的空間，也就是所謂的「虛空間」，可分爲三大類：「設想」、「仙冥」與「夢境」㊲。

在高中國文古典詩詞所選之課文中，使用此種章法的結構有「先實後虛」與「實虛實」：

(一)先實後虛

呈現「先實後虛」結構的篇章，有〈客從遠方來〉、〈九月九日憶山東兄弟〉、〈出潁口，初見淮山，是日至壽州〉、〈寄黃幾復〉等：

1、〈客從遠方來〉

客從遠方來，遺我一端綺。相去萬餘里，故人心尚爾。
文綵雙鴛鴦，裁為合懽被。著以長相思，緣以結不解。
以膠投漆中，誰能別離此！

其結構分析表如下：

- 實（真實）
  - 事：「客從遠方來」二句
  - 情：「相去萬餘里」二句
- 虛（設想）
  - 因
    - 先：「文綵雙鴛鴦」二句
    - 後：「著以長相思」二句
  - 果：「以膠投漆中」二句

本詩一開始即寫何事得以觸發「相思」之情，因爲身在遠方的丈夫托人帶回一疋布給在家鄉等待的妻子（事），當妻子收到布時，對遠行丈夫的思念就被引發而出，因爲此布象徵著丈夫雖然「相去萬餘里」卻還「故人心尚爾」，可見彼此是情定意堅的，此時妻子高興的心情自然不言可喻（情）。以上是寫當時的情形，是「實空間」。

由於送來的是一疋布，上面又有鴛鴦的圖案，妻子想啊想，就想可以把它裁爲一件可以兩人同眠的合歡被，當然妻子一定是邊想邊笑的，充滿了幸福感（先）。再來妻子又想到要用絲棉來製被，將自己綿長的「相思」之情運用雙關揭露出來，這也就是本詩的文旨，安置於篇腹「著以長相思」一句；還要用不可解的結來緣邊，將自己不願分離的心願也運用雙關

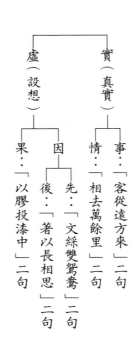

表現出來（後）。最後兩句則將「相思」之情作一總結，因爲「故人心尚爾」，因爲「著以長相思」、「緣以結不解」，所以是無人可以拆散的。朱筠說：「於不能合歡時作合歡想，口裡是喜，心裡是悲。更『著以長相思，緣以結不解』，無中生有，奇絕幻絕。」㊳可知這些都是經由設想而寫的裁被情形，並非現實已發生的事實，故爲「虛空間」的「設想」。

2、〈九月九日憶山東兄弟〉

獨在異鄉為異客，每逢佳節倍思親；遙知兄弟登高處，遍插茱萸少一人。

其結構分析表如下：㊴

- 實
  - 因：「獨在異鄉為異客」
  - 果：「每逢佳節倍思親」
- 虛
  - 地：「遙知兄弟登高處」
  - 事：「遍插茱萸少一人」

作者以自己現實的情形與設想兄弟登高的情形將此詩的文旨——思親的情意毫不保留、托盤而出，卻不失含蓄，就是因爲使用了「虛空間」的「設想」，從對面反寫「兄弟憶己」，而不再作正面直接的抒感。劉坡公分析說：「題意全在一『憶』字。首句言作客異鄉，便含憶字之意；第二句『思親』二字，憶字已暗暗點明；第三四句從對面兄弟憶己，反託己之憶兄弟。詩境眞出神入化矣。」[40]用此種「先實後虛」的寫法，「兩面意到」[41]，魏飴就認爲這首詩在章法上，中間有一個大轉折，而在這轉折之中，「正是詩人『倍思親』感情的深化；也正因其行文之曲才使我們感到詩境之幽，具有嚼之不盡的意味」[42]，更加一倍淒涼。而其文旨即安置在篇腹「每逢佳節倍思親」句。

3、〈出潁口，初見淮山，是日至壽州〉

我行日夜向江海，楓葉蘆花秋興長。長淮忽迷天遠近，青山久與船低昂。
壽州已見白石塔，短棹未轉黃茅岡。波平風軟望不到，故人久立烟蒼茫。

其結構分析表如下：

- 實（真實）
  - 泛（情）
    - 因：「我行日夜向江海」
    - 果：「楓葉蘆花秋興長」
  - 具
    - 景：「長淮忽迷天遠近」三句
    - 事：「短棹為轉黃茅岡」二句
- 虛（設想）：「故人久立烟蒼茫」

本詩在實的部分，先泛寫「秋興」之愁（爲顯旨），而此愁之生發是由於首句「我行日夜向江海」帶出，此句「言外卻有一種『賢人去國』的憂憤抑鬱之情」㊸（即是隱旨），第二句即承接上句將本詩之顯旨「秋興」明白點出；接著詩人借著具體的景與事來寄託「秋興」，因爲有著「秋興」的旅愁，所以所見的景物也隱含著淡淡的哀傷，以迷濛、恍惚的水、天、山、舟等景象來襯托「秋興」的旅愁，又以「已見白石塔」之景帶出「未轉黃茅崗」之事來暗示自己急於到壽州的心境，可知作者是希望快一些結束這種「秋興」之愁的。至於「波平風軟望不到」一句，則「波平風軟」上收「具寫」的景與事，而「望不到」又引出最後詩人因望不到的設想，這就是虛的部分，白敦仁說：「不說自己急於到達壽州，卻說壽州的故人久立相待，從對面著筆，更加曲折有味。」㊹可知其寫作方式與王維之〈九月九日憶山東兄弟〉有異曲同工之妙。

4、〈寄黃幾復〉

我居北海君南海，寄雁傳書謝不能。桃李春風一杯酒，江湖夜雨十年燈。
持家但有四立壁，治病不蘄三折肱。想得讀書頭已白，隔溪猿哭瘴煙藤。

其結構分析表如下：

- 實（事實）
  - 今：「我居北海君南海」二句
  - 昔：「桃李春風一杯酒」二句
- 虛（設想）
  - 反
    - 持家：「持家但有四立壁」
    - 治病：「治病不蘄三折肱」
    - 讀書：「想得讀書頭已白」
  - 正：「隔溪猿哭瘴煙藤」

本詩爲黃庭堅思念友人黃幾復之作，先寫現在分隔兩地的情形，用一南一北爲「思念」造出遙遠的距離，再加以「寄雁傳書謝不能」，則「思念」就更深更苦了，這是「今」的部分；三、四兩句敍寫春風得意的往昔和分離十年、飄泊江湖之事，襯托出作者對友人感情的珍惜，也讓「思念」之情因分離之久更顯濃郁，充滿感傷，這是「昔」的部分。這些都著重於眼前與往昔事物的描寫，是「實」，把「思念」之情與無法聯繫之苦點出。

以下就是作者因爲思念友人，所以「設想」黃幾復這時的情形，是「虛」。這時的他該是「持家但有四立壁」、「治病不蘄三折肱」、「想得讀書頭已白」吧！這三方面都表現出作者對這位友人的敬愛與稱許，既說明了黃幾復爲官清廉、具經世的才能與爲學不倦的態度，但是爲何總是不受重用呢？這時黃幾復的處境怎樣，心情如何，作者在此並未寫明，不過末句「隔溪猿哭瘴煙藤」的景象卻於此渲染出淒涼的氣氛，黃幾復所聽見的只有猿猴的哀鳴聲，如此則「不平之鳴，憐才之意，也都蘊含其中。」㊺可知本詩雖爲思念友人之作，卻也爲友人的遭遇深感不平，不過詩中並無情語或理語，故其文旨安置於篇外。

(二)實虛實

而第一層呈現「實虛實」結構者，則有〈凜凜歲云暮〉與〈虞美人〉二篇：

1、〈凜凜歲云暮〉

凜凜歲云暮，螻蛄夕悲鳴。涼風率已厲，遊子寒無衣。
錦衾遺洛浦，同袍與我違。獨宿累長夜，夢想見容輝。
良人惟古歡，枉駕惠前綏。願得常巧笑，攜手同車歸。
既來不須臾，又不處重闈。亮無晨風翼，焉能凌風飛。
眄睞以適意，引領遙相睎。徙倚懷感傷，垂涕霑雙扉。

其結構分析表如下：

- 實（真實）
  - 景：「凜凜歲云暮」二句
  - 事：「涼風率已厲」四句
- 虛（夢境）
  - 點（泛）：「獨宿累長夜」二句
  - 染（具）
    - 喜：「良人惟古歡」四句
    - 怨：「既來不須臾」二句
- 實（真實）
  - 因：「亮無晨風翼」二句
  - 果
    - 因：「眄睞以適意」二句
    - 果：「徙倚懷感傷」二句

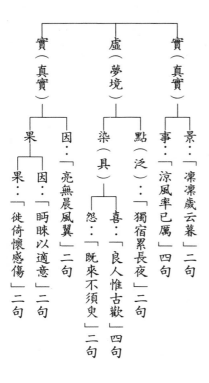

蒲仁分析此詩時，說：「全詩可分爲三個段落。第一段，即前六句，從歲暮境物敘起：『凜凜歲云暮，螻蛄夕悲鳴。』繼以遊子在外無衣禦寒，引入己方：『涼風率已厲，遊子寒無衣。錦衾遺洛浦，同袍與我違。』……中間八句爲第二段，承上段同袍遠離，過渡到長夜獨宿，步入夢境，彷彿新婚重現，義重情深：『獨宿累長夜……。』描寫閨中怨婦，積思成夢，迷離恍惚的情景，入木三分。……最后一段，即末六句，寫夢醒後的情狀。『亮無晨風翼，焉能凌風飛。』的確，沒有晨風鳥那樣善飛的翅膀，哪能乘風飛來？『眄睞以適意，引領遙相睎。』縱目四顧，引頸瞻望。『徙倚懷感傷，垂涕霑雙扉。』既不能來，又不能去，只得徘徊感傷，涕沾雙扉。」㊻所以本詩是以「實虛實」結構來塑造出情意渺邈的思極入夢景象，也是因爲作者能善用「空間的虛實」才能達成如此迷濛的效果。雖然到篇末才揭示「感傷」的情懷（本詩文旨）來籠罩全詩，但詩中不管是寫歲暮之景與事，還是寫夢境中的喜與怨，全都浸染在「感傷」的氛圍中。

2、〈虞美人〉

春花秋月何時了？往事知多少！小樓昨夜又東風，故國不堪回首、月明中。雕欄玉砌應猶在，只是朱顏改。問君能有幾多愁？恰似一江春水、向東流！

其結構分析表如下：[47]

- 實
  - 今日：「春花秋月何時了」二句
  - 昨夜
    - 因：「小樓昨夜又東風」
    - 果：「故國不堪回首月明中」
- 虛
  - 物是：「雕欄玉砌應猶在」
  - 人非：「只是朱顏改」
- 實
  - 問：「問君能有幾多愁」
  - 答：「恰似一江春水向東流」

陳滿銘在《詞林散步》分析此詞時，說：「起首兩句，由眼前的『春花秋月』牽出過去那段擁有美好『往事』的『春花秋月』，而過去的那段『春花秋月』愈爲美好，那麼眼前的這段『春花秋月』更難於讓人面對，所謂『過去的歡樂適足以增添眼前的痛苦』，所以作者就眼前的『春花秋月』說：『何時了』、就『往事』（過去的『春花秋月』）說：『知多少』，以預爲結尾的『愁』字做好鋪墊。三、四兩句，承『往事』句，以昨夜再度敲窗的東風爲媒介，寫在明月中對故國（往事）不堪回首的情景，進一步地又爲結尾的『愁』字蓄力。」接著又寫道：「下片開端兩

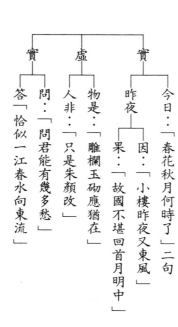

句，承上片末句，透過想像，將空間由汴京移至建康（今南京市），虛寫故國『物是人非』的淒涼景象，更進一層地再爲結尾的『愁』字加强它的感染力量。結尾兩句，採設問的方式，將一篇的文旨——『愁』拈出，並譬作不停向東流的一江春水，將全詞作一總束。」[48]所析極爲精當。

四、「時間的虛實」法

仇小屛在《篇章結構類型論》中，談到「時間的虛實法」時，說：「就時間來說的虛實法，便是將『實時間』（昔、今）與『虛』時間（未來）揉雜於篇章中，以求敍事（寫景）、抒情（論理）的最好效果的章法。」[49]仇小屛亦將「虛時間」分爲「預見」、「願望」與「幻想」三類。

在高中國文所選古典詩詞的篇目中，運用到「時間的虛實」者，有〈關雎〉、〈涉江採芙蓉〉、〈長干行〉、〈夜雨寄北〉、〈雨霖鈴〉等篇，皆是「先實後虛」的結構：

(一)〈關雎〉

關關雎鳩，在河之洲。窈窕淑女，君子好逑。參差荇菜，左右流之。窈窕淑女，寤寐求之。求之不得，寤寐思服。悠哉悠哉，輾轉反側。參差荇菜，左右采之。窈窕淑女，琴瑟友之。參差荇菜，左右芼之。窈窕淑女，鐘鼓樂之。

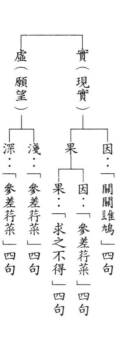

其結構分析表如下：

- 實（現實）
  - 因：「關關雎鳩」四句
  - 果
    - 因：「參差荇菜」四句
    - 果：「求之不得」四句
- 虛（願望）
  - 淺：「參差荇菜」四句
  - 深：「參差荇菜」四句

這是一首「先實後虛」的作品，先寫出目前眞實的情形，再抒發自己對未來的一種希望。

實的部分，作者以開頭四句點出「窈窕淑女，君子好逑」之意，再以後八句寫「窈窕淑女，君子好逑」的結果：因爲「窈窕淑女，君子好逑」，所以才會興起「寤寐求之」之心；但「寤寐求之」的結果卻是「求之不得」的痛苦，這裡就將「求之不得」的思念之情明白揭示，也將「求之不得」的思念之苦藉「寤寐思服」三句，寫日夜不得眠的情形襯托而出，其文旨——「求之不得之思」也於此揭示出來。虛的部分，裴普賢、糜文開說：「『琴瑟友之』、『鐘鼓樂之』非追述事實，而係想像將來。」[50]林明德也說：「『琴瑟友之』、『鐘鼓樂之』是在想像世界進行的事件。」[51]可知這是作者由「君子好逑」而「寤寐求之」，到「求之不得」終至「思極入幻」[52]所生發出的想像，想像將來終成眷屬的歡愉景象。這想像中的歡愉雖可暫時安慰「求之不得」之苦，卻也更反襯出「求之不得」的現實悲哀。

(二)〈涉江採芙蓉〉

涉江採芙蓉，蘭澤多芳草。采之欲遺誰，所思在遠道。
還顧望舊鄉，長路漫浩浩。同心而離居，憂傷以終老。

其結構分析表如下：

- 實（事）
  - 先
    - 果：「涉江採芙蓉」二句
    - 因：「采之欲遺誰」二句
  - 後：「還顧望舊鄉」二句
- 虛（情）
  - 因：「同心而離居」
  - 果：「憂傷以終老」

採香草贈美人是自古就有的風俗，本詩一開頭就先敍寫當時採芙蓉欲贈美人之事，將此詩先作一交待，點明當時正在採芙蓉，藉由採芙蓉這一件事引出思念之意，爲安置於篇末之文旨「憂傷」蓄力。因爲思念著自己的妻子而去採芙蓉，卻又想起自己所思念的人在遙遠的地方，要如何把所採的花送給她，這時不自覺的還顧舊鄉，更覺得路途遙遠，加深了「憂傷」之情。對此，朱自清說：「由相思而採芳草，由採芳草而望舊鄉，由望舊鄉而回到相思，兜了一個圈子，眞是無可奈何到了極處。所以有『憂傷以終老』這樣激切的口氣。」[53]由此可知，因爲由「實」的部分敍述採芙蓉之事以點出相思，來寄託「虛」的部分所抒「憂傷」之情，而此「憂傷」都是因爲彼此「同心而離居」，遠隔兩地，相見無期（因），所以詩人預見這種「難耐」[54]的憂傷是不可能停止的了（果）。

㈢〈長干行〉

妾髮初覆額，折花門前劇。郎騎竹馬來，遶床弄青梅。
同居長干里，兩小無嫌猜。十四為君婦，羞顏未嘗開。
低頭向暗壁，千喚不一回。十五始展眉，願同塵與灰。
常存抱柱信，豈上望夫臺。十六君遠行，瞿塘灩澦堆。
五月不可觸，猿聲天上哀。門前遲行跡，一一生綠苔。

苔深不能掃，落葉秋風早。八月蝴蝶黃，雙飛西園草。
感此傷妾心，坐愁紅顏老。早晚下三巴，預將書報家。
相迎不道遠，直至長風沙。

其結構分析表如下：[55]

- 實
  - 昔（快）
    - 童時：「妾髮初覆額」六句
    - 初嫁：「十四為君婦」四句
    - 展眉：「十五始展眉」四句
  - 今（慢）
    - 分離：「十六君遠行」四句
    - 離後
      - 景：「門前遲行跡」六句
      - 情：「感此傷妾心」二句
- 虛：「早晚下三巴」四句

此詩爲「先實後虛」的結構。從篇首至「坐愁紅顏老」二十六句是「實」，寫的是女子自孩童時一直到與丈夫分離後的情景。這裡作者使用了「由昔而今」的結構，依照事件的發生順序次第寫成，「一解以少時敍起。……二解言初嫁。……三解敍合巹時。……四解言送別也。……五解言久別感傷也。」[56]「少時」、「初嫁」、「合巹」、「送別」、「久別」是女子由青梅竹馬到出嫁之後的一個過程敍述，所以是依次寫來的順敍結構，筆者區之爲「童時」、「初嫁」、「展眉」、「分離」、「離後」五段時間。從篇首至「兩小無嫌猜」寫孩童景象；而「十四爲君婦」至「十六君遠行」，用年齡序數法寫女子婚後的生活歷程，這是依年齡排列組織材料，爲具體的生活場景，有血有肉，構成了全篇的重要組成部分。另外，在「離後」之內亦是按照節令時序寫成。是「寫當前的景色，從行跡、苔深、落葉，到蝴蝶、雙飛，秋天的景象，帶給她煩惱。」[57]包含了「景」、「情」兩部分，女子見眼前的景物而觸景生情，烘托出女子對丈夫深長的思念。這一種依時間順敍的寫作方式，讓作者藉著時序的變化，細膩地刻畫出少婦纏綿悱惻的相思之情，具有柔和流麗的節奏美[58]。其中，因「昔」之歡愉，故覺光陰似箭；由「今」之憂傷，故覺度日如年，這樣的心裡變化也可從時間順序的年齡、節令的安排看出。而本詩文旨即安置於篇腹「感此傷妾心，坐愁紅顏老」之中。

「虛」的部分是從「早晚下三巴」至篇末，是寫女子內心的渴望（願望），「妾想歸音使其迎夫有日，路雖遠亦不辭其勞苦也。」[59]就是希望自己的丈夫能平安歸來，即使是要至長風沙遠迎也是甘之如飴。所以這首詩的內容是「止述幼時，直說到望郎的歸來爲止。」[60]

就是寫一女子以自述的口吻，抒寫幼時至分離情景以及對遠行丈夫的思念。

㈣〈夜雨寄北〉

君問歸期未有期，巴山夜雨漲秋池。何當共剪西窗燭，卻話巴山夜雨時？

其結構分析表如下：61

實（現在）：「君問歸期未有期」二句
虛（未來）：「何當共剪西窗燭」二句

作者在首句以問答的方式寫歸家無期的無奈，點出了彼此的「相思」之情；次句再以眼前夜雨之秋景渲染出「歸期未有期」的沉痛情緒，藉景襯托出自己羈旅之愁與不得歸之苦，擴大了「相思」之情。而末兩句化實為虛，為作者內心對未來的願望，希望將來有一天能夠相聚，再來話當年，其思歸之心表露無遺，但用「何當」等字眼與「未有期」對應，「既有熱切地盼望，又有難以料定的惆悵」62，如此更加深了「相思」之苦。霍松林說：「未來的樂，自然反映出今夜的苦；而今夜的苦又成了未來剪燭夜話的材料，增添了重聚時的樂。四句詩，明白如話，卻何等曲折，何等深婉，何等含蓄雋永，餘味無窮！」63詩人利用「今日與來日相對應」64（即前實後虛）的筆法，激發出相思不盡之意（隱於篇外），可見此詩是極有章法的。

(五)〈雨霖鈴〉

寒蟬淒切，對長亭晚，驟雨初歇。都門帳飲無緒，方留戀處，蘭舟催發。執手相看淚眼，竟無語凝噎。念去去、千里煙波，暮靄沉沉楚天闊。　多情自古傷離別，更那堪、冷落清秋節。今宵酒醒何處？楊柳岸、曉風殘月。此去經年，應是、良辰好景虛設。便縱有、千種風情，更與何人說。

其結構分析表如下：65

- 實
  - 物（環境）：「寒蟬淒切」三句
  - 人（惜別）：「都門帳飲無緒」五句
- 虛
  - 一（當時）：「念去去」二句
  - （插敘）：「多情自古傷離別」二句
  - 二（當夜）：「今宵酒醒何處」二句
  - 三（日後）：「此去經年」四句

在實的部分，作者先以起三句點明時地景物，藉著長亭的寂寥秋景來襯托出「傷別」之情；再以「都門帳飲無緒」五句寫人的惜別之情，前三句透過餞別時的欲飲無緒、欲留不能的情事，使「傷別」之情更加深一層；然後再以「執手相看淚眼」兩句，寫客主臨別「留戀」的情態，進一步將「傷別」之情具體描寫。

在虛的方面分為三小節來寫：第一節「念去去」二句，針對實的部分，寫「執手相看淚眼」時所預見「蘭舟」甫去之情景，藉空闊的煙江暮天，極力擴大「傷別」之情；第二小節為「今宵酒醒何處」二句，寫「執手相看淚眼」時所預見「蘭舟」離去當夜之情景，藉曉風殘月，再對「傷別」之情加以有力的烘托；第三小節為末四句，寫「執手相看淚眼」時預見「蘭舟」離去次日以至「經年」的情景，用「良辰美景」所激生的「千種風情」，把「傷別」之情作最後的宣洩。而在第一、第二小節之間，作者用「多情自古傷離別」兩句以插敘的方式來點明文旨，統括全詞。

五、「泛具」法

陳滿銘在〈談詞章的兩種作法——泛寫與具寫〉一文中說：「詞章是用以表情達意的，通常為了要加强表情達意的效果，以觸生更大的感染力或說服力，則非借助於具體的情事、景物或特殊的狀況不可。而專事描寫具體的情事、景物或特殊狀況的，我們特稱為具寫法；至於泛泛地敘寫抽象情意或一般狀況的，則稱作泛寫法。」[66]可見泛具法原本包含的範圍相當大，仇小屏在《篇章結構類型論》上冊中將「情景」與「論敘」兩類獨立出來，而「論景」和「情敘」兩類留在泛具法中。

在高中國文所選古典詩詞中，則有「全具」與「先具後泛」形式：

(一)全具

第一層呈現「全具」結構者，有〈使至塞上〉一篇：

單車欲問邊，屬國過居嚴。征蓬出漢塞，歸雁入胡天。
大漠孤煙直，長河落日圓。蕭關逢候吏，都護在燕然。

其結構分析表如下：[67]

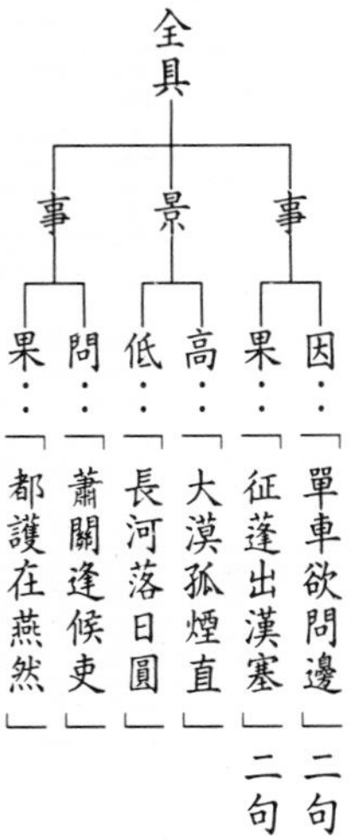

本詩爲「全具」的結構，先以首句「單車欲問邊」點明問邊之事，再以次句「屬國過居嚴」點出居嚴之地，就是因爲自己要出塞宣慰、訪察軍情，所以才以「征蓬」與「歸雁」自比，來寄託自己出漢塞、入胡天的激憤孤寂心理，黃振民即說：「其中征蓬一聯，以征蓬與歸雁作對，描述使者去國之可傷，語極警策動人。」[68]而由此也過渡到寫景色的頸聯，詩人藉著在一望無際的大漠中所見的「孤煙直」與滾滾不絕的長河上所見的「落日圓」，交織成一幅壯闊雄渾卻又孤獨感傷的景象，襯托出詩人內心的孤寂。末兩句則以遇到候騎，所欲探訪的都護人在燕然之事來爲首聯作一回應，以此作結。因本詩全爲寫景與敍事，故其文旨安置於篇外。

(二)先具後泛

〈蜀相〉、〈無題〉、〈觀書有感〉之一皆是呈現「先具後泛」結構：

1、〈蜀相〉

丞相祠堂何處尋？錦官城外柏森森。映階碧草自春色，隔葉黃鸝空好音。
三顧頻煩天下計，兩朝開濟老臣心。出師未捷身先死，長使英雄淚滿襟。

其結構分析表如下：[69]

- 具（景）
  - 遠（堂外）：「丞相祠堂何處尋」二句
  - 近（堂前）：「映階碧草自春色」二句
- 泛（論）
  - 功業：「三顧頻煩天下計」二句
  - 遺憾：「出師未捷身先死」二句

本詩爲杜甫拜訪蜀相祠堂所生發的不平之論。周振甫分析此詩說：「這詩前四句主要是描寫，後四句是議論。」[70]可知此詩爲「先具（景）後泛（論）」的結構。作者先以具體的景色描繪祠堂週圍的環境：首句以問引起，問丞相祠堂何在；第二句承上之問句描繪出堂外景色，以「錦官城外」點明地點、「柏森森」形容葱郁的氣象。接著三、四兩句由遠望而及近視，以「映階碧草」、「隔葉黃鸝」寫堂前景色，藉「自春色」與「空好音」淒涼的景象襯托出詩人孤寂的心境。由於以上四句雖是寫拜訪之景卻不著意於此，是藉具體的景物來寄託抽象的議論，故以下四句爲詩人的心境表露，藉議論蜀相之事抒發自身的憾恨：頸聯以「三顧茅廬」與「兩朝開濟」寫蜀相的才識與忠誠，充滿了欽慕頌揚之意；而末聯突然一跌爲老淚縱橫的遺憾，遺憾蜀相的「出師未捷」，也於篇外遺憾自己的抱負難酬，引發無限的嘆惋。

2、〈無題〉

來是空言去絕蹤，月斜樓上五更鐘。夢為遠別啼難喚，書被催成墨未濃。
蠟照半籠金翡翠，麝熏微度繡芙蓉。劉郎已恨蓬山遠，更隔蓬山一萬重。

其結構分析表如下：

- 具
  - 事
    - 空言：「來是空言去絕蹤」二句
    - 夢醒
      - 因：「夢為遠別啼難喚」
      - 果：「書被催成墨未濃」
  - 景：「蠟照半籠金翡翠」二句
- 泛（情）：「劉郎已恨蓬山遠」二句

本詩先以「來是空言去絕蹤」二句點出現在的時刻與心頭所想之事，並以此帶出下文之

「夢醒」：因爲對方徒留再來的「空言」，一去便毫無消息，這樣當然睡不成眠，爲心頭之「恨」鋪墊。接著寫因追溯夢中的情境，「這樣的夢，正反映了遠別所造成的深刻的心靈傷痛，也更強化了刻骨的相思。」[71]所以驚醒後馬上就給對方寫信，「墨未濃」三字很生動地表現出主角的急切心情，更見思念之深。夢醒書成之後，主角望著室內的環境，藉「金翡翠」、「繡芙蓉」等屬於往昔美好愛情生活的象徵，反襯出主角今日的孤單與落寞，也引出最後兩句的抒情，將心中之「恨」明白揭示出來，統領全篇。而就是因爲有前六句具寫遠別之事與室內之景，將遠別之「恨」反覆描繪渲染，才使得後兩句泛寫抒發天涯阻隔之恨能具有迴腸盪氣的藝術力量。[72]但因詩中之「恨」爲劉郎之恨，是用以襯出自己之恨，故仍應從篇外尋求。

3、〈觀書有感〉之一

半畝方塘一鑑開，天光雲影共徘徊。問渠那得清如許？為有源頭活水來。

其結構分析表如下：

- 具（景）
  - 靜：「半畝方塘一鑑開」
  - 動：「天光雲影共徘徊」
- 泛（論）
  - 果（問）：「問渠那得清如許」
  - 因（答）：「為有源頭活水來」

陳達凱分析本詩的作法時，說：「〈觀書有感〉，意在講道理，但作者卻從自然界捕捉形象，讓形象本身說話。詩的前兩句展示形象本身，後兩句引出哲理。」[73]所以本詩是「先具（景）後泛（論）」的結構，藉具體的自然現象來說明讀書的重要，故文旨安置於篇外。本詩以前兩句靜態的「半畝方塘」與動態的「天光雲影」描繪出能映照景物的澄澈池塘，以此來象徵清明的思維；後兩句則是承上所發的議論，以一問一答來解釋爲何池塘會如此清澈之因，藉此說明不斷地吸收新知就像不斷的源頭活水一樣，是可以讓吾人保持靈動明晰的思緒。

第二節　其他章法結構與義旨教學

在高中國文所選古典詩詞中，除了多變的「虛實」法外，第一層結構還運用到了「凡目」、「今昔」、「因果」、「時空交錯」、「正反」、「淺深」、「賓主」、「抑揚」、「點染」、「並列」等章法，依其使用次數多寡討論如下：

一、「凡目」法

「凡目」法被發現的頗早，但都是使用不同的異稱，不管是「總數」、「提應」、「括契」、「分總」、「演繹」、「歸納」法等等皆是，而「凡目」法的名稱是由陳滿銘所提出的。簡單的說：「凡」是總括，「目」是條分，而「凡目法」就是在「敍述同一類事、景、理、情時，運用了『總括』與『條分』來組織篇章的一種方式。」[74]其在運用時呈現出「先凡後目」、「先目後凡」、「凡目凡」與「目凡目」四種[75]：

(一)先凡後目

第一層爲「先凡後目」結構的，有〈飲馬長城窟行〉與〈陌上桑〉二篇：

1、〈飲馬長城窟行〉

青青河畔草，緜緜（綿綿）思遠道。遠道不可思，夙昔夢見之。

夢見在我傍，忽覺在他鄉。他鄉各異縣，展（輾）轉不可見。
枯桑知天風，海水知天寒。入門各自媚，誰肯相為言！
客從遠方來，遺我雙鯉魚。呼兒烹鯉魚，中有尺素書。
長跪讀素書，書中竟何如？上有（言）加餐食，下有（言）長相憶。

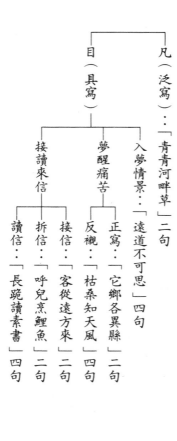

其結構分析表如下：[76]

- 凡（泛寫）：「青青河畔草」二句
- 目（具寫）
  - 入夢情景：「遠道不可思」四句
  - 夢醒痛苦
    - 正寫：「它鄉各異縣」二句
    - 反襯：「枯桑知天風」四句
  - 接讀來信
    - 接信：「客從遠方來」二句
    - 拆信：「呼兒烹鯉魚」二句
    - 讀信：「長跪讀素書」四句

本詩是採「先凡後目」的形式寫成，陳滿銘分析此詩說：「首先以開篇兩句起興，拈出

『思遠道』作一篇綱領，以統攝全詩；這是『凡』的部分。其次以『遠道不可思』四句，寫這一位女主人翁夢見自己的丈夫來到身邊，頃刻之間又離去，無論怎樣也無法追尋他的蹤影，藉夢境的撲朔迷離，以增添『思遠道』之情；這是『目一』的部分。又其次以『他鄉各異縣』二句，正寫夢醒的痛苦，以『枯桑知天風』四句，採譬喻和反襯的手法，寫鄰家夫妻團聚而自己卻無人慰問的情形，來寫自己的痛苦，由此加深『思遠道』之情；這是『目二』的部分。接著以『客從遠方來』二句寫接獲來信，『呼兒烹鯉魚』二句寫跪讀書信，『上言加餐飯』二句寫信中內容，將『思遠道』之情推深到極處；尤其是結尾兩句，在表面上看來是勸慰語，而實際上卻暗含著丈夫歸家無期的意思，使這位女主人翁更黯然銷魂，肝腸寸斷；這是『目三』的部分。」[77]可知「目」的部分有加深、說明的作用。而其文旨爲「思遠道」之「思」，則安置於篇首「凡」的部分。

2、〈陌上桑〉

日出東南隅，照我秦氏樓。秦氏有好女，自名為羅敷。羅敷憙（善）蠶桑，采桑城南隅。青絲為籠係，桂枝為籠鉤。頭上倭墮髻，耳中明月珠。緗綺為下裙，紫綺為上襦。行者見羅敷，下擔捋髭鬚。少年見羅敷，脫帽著帩頭。耕者忘其犁，鋤者忘其鋤。來歸相怨怒，但坐觀羅敷。使君從南來，五馬立踟躕。使君遣吏往，「問是誰家姝？」「秦氏有好女，自名為羅敷。」「羅敷年幾何？」「二十尚不足，十五頗有餘。」使君謝羅敷：「寧可共載不？」羅敷前置辭：「使君一何愚！使君自有婦，羅敷自有夫。」「東方千餘騎，夫婿居上頭，何用識夫婿？白馬從驪駒。青絲繫馬尾，黃金絡馬頭；腰中鹿盧劍，可直千萬餘。十五府小吏，二十朝大夫，三十侍中郎，四十專城居。為人潔白皙，鬑鬑頗有鬚，盈盈公府步，冉冉府中趨。坐中數千人，皆言夫婿殊。」

其結構分析表如下：

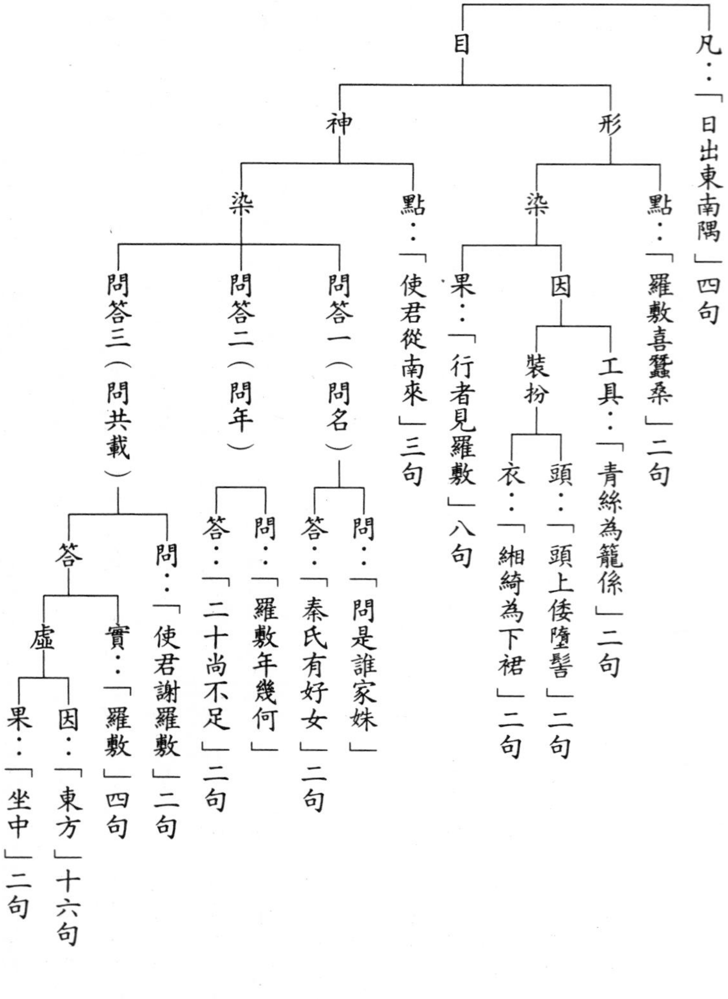
凡：「日出東南隅」四句
目
形
點：「羅敷喜蠶桑」二句
染
因
工具：「青絲為籠係」二句
裝扮
頭：「頭上倭墮髻」二句
衣：「緗綺為下裙」二句
果：「行者見羅敷」八句
神
點：「使君從南來」三句
染
問答一（問名）
問：「問是誰家姝」
答：「秦氏有好女」二句
問答二（問年）
問：「羅敷年幾何」
答：「二十尚不足」二句
問答三（問共載）
問：「使君謝羅敷」二句
答
實：「羅敷」四句
虛
因：「東方」十六句
果：「坐中」二句

本詩以起首四句爲總括，點明所要描寫的就是秦氏羅敷之「好」，以此爲綱領（也是文旨），統攝全詩。以下就以羅敷之「形」與「神」兩方面來分寫羅敷之好。在「形」的部分，先以「羅敷憙（善）蠶桑」二句點出羅敷所作之事，再以「青絲爲籠係」二句開始形容羅敷的身旁工具，「頭上倭墮髻」四句形容羅敷的穿著，這些都是從羅敷的周遭寫來，並沒有直接描寫羅敷的容貌，卻從旁襯托出羅敷之形好。接著以「行者見羅敷」八句寫旁人因見到羅敷而忘了耕作，因而互相埋怨，如此更凸顯出羅敷之形好，是有目共睹的，也更令人有想像的空間。在「神」的部分，則是藉使君之事來陪襯出她的神好：先以「使君從南來」交待使君出場，以「五馬立踟躕」二句表示使君見羅敷之美不捨離去，派人前去詢問。所以以下皆是「問答」的形式，先問「名」、再問「年」、後問「共載」；而在問答三的地方，羅敷前置辭以「使君一何愚」三句表明自己已有夫，可見其神好；接著以「東方千餘騎」十六句通過設想寫其夫之官運亨通與人才出衆來表明心志，最後兩句則是設想其他人也是很尊崇她的夫婿的，如此更增添羅敷之神好。張燕瑾說：「詩的前半部寫羅敷的容貌之美，詩的後半部分寫羅敷的人格之美，一個人的容貌是實的，是具體可見的，作者實者虛之，寫容貌美處處從虛處著筆；一個人的精神品格是虛的，是看不見摸不著的，作者虛者實之，寫人格美處處從實處落墨。」[78]可見本詩章法運用之妙。

(二)先目後凡

〈黃鶴樓〉則是「先目後凡」結構：

昔人已乘黃鶴去，此地空餘黃鶴樓。黃鶴一去不復返，白雲千載空悠悠。晴川歷歷漢陽樹，芳草萋萋鸚鵡洲。日暮鄉關何處是？煙波江上使人愁。

其結構分析表如下：79

- 目
  - 一（事）：「昔人已乘黃鶴去」四句
  - 二（景）：「晴川歷歷漢陽樹」二句
- 凡（情）：「日暮鄉關何處是」二句

陳滿銘在《文章結構分析》中云：「此爲懷古思鄉之作，是採『先目後凡』的結構寫成。」80喻守眞亦云：「此詩是弔古懷鄉之作，所謂即景生感者也。」81此詩構篇的方式是：「目一」爲敍事，「目二」寫景，「凡」則爲抒情。作者先將題目扣緊，透過想像，在前四句虛寫黃鶴樓的來歷；而由黃鶴之一去不復返與白雲千載之悠悠，將時空擴大，爲「愁」蓄力；這是「目一」的部分。頸聯實寫登樓所見的空闊景物，再爲「愁」助勢；這是「目二」。最後尾聯由自問自答中，將空間伸向故園，很自然地逼出一篇文旨「鄉愁」作結；這是「凡」。如此一路寫來，「脈絡極其淸晰」㉜。

㈢凡目凡

呈現「凡目凡」結構的，則有〈行行重行行〉與〈詠史詩〉之一等篇：

1、〈行行重行行〉

行行重行行，與君生別離。相去萬餘里，各在天一涯。
道路阻且長，會面安可知？胡馬依北風，越鳥巢南枝。
相去日已遠，衣帶日已緩。浮雲蔽白日，遊子不顧反。
思君令人老，歲月忽已晚。棄捐勿復道，努力加餐飯。

其結構分析表如下：

- 凡：「行行重行行」四句
- 目
  - 空
    - 正：「道路阻且長」二句
    - 反：「胡馬依北風」二句
  - 時
    - 果：「相去日已遠」二句
    - 因：「浮雲蔽白日」二句
- 凡：「思君令人老」四句

本詩以「思」字爲全詩的主題，呈現「凡目凡」結構。第一個「凡」由開頭至「各在天一涯」點明與君分離、相隔萬里之離情，爲「思君」之根源；再由「道路阻且長」至「遊子不顧反」八句分別從「空間」與「時間」兩方面來敍明離情，增添「思君」之苦。「空間」方面以「道路阻且長」二句正寫距離之遙遠，相見無期的感傷，也回應上文之「凡」，接著以「胡馬依北風」二句運用比喻反襯出下文之「遊子不顧反」，更加深女子「思君」之苦；而「時間」方面以「相去日已遠」二句寫因隨著分別時日的增加，女子也因「思君」而日益消瘦，至於爲何女子會如此痛苦呢？就是因爲「遊子不顧反」啊！至此，詩人將女子「思君」之因與「思君」之苦作了陳述，第二個「凡」即以「思君令人老」二句上收全詩，點出一詩之文旨，將「思君」之苦全盤托出；並以「棄捐勿復道」二句表明「思君」之深情，並不繼續沉湎於自己之苦，如此則此「思」更進一層；對此，張小敏說：「這樣結尾寫出了新意，表現了彼此心心相印的信賴和對愛情的始終不渝，是一般思婦詞不能相提並論的。」㊳所說極是。

2、〈詠史詩〉之一

弱冠弄柔翰，卓犖觀羣書。著論準〈過秦〉，作賦擬〈子虛〉。
邊城苦鳴鏑，羽檄飛京都。雖非甲冑士，疇昔覽〈穰苴〉。
長嘯激清風，志若無東吳。鉛刀貴一割，夢想騁良圖。
左眄澄江湘，右盼定羌胡。功成不受爵，長揖歸田廬。

其結構分析表如下：

- 目一（實）
  - 先（文才）：「弱冠弄柔翰」四句
  - 過渡：「邊城苦鳴鏑」二句
  - 後（武略）：「雖非甲冑士」二句
- 凡：「長嘯激清風」四句
- 目二（虛）
  - 志向一：「左眄澄江湘」二句
  - 志向二：「功成不受爵」二句

「目一」爲篇首至「疇昔覽〈穰苴〉」，寫作者自述自身的才能，有文才、有武略，此兩者間以「邊城苦鳴鏑」二句爲過渡，如此將文才過渡到武略，一方面點出時代的背景、國家的需要，一方面也傳達出自身的才能、胸懷的抱負。「凡」的部分爲「長嘯激淸風」四句，收束上文，以提起下文。因爲有上文的文才武略，所以才能對國家有所助益，也才能有一番作爲。末四句爲作者寫其志向，包含了作者希望爲國效力的雄心與功成後的渴望，此爲虛寫的方式，爲「目二」的部分。故此詩旨在寫作者自己的抱負與情懷，安置於篇腹「夢想騁良圖」句，用一實一虛形成「目一」、「目二」的方式，實寫自身的能耐，虛寫自身的期望，一前一後來描寫自己的情懷，簡潔有力，直抒胸臆。

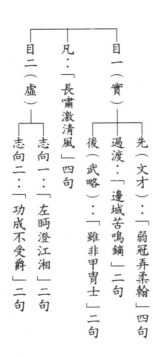

(四)目凡目

至於「目凡目」結構則有〈琵琶行〉與〈蓼莪〉：

1、〈琵琶行〉

潯陽江頭夜送客，楓葉荻花秋瑟瑟。主人下馬客在船，舉酒欲飲無管絃；醉不成歡慘將別，別時茫茫江浸月。忽聞水上琵琶聲，主人忘歸客不發。尋聲闇問彈者誰？琵琶聲停欲語遲。移船相近邀相見，添酒迴燈重開宴。千呼萬喚始出來，猶抱琵琶半遮面。轉軸撥絃三兩聲，未成曲調先有情。絃絃掩抑聲聲思，似訴平生不得志。低眉信手續續彈，說盡心中無限事。輕攏慢撚抹復挑，初為霓裳後綠腰。大絃嘈嘈如急雨，小弦切切如私語；嘈嘈切切錯雜彈，大珠小珠落玉盤。間關鶯語花底滑，幽咽泉流水下灘。水泉冷澀絃凝絕，凝絕不通聲暫歇。別有幽愁闇恨生，此時無聲勝有聲。銀瓶乍破水漿迸，鐵騎突出刀槍鳴。曲終收撥當心畫，四絃一聲如裂帛。東船西舫悄無言，唯見江心秋月白。沉吟放撥插絃中，整頓衣裳起斂容。自言：「本是京城女，家在蝦蟆陵下住。十三學得琵琶成，名屬教坊第一部，曲罷曾教善才伏，妝成每被秋娘妒。五陵年少爭纏頭，一曲紅綃不知數。鈿頭雲篦擊節碎，血色羅裙翻酒汙。今年歡笑復明年，秋月春風等閒度。弟走從軍阿姨死，暮去朝來顏色故。門前冷落車馬稀，老大嫁作商人婦。商人重利輕別離，前月浮梁買茶去。去來江口守空船，遶船月明江水寒。夜深忽夢少年事，夢啼妝淚紅闌干。」我聞琵琶已歎息，又聞此語重唧唧！同是天涯淪落人，相逢何必曾相識！我從去年辭帝京，謫居臥病潯陽城；潯陽地僻無音樂，終歲不聞絲竹聲。住近湓江地低濕，黃蘆苦竹繞宅生；其間旦暮聞何物？杜鵑啼血猿哀鳴。春江花朝秋月夜，往往取酒還獨傾。豈無山歌與村笛？嘔啞嘲哳難為聽。今夜聞君琵琶語，如聽仙樂耳暫明。莫辭更坐彈一曲，為君翻作〈琵琶行〉。感我此言良久立，卻坐促絃絃轉急；淒淒不似向前聲，滿坐重聞皆掩泣。座中泣下誰最多？江州司馬青衫濕。

其結構分析表如下：[84]

- 目
  - 今
    - 引子
      - 因
        - 夜送客：「潯陽」二句
        - 無管絃：「主人」四句
        - 聞琵琶：「忽聞」二句
      - 果（邀相見）：「尋聲」六句
    - 初彈
      - 試彈：「轉軸」二句
      - 彈奏：「絃絃」十八句
      - 曲終：「曲終」四句
  - 昔
    - 接榫：「沉吟」二句
    - 來歷
      - 籍貫：「自言」二句
      - 學成：「十三」二句
    - 遭遇
      - 昔盛：「曲罷」八句
      - 今衰：「弟去」十句
- 凡：「我聞琵琶」四句
- 目
  - 昔
    - 謫居潯陽：「我從」二句
    - 潯陽環境
      - 無音樂：「潯陽」二句
      - 地勢低：「住近」二句
      - 所聞聲：「其間」六句
  - 今
    - 重彈：「今夜」七句
    - 掩泣
      - 滿座：「滿座」句
      - 作者：「座中」二句

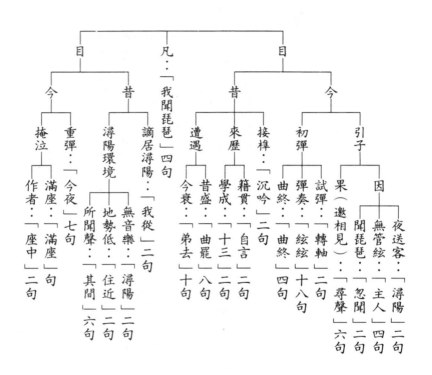

此詩旨在藉琵琶女的不幸遭遇，以抒發自己淪落之恨。依內容可分為三個大段落，第一段是寫邀商婦彈琵琶的情形和細寫琵琶的聲調。第二段是代商婦自訴身世，由青春而老大。第三段是作者自己抒寫傷感之情、遭謫之苦[85]。就全詩結構來看，它是用「目、凡、目」的形式寫成的。

第一個「目」為篇首至「夢啼妝淚紅闌干」，寫的是作者聞琵琶而邀相見，然後琵琶女初彈琵琶的情形（今）與傾吐過往的身世（昔）。其次以「我聞琵琶已嘆息」四句，承上啓下，拈出「淪落」二字作為一篇綱領，以統攝全篇，這是「凡」。[86]關於此點，邱燮友亦云：「『同是天涯淪落人』是本詩的主題。」[87]第二個「目」寫作者謫居之事（昔）與拉回現實（今）寫重彈一曲的結果。如此以「目、凡、目」的結構來寫，使淪落之恨不但融入曲聲與兩人之遭遇，更灑滿大江、明月、楓葉、荻花、黃蘆、苦竹、啼鵑、哀猿之上，真是「情致曲盡，入人肝脾」（王若虛《滹南遺老集》），感人至深。

2、〈蓼莪〉

蓼蓼者莪，匪莪伊蒿。哀哀父母，生我劬勞。
蓼蓼者莪，匪莪伊蔚。哀哀父母，生我勞瘁。

缾之罄矣，維罍之恥。鮮民之生，不如死之久矣。
無父何怙？無母何恃？出則銜恤，入則靡至。
父兮生我，母兮鞠我。拊我畜我，長我育我，
顧我復我，出入腹我。欲報之德，昊天罔極！
南山烈烈，飄風發發。民莫不穀，我獨何害？
南山律律，飄風弗弗。民莫不穀，我獨不卒！

其結構分析表如下[88]：

- 目
  - 一父母劬勞
    - ㈠「蓼蓼者莪」四句
    - ㈡「蓼蓼者莪」四句
  - 二
    - 無親之苦（人子不幸）：「缾之罄矣」八句
    - 育子之艱（父母劬勞）：「父兮生我」六句
- 凡：「欲報之德」二句
- 目（人子不幸）
  - ㈠「南山烈烈」四句
  - ㈡「南山律律」四句

張厚余分析此詩說：「這首詩構思完整，感情表達極有層次而且非常充分，第一、二章爲第一層次，以兩個樂章的複沓表現作者對父母的深切悼念；第三四章爲第二個層次，表達父母去世後無恃無靠的悲傷和對父母養育之恩的無限懷念。第五六章爲第三層次，亦以結構相同的句式反覆詠嘆，表現作者失去父母的悲痛心情。」[89]可見本詩之段落內容。由於本詩旨在寫「孝子痛不能終養」之哀，而篇腹之「欲報之德，昊天罔極」正是此意，所以本詩爲「目凡目」結構，先以「蓼蓼者莪」四句（第一章）點出父母養育子女的勞苦，以此爲「孝子痛不能終養」之哀情作準備；再以次四句（第二章）反覆唱嘆，更增添「孝子痛不能終養」之哀情。接著以第三章「缾之罄矣」爲比喻，比喻無法孝親之人，倒不如死了算了；再以「無父何怙」四句寫無父無母的悲哀，更加深「孝子痛不能終養」之哀；再用「父兮生我」六句寫父母養育子女的艱辛，藉此襯托出孝親之重要，益加使得無法孝親的主角哀痛。在描寫了父母劬勞、無親之苦、育子之艱之後，自然就會發出「欲報之德，昊天罔極」的呼喊，這就是無法盡孝者的哀聲（第四章）。最後「南山烈烈」與「南山律律」八句（第五、六章），皆是用他人的幸福襯托出自己無法孝親的不幸，爲「孝子痛不能終養」之哀作最後的宣洩。

二、「今昔」法

事情的發展都有發生的時間順序，人的歲月隨著時間的遞增也有今昔之分；所以不管是敍事的前因後果，還是抒情的今昔之嘆，常常會運用到「今昔法」來謀篇。仇小屏在《篇章結構類型論》上册中說：「今昔法可以說是將時間中的『今』（現在）與『昔』（過去），依篇章需求作適當安排的章法。」（十九頁）可以說「今昔法」的時間是正在發生與曾經發生過的，所以是實際經歷的「實」時間。而作者在以依時間來組織篇章時，最常用的方法是「由昔而今」和「由今而昔」，有時也會採用「今昔錯間」的方式⑽。

而在高中國文所選古典詩詞的篇目中，第一層結構則有「由昔而今」與「今昔今」二種：

(一)由昔而今

第一層爲「由昔而今」結構的篇章，有〈蒹葭〉、〈山行〉、〈浪淘沙〉、〈定風波〉等篇：

1、〈蒹葭〉

蒹葭蒼蒼，白露為霜。所謂伊人，在水一方。溯洄從之，道阻且長；溯游從之，宛在水中央。蒹葭淒淒，白露未晞。所謂伊人，在水之湄。溯洄從之，道阻且躋；溯游從之，宛在水中坻。蒹葭采采，白露未已。所謂伊人，在水之涘。溯洄從之，道阻且右，溯游從之，宛在水中沚。

其結構分析表如下：[91]

- 一
  - 先
    - 此：「蒹葭蒼蒼」二句
    - 彼：「所謂伊人」二句
  - 後
    - 遠：「溯洄從之」二句
    - 近：「溯游從之」二句
- 二
  - 先
    - 此：「蒹葭淒淒」二句
    - 彼：「所謂伊人」二句
  - 後
    - 遠：「溯洄從之」二句
    - 近：「溯游從之」二句
- 三
  - 先
    - 此：「蒹葭采采」二句
    - 彼：「所謂伊人」二句
  - 後
    - 遠：「溯洄從之」二句
    - 近：「溯游從之」二句

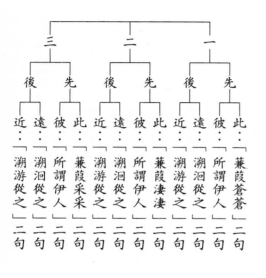

古添洪在〈秦風蒹葭篇〉一文中，分析說：「〈蒹葭〉的重調，只有重覆同一的心象。」[92]但除了反覆詠嘆安置於篇外的文旨：「求之不得的惆悵」外，彼此還呈現時間遞移的關係：第一章「白露爲霜」寫的是秋晨露寒霜重之景；第二章「白露未晞」寫的是旭日初昇，霜露漸融之狀；第三章「白露未已」則是陽光普照，露珠將乾之時。所以此詩以每章首四句刻畫了詩人追求的時地，渲染出三幅深秋早上河邊不同時間的背景，生動地描寫了等待伊人的情景。由於時間的推移，詩人仍上下求索、徘徊瞻望不已，表現出越來越迫切的心情[93]。所以本詩是「由昔而今」的結構，如此來逐步加深「求之不得」之苦。而每章中，皆呈現「由先而後」的結構，先看到「蒹葭」、「白露」與「伊人」，後上下求索尋找心目中理想的「伊人」。

2、〈山行〉

遠上寒山石徑斜，白雲生處有人家。停車坐愛楓林晚，霜葉紅於二月花！

其結構分析表如下：[94]

- 先（上山）：「遠上寒山石徑斜」
- 後（所見）
  - 清景（賓）：「白雲深處有人家」
  - 豔景（主）
    - 果：「停車坐愛楓林晚」
    - 因：「霜葉紅於二月花」

這首寫景詩，凝聚著作者熱愛自然，熱愛生命的美好情感。此詩爲「由昔而今」的順敍結構，但因歷時短暫，不太適合冠上「今」、「昔」之名，故用「先」、「後」將整件事貫穿起來。首句「遠上寒山石徑斜」是一件事情的開始，作者在此作了一個簡單的說明——指出此詩爲作者秋日登高山。此句以「遠」點出路途遙遠，表示山高；以「斜」點出山之陡峭，表示路曲；以「寒」點出冷落之感，表示秋山。然後隨著作者繼續登山，跟著所見景色也產生變化，作者接下來看到了白雲那頭的幾戶人家，走著走著卻不由自主的停了下來，因爲看到了令人著迷的紅楓。這樣循序漸進的寫作方式，有讓人跟著作者一步步往前登山的感受。筆者可以說，就是因爲作者運用了「由昔而今」的順序結構，才能讓整首詩理所當然的逐次推向全詩的重點與高潮。[95]而本詩所抒發的秋日登山的閒適之情，則隱於篇外。

3、〈浪淘沙〉

簾外雨潺潺，春意闌珊。羅衾不耐五更寒。夢裡不知身是客，一晌貪歡。　獨自莫憑闌！無限江山，別時容易見時難。流水落花春去也，天上人間。

其結構分析表如下：[96]

- 昔（敘夢）
  - 夢後（果）
    - 所聞：「簾外雨潺潺」
    - 所感：「春意闌珊」
  - 夢中（因）
    - 因：「羅衾不耐五更寒」
    - 果：「夢裡不知身是客」二句
- 今（敘望）
  - 遠
    - 果：「獨自莫憑欄」
    - 因：「無限江山」二句
  - 近
    - 所見：「流水落花春去也」
    - 所感：「天上人間」

本詩是採「由昔而今」的順敍手法，先敍夢，再寫望。陳滿銘在《詞林散步》一書中分析此詞說：首句寫的是夢後所聞，有意以「雨」來襯托主人翁的愁心。次句寫夢後所感，藉衰殘的暮春寫希望破滅後的淒涼心情。第三句寫該主人翁夢醒時的感受，也交待由夢中凍醒之因。第四、五句則寫夢境，藉夢裡之「歡」來反襯眼前孤單之苦。敍「望」（今）的部分爲詞之下片，用的是「由遠而近」的手法。開頭三句，寫的是憑欄遠眺之事。作者想要憑欄，可是因爲作者知道在憑欄後，「無限江山」會展現在眼前，面對它會强烈地感到「別時容易」（過去）而「見時難」（現在、未來）；所以他告訴自己不能這麼做。最後兩句寫得是憑欄近望之事。既然作者最後還是憑欄了，很自然地便遠由「無限江山」拉近到「流水落花」上，確實了「春去」的事實，而此「春」也包括了過去的種種美好。至於「天上人間」則是用以形容今昔的天壤之別。所謂「天上」，是「昔」，也是「夢」和「春」；而「人間」則是「今」，也是「夢後」和「春去」，就因作者由一國之君（昔）一變而爲階下囚（今），今昔變化之大，無怪乎作者要發出「天上人間」之嘆了。⑰而這種家國之恨則要從篇外尋求了。

4、〈定風波〉

莫聽穿林打葉聲，何妨吟嘯且徐行。竹杖芒鞋輕勝馬，誰怕？一蓑煙雨任平生。

料峭春風吹酒醒，微冷，山頭斜照卻相迎。回首向來蕭瑟處，歸去，也無風雨也無晴。

其結構分析表如下：[98]

- 先（遇雨）
  - 敘事：「莫聽穿林打葉聲」二句
  - 抒情：「竹杖芒鞋輕勝馬」三句
- 後（放晴）
  - 敘事：「料峭春風吹酒醒」三句
  - 抒情：「回首向來蕭瑟處」三句

此詞是按時間的順序寫成的。在上片是寫遇雨時之事，以開頭二句先敍寫遇雨之事，再以「竹杖芒鞋輕勝馬」三句寫遇雨的感懷，是先敍事後抒情的方式，將作者所欲抒發的「曠達胸懷」寓於其中，安置於篇外。下片則是寫放晴後之事，也是先敍事後抒情的方式：以「料峭春風吹酒醒」三句寫放晴之事，再以「回首向來蕭瑟處」三句寫出當時的心情。如此以「先」、「後」的對照方式寫來，則作者憂樂兩忘的「曠達胸懷」隨著放晴反而更進一層。

(二)今昔今

第一層爲「今昔今」結構的篇章有〈念奴嬌〉一篇：

大江東去，浪淘盡、千古風流人物，故壘西邊，人道是：三國周郎赤壁。亂石崩雲（穿雲），驚濤裂岸（拍岸），捲起千堆雪。江山如畫，一時多少豪傑。　遙想公瑾當年，小喬初嫁了，雄姿英發。羽扇綸巾，談笑間、強虜（檣櫓）灰飛煙滅。故國神遊，多情應笑我，早生華髮。人生如夢，一尊還酹江月。

其結構分析表如下：[99]

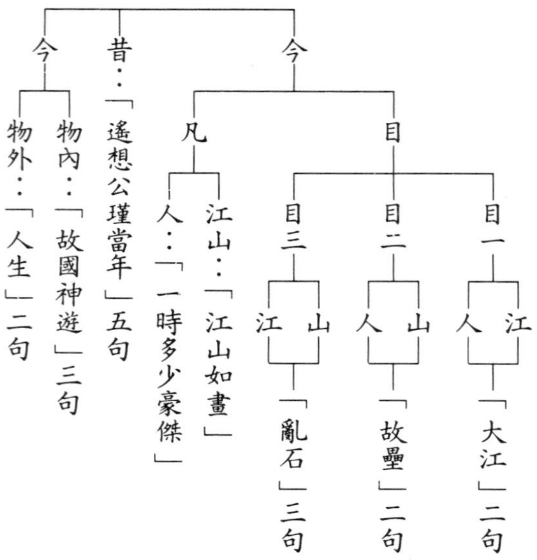

本詩爲「今昔今」的結構，可以說本詩分爲三個部分。第一個「今」寫作者於赤壁所見江山勝景聯想到當年破曹的英雄豪傑，是從篇首至「一時多少豪傑」，寫的是作者於當時（今）赤壁所見江山勝景，而聯想到當年破曹的英雄豪傑，也爲第二部分的「昔」做導引，順理成章的將過去事蹟推演而出。「昔」是從「遙想公瑾當年」至「強櫓灰飛煙滅」，寫當年（昔）三國周郎的氣蓋一時，不可一世的英姿。第二個「今」為「故國神遊」至篇末，作者將思緒從遙想當年英姿煥發的周郎拉回，再回到現今世界的自我：一頭白髮、年華虛渡，與「昔」形成強烈的對比。這種寫法可以仔細交待前因後果，讓「今」與「昔」彼此對應，互相激盪，而讓人產生絕大的感悟或無限的惆悵。[100]至於作者所欲抒發之旨，安置於篇腹「多情應笑我」句。

三、「因果」法

「因」就是原因，「果」就是結果，以此種結構謀篇的篇章易讓人瞭解事件的原委、弄清議論的前因後果，所以是一種常被使用的方式。其呈現出的結構除了「由因及果」與「由果溯因」之外，還有交互出現的情形。

(一)由因及果

1、〈迴車駕言邁〉

迴車駕言邁，悠悠涉長道。四顧何茫茫，東風搖百草。
所遇無故物，焉得不速老！盛衰各有時，立身苦不早。

人生非金石，豈能長壽考！奄忽隨物化，榮名以為寶。

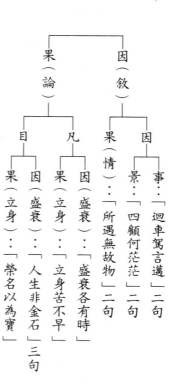

其結構分析表如下：

- 因（敘）
  - 因
    - 事：「迴車駕言邁」二句
    - 景：「四顧何茫茫」二句
  - 果（情）：「所遇無故物」二句
- 果（論）
  - 凡
    - 因（盛衰）：「盛衰各有時」
    - 果（立身）：「立身苦不早」
  - 目
    - 因（盛衰）：「人生非金石」三句
    - 果（立身）：「榮名以為寶」

本詩是採「先因後果」的結構來導引出「及早立身」的議論，安置於篇腹「立身苦不早」。前六句爲「因」（或「敘」），「寫旅途所見，引出人生易老之感」[101]。詩人駕著車子要回到遠方的故鄉，路途是如此的遙遠，舉目四望，看到的只是隨風飄搖的雜草，除此之外就一片「茫茫」了，這「茫茫」的景象也襯托出人生的「茫茫」。接著詩人發現所接觸到的外界景物竟都與以前不同，因而生發出人生短暫、「焉得不速老」之慨。黃廣華即分析說：「如果說，以上六句基本上是敍寫，那麼，下面就是由此而抒發的感想和議論。『盛衰各有時』句總結上意並引起下文。……正因爲有盛衰的物變，作者才有人生短暫之感，從而發出『立身不早』之嘆。」[102]所以彼此呈現「因果」關係。至於末四句則加以條分說明人生短暫、盛衰有時的道理，最後歸結到應及早立身求取榮名的重要。

2、〈關山月〉

明月出天山，蒼茫雲海間。長風幾萬里，吹度玉門關。

漢下白登道，胡窺青海灣。由來征戰地，不見有人還。

戍客望邊色，思歸多苦顏。高樓當此夜，歎息未應閒。

其結構分析表如下：

- 因
  - 景
    - 明月：「明月出天山」二句
    - 長風：「長風幾萬里」二句
  - 事
    - 敘：「漢下白登道」二句
    - 論：「由來征戰地」二句
- 果（情）
  - 實：「戍客望邊色」二句
  - 虛：「高樓當此夜」二句

本詩前四句敘月夜邊塞之景，分寫關山月，藉「明月」、「長風」的景象渲染出孤寂蒼涼的氣氛，並由此帶出「天山」、「玉門關」，點明戍守之地，預爲「遠戍之苦」鋪墊；再由蒼茫的「雲海」與長風的「幾萬里」襯托出戍客內心的茫然感受。詩中四句敘戰爭慘烈，無人生還之事：以「漢下白登道」二句敘寫戰爭的史事，再以「由來征戰地」二句歸結出戰爭的殘酷，余恕誠說：「這四句在結構上起著承上啓下的作用，描寫的對象由邊塞過渡到戰爭，由戰爭過渡到征戍者。」[103]提示出「遠戍之苦」的根源，也就是因爲戍客在這樣蒼涼的邊地戍守，又思及在戰爭中少見人還的情形，所以才引發出末四句戍客「思歸」的哀鳴，彼此呈現「因果」關係。而末四句中，戍客所望的「邊色」就是首四句所描寫的景象，而「多苦顏」即是因爲「由來征戰地，不見有人還」的感觸以及「思歸」但無法如願的哀愁；末兩句則是戍客思念在家鄉的妻子，想像妻子應該正立在高樓，嘆息不盡吧！如此寫來，更加深戍客「思歸之情」與「遠戍之苦」，此旨即安置於篇腹「思歸多苦顏」句。

3、〈輕肥〉

意氣驕滿路，鞍馬光照塵。借問何為者？人稱是內臣。
朱紱皆大夫，紫綬或將軍。誇赴軍中宴，走馬去如雲。
罇罍溢九醞，水陸羅八珍。果擘洞庭橘，鱠切天池鱗。
食飽心自若，酒酣氣益振。是歲江南旱，衢州人食人。

其結構分析表如下：

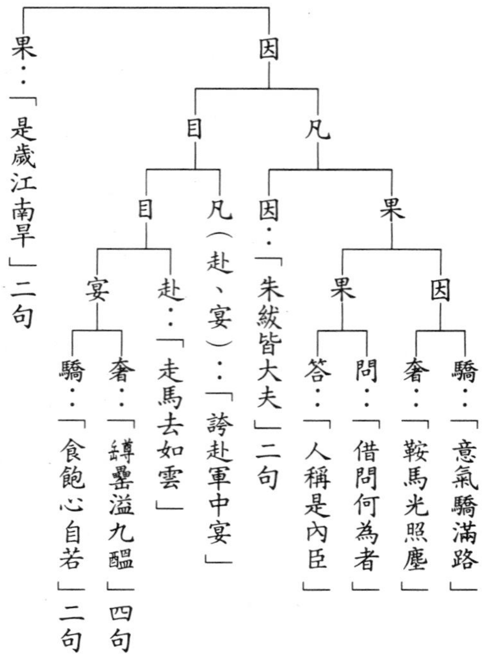

本詩呈現一種極度對比的畫面，而兩個世界卻又形成「因果」的關係，鄭永曉即說：「表面看來江南大旱與這次宴會風馬牛不相及，這兩句話似有突兀之處，實則江南大旱，百姓遭殃與宦官們的所作所爲是有直接關係。正是由於這幫手握軍政大權的宦官，不恤民情，在百姓遭到天災之際，仍然殘酷掠奪，才使得衢州發生了人食人的慘劇。所以這最後兩句與前面的描寫實暗含因果關係」[104]。

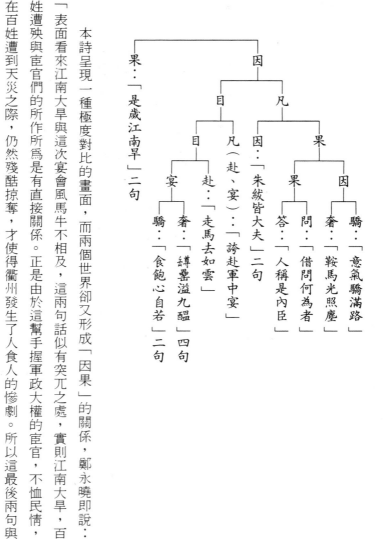

在「因」的部分，作者極力鋪張宦官的驕奢：經由首句「意氣驕滿路」的神氣與次句「鞍馬光照塵」的華麗，點出「驕」與「奢」；當百姓看到如此場景，自然會欣羨好奇，如此就運用「一問一答」帶出這批人是「內臣」。至於這批人爲何會如此驕奢，下面兩句就揭示了原因：因爲他們這些宦官不是「大夫」就是「將軍」，這裡就隱隱看出朝政紊亂、宦官專權的政治現象，這也是詩人所要揭露的。將宦官所以驕奢之因作了一番交待之後，詩人接著描寫這一羣宦官「誇赴中軍宴」的「奢、驕」情形，如此既回應前文，也將宦官的「驕、奢」作具體的表現，如此景象更與末兩句的「果」：「是歲江南旱，衢州人食人」形成鮮明的强烈對比，也將本詩的主題：「輕肥」激盪而出，而其文旨則須讀者自行於篇外咀嚼體會。

4、〈聲聲慢〉

尋尋覓覓，冷冷清清，悽悽慘慘戚戚。乍暖還寒時候，最難將息。三杯兩盞淡酒，怎敵他、晚來風急？雁過也，最傷心，卻是舊時相識。　滿地黃花堆積。憔悴損、如今有誰堪摘？守著窗兒，獨自怎生得黑。梧桐更兼細雨，到黃昏，點點滴滴。這次第，怎一箇愁字了得。

其結構分析表如下：(105)

- 因
  - 目一
    - 因：「尋尋覓覓」二句
    - 果：「悽悽慘慘戚戚」
  - 凡：「乍暖還寒時」二句
  - 目二
    - 先
      - 人事：「三杯兩盞淡酒」句
      - 自然
        - 風急：「怎敵他」句
        - 雁過：「雁過也」三句
        - 花落：「滿地黃花」二句
    - 後
      - 人事：「守著窗兒」二句
      - 自然：「梧桐更兼細雨」二句
- 果：「這次第」二句

陳滿銘在《詞林散步》一書中，分析說：這闋詞是以「先因後果」的結構來寫「愁」。在「因」的部分，主要採「目凡目」的形式寫成。以「目一」的「尋尋覓覓」三句寫尋覓舊跡但人事已非的淒慘心境，爲下句的「最難將息」預築橋梁。「凡」的部分承上啓下作一總

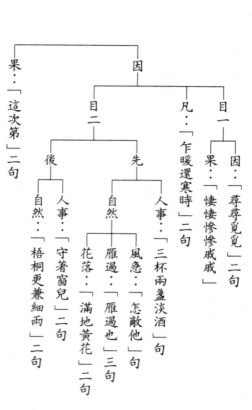

括，不言哀愁而哀愁自見。「目二」的部分，先以「三杯兩盞淡酒」寫人事，並以「怎敵他」至「如今有誰堪摘」寫風急、雁過、花落等自然之景；後以「守著窗兒」二句寫人事，並以「梧桐更兼細雨」二句寫自然之景，將「最難將息」作進一層的具體描寫，爲結二句蓄力。末兩句爲「果」的部分，用「這次第」總結「因」的部分，從而拈出一個「愁」字，點明文旨，以牢籠全詞，使全詞散發出無盡的哀愁。

(二)由果溯因

呈現「由果溯因」的作品有〈短歌行〉一首：

對酒當歌，人生幾何？譬如朝露，去日苦多。慨當以慷，幽思難忘。何以解憂？唯有杜康。青青子衿，悠悠我心。但為君故，沉吟至今。呦呦鹿鳴，食野之苹。我有嘉賓，鼓瑟吹笙。明明如月，何時可掇？憂從中來，不可斷絕。越陌度阡，枉用相存。契闊談讌，心念舊恩。月明星稀，烏鵲南飛，繞樹三匝，何枝可依？山不厭高，海不厭深。周公吐哺，天下歸心。

其結構分析表如下：

- 果
  - 果
    - 因（感慨）：「對酒當歌」四句
    - 果（解憂）：「慨當以慷」四句
  - 因
    - 情
      - 暫
        - 因：「青青子衿」四句
        - 果：「呦呦鹿鳴」四句
      - 久：「明明如月」八句
    - 景：「月明星稀」四句
- 因
  - 虛：「山不厭高」二句
  - 實
    - 因：「周公吐哺」
    - 果：「天下歸心」

曹操因爲胸懷「天下歸心」以共成大業的壯志，所以才有篇首到「何枝可依」的喟嘆，故本詩是以「由果溯因」的方式謀篇。先以「對酒當歌」四句寫出對人生的感慨，只有用酒來解憂，但眞能解憂嗎？還是舉杯澆愁愁更愁呢？至於爲何曹操會有如此的感慨？下文「青青子衿」至「何枝可依」就分別從「情」、「景」兩方面來寫自己求賢才的心意。在「情」的方面，詩人以「青青子衿」八句寫自己對尚未歸附的賢才表達渴望，以及對已歸附的賢者表達禮遇，這是就當時所發的求賢呼聲；再以「明明如月」八句寫極欲求得賢才的愁思，强

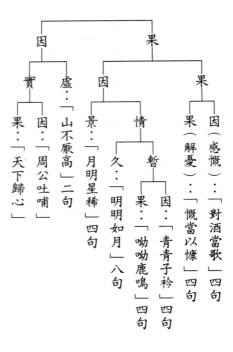

調這種心願是「不可斷絕」的，如此進一步給予前文何以殷切求賢的心理基礎；順此抒情，再加以寫「景」的渲染，藉所見烏鵲尋枝的景象再一次對天下賢才呼告。而在最後詩人才點出爲何如此渴望人才的輔佐，藉「山」、「水」的譬喻，來說自己是以「周公」爲期許的，而目的就在於「天下歸心」。但因最後詩人仍含蓄地以比喻、用典抒懷，故其旨實安置於篇外。

四、「時空交錯」法

「時空交錯」法就是「在一篇作品中，分別關顧了時間的流逝，以及空間的呈現，使兩者之間相輔相成，以求篇章內容完整、美感多元的章法。」[106]而〈月夜〉與〈走馬川行奉送封大夫出師西征〉兩首皆是呈現「先空後時」的結構。

(一)〈月夜〉

今夜鄜州夜，閨中只獨看。遙憐小兒女，未解憶長安。
香霧雲鬟濕，清輝玉臂寒。何時倚虛幌，雙照淚痕乾。

其結構分析表如下：[107]

空（虛）
- 妻：「今夜鄜州夜」二句
- 子女：「遙憐小兒女」二句
- 妻：「香霧雲鬟濕」二句

時（虛）：「何時倚虛幌」二句

此詩並沒有直接抒發自己對其妻的懷念，而是運用想像描寫其妻此時也是一個人獨自在鄜州看月，「已進一層」[108]，由此可見兩人感情之深，也充分體現出詩人對其妻的憐惜。頷聯兩句詩人思念「小兒女」，但「小兒女」並無法爲其妻分憂，如此更增加其妻望月的孤獨，「又進一層」[109]。接著詩人設想其妻在月下的情景，由「濕」與「寒」的清冷襯托出久立的心境。最後兩句詩人由設想轉到願望，希望將來有一天能夠「倚虛幌」，明月能夠照在兩人已乾的淚痕上，而不再只獨照一人了。鄭方坤論此詩說：「杜陵月夜詩，明是公憶鄜州之閨中及小兒女，卻代閨中憶，分別之曰：某解憶，某不解憶，明是公憶鄜州閨中小兒女，遂於月下佇立，不覺長久，卻云閨中看月許久，鬟必濕、臂必寒也；明是公憶閨中，久立月下，而淚不乾，卻云何時偕閨中倚幌，雙照淚痕。身在長安，神遊鄜州，恍若身亦在鄜州，神馳長安矣。曩讀顧敻〈訴衷情詞〉云：『換我心爲你心，始知相憶深。』是此派情理。」[110]故此詩全從「虛」處寫來，寫設想其妻其兒女的情景，寫對將來的願望，「通首無一筆著正面，機軸奇絕」[121]，卻「又妙在無一字不從月色照出」[122]，將詩人安置於篇外的懷妻心意表，達得淋漓盡致。

(二)〈走馬川行奉送封大夫出師西征〉

君不見走馬川，雪海邊，平沙莽莽黃入天！輪臺九月風夜吼，一川碎石大如斗，隨風滿地石亂走。匈奴草黃馬正肥，金山西見煙塵飛，漢家大將西出師。將軍金甲夜不脫，半夜軍行戈相撥，風頭如刀面如割。馬毛帶血汗氣蒸，五花連錢旋作冰，幕中草檄硯冰凝。虜騎聞之應膽懾，料知短兵不敢接，軍師西門佇獻捷。

其結構分析表如下：[123]

- 空
  - 虛：「君不見走馬川」六句
  - 實
    - 因：「匈奴草黃馬正肥」二句
    - 果
      - 點（事）：「漢家大將西出師」句
      - 染（景）：「將軍」六句
- 時（虛）：「虜騎聞之應膽懾」三句

本詩是採用「先空後時」的結構，先寫透過設想的邊地景象（虛空間），再寫大將出師，不畏艱苦的情形（實空間），最後作者從前文的線索而預見將來（還未發生）必定凱旋而歸（虛時間），這裡也包含了作者的願望。在「虛空間」的部分，喻守眞說：「『君不見——亂走』爲第一段，是敍西域風沙的險惡，見得行軍之艱苦。」⑭作者通過設想描寫出邊地的狂風大作與碎石滿天的惡劣形勢，一轉寫到匈奴的枕戈待旦，對漢家大將爲何西征作出了說明。接下來描寫行軍之景，有了前文景象的描寫，吾人可以想見當時行軍的辛苦，這裡詩人直接描寫夜晚行軍的情形，再用具體的天寒地凍之景來襯托出行軍隊伍不畏艱難的戰鬥豪情，讀者對行軍之苦就更有身臨其境之感。以上的描寫都是爲了下文的「虛時間」作準備，既點出西征的起因，也經由「抓住典型的環境和細節來描寫唐軍將士勇武無敵的颯爽英姿」⑮，襯托出漢家將士的英勇，所以「這樣的軍隊有誰能敵呢？這就引出了最後三句，料想敵軍聞風喪膽，預祝凱旋而歸，行文就像水到渠成一樣自然。」⑯即是。

五、「正反」法

仇小屏在《篇章結構類型論》中對「正反法」下一定義說：「合於文旨的材料就是『正』，從對面托出文旨的材料就是『反』。……所謂的正反法，就是將極度不同的兩種材料並列起來，作成强烈的對比，藉反面的材料襯托出正面的意思，以增强文旨的說服力與感染力。」

[117]其所形成的結構非常多樣，在高中國文所選古典詩詞的篇目中，〈籌邊樓〉、〈破陣子〉、〈醜奴兒〉皆是「先反後正」的形式：

(一)〈籌邊樓〉

平臨雲鳥八窗秋，壯壓西川四十州。諸將莫貪羌族馬，最高層處見邊頭！

其結構分析表如下：

- 反（盛）
  - 景：「平臨雲鳥八窗秋」
  - 事：「壯壓西川四十州」
- 正（衰）
  - 果：「諸將莫貪羌族馬」
  - 因：「最高層處見邊頭」

本詩首句以樓上所見景色寫樓之崇高，次句以樓鎮西川之事來寫昔日之盛況，詩人藉此兩句來反襯出後兩句的今日之衰。末兩句互爲因果，因守邊諸將貪圖羌族馬匹，遂引起紛爭，使得在樓上也能望見戰火，與次句「壯壓西川四十州」形成强烈的衰盛對比；因見到如此景致，思及昔日盛況，所以女詩人才會發出「莫貪」的警句。

(二)〈破陣子〉

醉裡挑燈看劍，夢回吹角連營。八百里分麾下炙，五十弦翻塞外聲，沙場秋點兵。
馬作的盧飛快，弓如霹靂弦驚。了卻君王天下事，贏得生前身後名，可憐白髮生。

其結構分析表如下：(118)

- 反
  - 因
    - 戰前
      - 集合
        - 吹角：「醉裡」二句
        - 分炙：「八百里」
        - 鼓瑟：「五十弦」
      - 點兵：「沙場秋點兵」
    - 戰時
      - 馬：「馬作的盧飛快」
  - 果：「了卻君王天下事弓如霹靂弦驚」
- 正：「可憐白髮生」

這闋詞是藉開頭到「贏得生前身後名」所寫抗金的壯盛軍容與戰鬥生活，以及「了卻君王天下事」最終勝利的想像來凸出末句「可憐白髮生」的淒涼眞實景象，彼此形成強烈的對照，將作者隱於篇外的忠君愛國與個人功名的複雜心理，以及壯志未酬的悲憤心情，全都襯托而出。

(三)〈醜奴兒〉

少年不識愁滋味，愛上層樓。愛上層樓，為賦新詞強說愁。　而今識盡愁滋味，欲說還休。欲說還休，卻道天涼好箇秋。

其結構分析表如下：

- 反（昔）
  - 因：「少年不識愁滋味」
  - 果：「愛上層樓」三句
- 正（今）
  - 因：「而今識盡愁滋味」
  - 果：「欲說還休」三句

本詞上片是寫「少年」之時的心境，因「不識愁滋味」所以愛「强說愁」；下片則寫「而今」，因爲此時已「識盡愁滋味」，所以「欲說還休」；如此用一今一昔、一正一反來兩相對照，由昔襯今，將作者難以言說的「愁」抒發而出。常國武分析此詞說：「此作以『愁』字貫穿全篇，採用今、昔對比、以昔襯今的手法，抒發了難以言喻的愁思。文字雖然明白如話，寓意卻十分豐富、深沉。」[129]說出了本詞構篇的特點。

六、「淺深」法

所謂的「淺深」法就是因文意（境）有淺有深，而在文章中形成層次的章法。[120]在使用上，則以「先淺後深」爲常例，〈碩鼠〉一篇即是：

碩鼠碩鼠，無食我黍！三歲貫女，莫我肯顧。
逝將去女，適彼樂土。樂土樂土，爰得我所。
碩鼠碩鼠，無食我麥！三歲貫女，莫我肯德。
逝將去女，適彼樂國。樂國樂國，爰得我直。
碩鼠碩鼠，無食我苗！三歲貫女，莫我肯勞。
逝將去女，適彼樂郊。樂郊樂郊，誰之永號？

其結構分析表如下：

- 一
  - 賓：「碩鼠碩鼠」二句
  - 主
    - 因：「三歲貫女」二句
    - 果：「逝將去女」四句
- 二
  - 賓：「碩鼠碩鼠」二句
  - 主
    - 因：「三歲貫女」二句
    - 果：「逝將去女」四句
- 三
  - 賓：「碩鼠碩鼠」二句
  - 主
    - 因：「三歲貫女」二句
    - 果：「逝將去女」四句

〈碩鼠〉三章，每章八句，爲複疊的形式，易讓人以爲是並列的結構。但是三章結構雖然相同，感情卻有逐步加深的變化，郝聞毅即分析說：「各節之間，由『碩鼠碩鼠，無食我黍！』到『碩鼠碩鼠，無食我麥！』再到『碩鼠碩鼠，無食我苗！』象徵奴隸主的碩鼠，由食黍、食麥到食苗，一層比一層殘酷，因而，奴隸們反抗奴隸主的思想感情也一層比一層梯

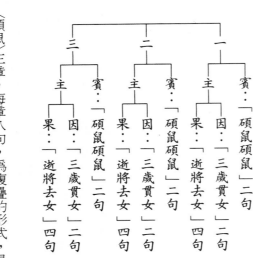

進，一章比一章更爲强烈！」[121]所以此詩是「由淺到深」的結構。第三章的「樂郊樂郊，誰之永號！」說在這世界上，如果眞有這樣的樂土，而我又能前往的話，誰還會在這裡作徒然無補的哭喊叫號呢？[122]至此人民隱於篇外的無可奈何之怨恨完全傾瀉而出。

七、「賓主」法

所謂的「賓主法」，仇小屏解釋說：「便是運用材料（賓），來凸顯主要材料（主），從而有力地傳達出主旨的一種章法。」[123]其結構大致分爲「先主後賓」與「先賓後主」，在高中國文所選古典詩詞篇目中，〈賀新郎〉一篇呈現「先賓後主」結構：

綠樹聽鵜鴂。更那堪、鷓鴣聲住，杜鵑聲切！啼到春歸無尋處，苦恨芳菲都歇。算為抵人間離別。馬上琵琶關塞黑，更長門翠輦辭金闕。看燕燕，送歸妾。　將軍百戰身名裂，向河梁回頭萬里，故人長絕。易水蕭蕭西風冷，滿座衣冠似雪。正壯士悲歌未徹。啼鳥還知如許恨。料不啼清淚長啼血。誰共我，醉明月。

其結構分析表如下：[124]

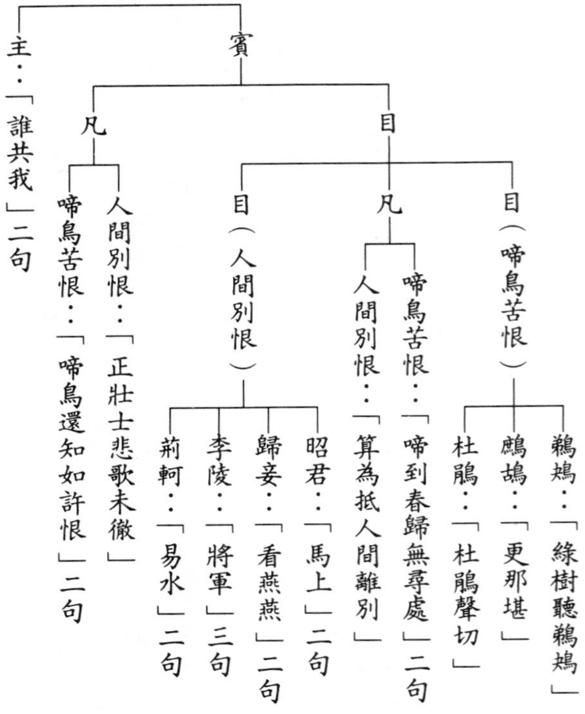

陳滿銘分析這首詞說：「此爲贈別之作，由『賓』和『主』兩個部分組成。『賓』的部分，先由啼鳥之苦恨寫到人間的別恨，然後合人、鳥雙寫，這是採『先目後凡』的形式寫成的；而由此所帶出的送別之意，即結尾『誰共我，醉明月』兩句，則爲『主』的部分。」接著還分析說：

「就在寫啼鳥之苦恨時，直接敍三種啼鳥，藉牠們的鳴聲以增添送別之恨；而在寫人間的別恨時，則臚列了古代有關送別的恨事，來表達難言之痛，從而推深眼前的送別之恨。」⑫這樣就清楚說明了這闋詞的特點。其顯旨即可從篇腹「苦恨芳菲都歇」、「算爲抵人間離別」二句尋得。

八、「抑揚」法

仇小屏說：「『抑』就是貶抑，『揚』就是頌揚。當我們針對一個人物或一件事情，有貶抑或頌揚時，就是運用了抑揚法。」⑬但有的是「抑」、「揚」並重，有的是藉「抑」（或「揚」）來襯托「揚」（或「抑」）的偏重，則須加以留心。在高中國文所選古典詩詞中，第一層結構使用「抑揚法」者有〈賈生〉一篇：

宣室求賢訪逐臣，賈生才調更無倫。可憐夜半虛前席，不問蒼生問鬼神。

其結構分析表如下：

- 揚
  - 漢文帝：「宣室求賢訪逐臣」
  - 賈生：「賈生才調更無倫」
- 抑：「可憐夜半虛前席」二句

張高評在《唐詩三百首鑑賞》分析本詩時，說：「首句言漢文帝求賢若渴，次句言賈生才氣無雙，用的都是『揚』法。漢文賈生，可謂明主賢臣，相得益彰，……卻萬萬沒想到，這夜半前席之召問，竟只問鬼神之虛無，而不一及民生之實際！……第三句以『虛』字見貶斥之神；末句則以『問鬼神』抹煞一切褒揚，用的是『抑』法。」[127]可知本詩先以前兩句的褒揚為後一句的「可憐」鋪陳；末兩句筆鋒一轉，此為抑筆，詩人的重點也在此。藉由前揚後抑的對照，也更凸顯出賈生的可憐、文帝的不知才，以此寄託詩人隱於篇外的寓意。

九、「點染」法

「點」、「染」二字早在劉熙載《藝概》中就已出現，但劉熙載以柳耆卿〈雨霖鈴〉詞來說「點染」法，其概念近乎「情景」法。「點染」本是中國傳統繪畫中的專門用語，「點」是中鋒把筆端如蜻蜓點水般落在紙上，「染」則是先著色筆，再用水筆把顏色由濃至淡地渲染開，陳滿銘便把此種觀念運用到章法上，我們可以說：「點」就是引子，點出開端；「染」

就是主體，由此發展。〈石壕吏〉即是一篇「先點後染」的作品：

> 暮投石壕村，有吏夜捉人。老翁逾牆走，老婦出門看。吏呼一何怒！婦啼一何苦！聽婦前致詞：「三男鄴城戍。一男附書至，二男新戰死。存者且偷生，死者長已矣！室中更無人，惟有乳下孫。有孫母未去，出入無完裙。老嫗力雖衰，請從吏夜歸。急應河陽役，猶得備晨炊。」夜久語聲絕，如聞泣幽咽。天明登前途，獨與老翁別。

其結構分析表如下：[128]

- 點（引子）
  - 先：「暮投石壕村」
  - 後：「有吏夜捉人」
- 染（主體）
  - 老婦出看
    - 先：「老翁逾牆走」
    - 後：「老婦出門看」
  - 老婦致詞
    - 先：「吏呼一何怒」三句
    - 後
      - 因
        - 兒子
          - 敘：「三男」三句
          - 論：「存者」二句
        - 孫媳：「室中更無人」四句
      - 果：「老嫗力雖衰」六句
  - 與老翁別：「天明登前途」二句

這首詩的主題是通過對「有吏夜捉人」的形象描繪，揭露官吏的橫暴，反映人民的苦難。黃振民云：「此寫人民苦役之深，悽慘令人不忍卒讀。」[129]雖然此詩全是敍述，沒有抒情，也沒有議論，但實際上作者仍巧妙地運用了敍事抒發自己的感受[130]。此爲文旨安置於篇外的謀篇方式。

全詩分爲兩部分：一爲「點」（引子），一爲「染」（主體）。「點」（引子）是用來說明事件的起因，作一交待，並導引出下文的主體部分。「染」（主體）的部分寫半夜官吏捉人的情形，這裡即是「由昔而今」的順序結構，依著時間的次第、事件的推展而依序錄成。

「主體」的部分依時間順序推演而成。第一階段：「老翁逾牆走」二句，先是聽到官吏挨家挨戶要捉人的聲音，老翁趕緊翻牆逃跑，老婦就出門去守著的情形；第二階段爲老婦與官吏之間的對話，爲「吏呼一何怒」十六句。這一階段爲全詩的主體，最動人、感傷的也是這一部分，老婦所說的都只是陳述事實，一個悲慘時代的故事，爲了救自己的親人，所以最後不得已只好犧牲了自己，這是第三階段。這樣不需說理、抒情的文字，卻更撼動人心。最後，老婦只好與老翁分別，事情也到此告一段落，留給讀者的，卻是無盡的悲慟。作者運用「由昔而今」的結構，使得此詩的故事性得到合理的推展，先交待原因，後來再依故事發生的順序寫來，顯得理所當然、有條不紊，也讓讀者瞭解清楚整件事的來龍去脈，而能夠有所觸發。

十、「並列」法

所謂「並列法」，在《篇章結構類型論》中，仇小屏解釋說：「並列結構成分都是圍繞著文旨，從各個方面、角度來闡發文旨；而且彼此之間的關係不分賓主，也未形成層次。」[131]〈迢迢牽牛星〉一篇即是：

迢迢牽牛星，皎皎河漢女。纖纖擢素手，札札弄機杼。
終日不成章，泣涕零如雨。河漢清且淺，相去復幾許？
盈盈一水間，脈脈不得語。

其結構分析表如下：

- 牽牛
  - 景
    - 實：「迢迢牽牛星」二句
    - 虛：「纖纖擢素手」二句
  - 情：「終日不成章」二句
- 河漢
  - 景：「河漢清且淺」二句
  - 情：「盈盈一水間」二句

詩人藉寫「牽牛」與「河漢」來表達同一意旨：抒發男女彼此分離的相思之情，安置於篇外。在「牽牛」的部分：作者先以前兩句寫思婦望見天上的牽牛織女星，以「纖纖擢素手」二句寫思婦想像織女織布的情形，接著以「終日不成章」二句進一步寫思婦聯想織女的思念之苦，也包含了思婦思念遠行丈夫的悲苦心情。在「河漢」的部分，也是「先景後情」的形式：先以「河漢清且淺」二句寫所見清淺的河漢，看起來似乎不遠；再以「盈盈一水間」二句抒發織女與自己因和丈夫相隔兩地而無法言語的悲嘆。杜維沫說：「天上的悲苦，正是人間的悲苦，二者仍是彼此融合，彼此相通的。」[132]所以本詩雖是以織女爲主體，但藉以寫人事才是作者的用意。

第三節　章法與義旨教學之綜合分析

經由上文的分析，吾人可看出運用章法的方式來分析課文，可使得篇章組成的架構一目瞭然；藉由結構分析表的繪製，也可讓學生能夠輕易掌握各段（結構中的分段，非課文中的段落）的關係，以及各段在篇章中的作用。另外，從結構分析上也較易確認一篇的文旨，這是單純用段落大意來分析所不易做到的。而且，國文教學的主要目的是希望能夠培養學生寫作表達的能力，如果能夠在分析課文時，將作者所運用到的章法技巧與其所形成的效果教授給學生，這樣不但可使學生體認文義，也同時是指導學生寫作的方法；如果只是揭示各段的段旨給學生，那學生學到的也只是分散的知識，並無法從中領略作者寫作手法的高妙。所以從章法來分析課文，相信應能讓學生對文章有通盤的認識。

而要從章法的角度來討論課文之義旨，則可依其共同的理則：「秩序律」、「變化律」、「聯絡律」與「統一律」四類來進行分析。因爲「辭章首先必須言之有序，才能使人一目瞭然；其次要注意加以變化，才不致板滯；再說辭章若沒有顧及聯絡、照應的話，便會如同一盤散沙；而最重要的是，創作的目的乃在表達意旨，因此使全篇向主旨（綱領）靠攏，形成統一，是必不可少的。」⑬下文所析論者，即以此爲範圍。

一、秩序律

當人們在說話時，會很自然的把自己的意思用很有次序地方式表達出來，這樣才能把自己的心意傳達清楚，對方也才容易明白。同樣的，作者在進行文學創作時，也希望讀者能夠瞭解自己的心意，所以也就自然地會將自己的意思用有次序的方式來表現，而文章的秩序也就因此形成。

陳滿銘在〈章法教學〉一文中，對「秩序原則」很清楚的定義爲：「這是就材料次第的配排來說的。通常，作者係依空間、時間或事理展演的自然過程作適當的配排。」⑭仇小屏在

《文章章法論》135一書中綜合各家說法之後，也大致以此爲「秩序律」的內容。

㈠屬於時間者

以時間爲材料配排的主軸，如第一層結構爲「由昔而今」的〈蒹葭〉，藉時間的不斷推移來表現詩人越來越迫切的心情，可見其思慕之深；或如「由先而後」的〈山行〉，將山行時所見的美景依次呈現，予人登山時閒遊的感受，尤其最後一步步地走向迷人的楓林，更是全詩的最高潮處。除此之外，〈涉江採芙蓉〉、〈客從遠方來〉、〈長干行〉、〈贈從弟〉之二、〈明妃曲〉、〈琵琶行〉、〈書憤〉、〈破陣子〉、〈石壕吏〉等作品中也運用了「由昔而今」的方式，或如〈涉江採芙蓉〉藉先作與後作之事來襯托出自己思妻的憂傷心境；或如〈長干行〉敍寫女子從小到大的過程，象徵了心意的堅貞與寓含了今昔的對照；或如〈贈從弟〉之二先以強風，後以冰霜的考驗來加强松柏的堅定不移；或如〈明妃曲〉以明妃出塞的先後來加深明妃內心的失意；或如〈石壕吏〉敍寫「有吏夜捉人」的事情發展經過，給予讀者眞實的感受。

逆敍的「由今而昔」則如〈寄黃幾復〉一詩，即從今日的分離想起以前與友人相聚的情景；〈和子由澠池懷舊〉則從今日的情景回想當初的困頓的情景；〈琵琶行〉中，則是琵琶女由今日的相會敍及往日的遭遇。這些作品多是由「今」（現在的情形）而思「昔」（以前的情形），藉以抒發追懷往事、對現實生活的感慨。

㈡屬於空間者

人們生活在以長、寬、高三維所構成的空間中，表現於篇章就形成了空間的秩序律。如〈蒹葭〉中「由遠而近」地描寫求取的過程，藉反覆的描寫來加深求之不得的惆悵，令人不勝唏噓；〈蜀相〉以「由遠而近」描寫拜訪祠堂之景，藉寫祠堂的冷清襯托詩人孤寂的心境；〈浪淘沙〉則藉由憑欄遠眺與憑欄近望來宣洩亡國之愁，以上作品是呈現「由遠而近」的結構，具有「突出與延展」⑬⑥的美感效果。

至於「由近而遠」的作品有：〈送杜少府之任蜀州〉以近景點出送別之地，以遠景點出友人即將赴任之地，以一「望」字聯絡兩地，興起不必感傷之意；〈旅夜書懷〉以近景、遠景襯托出「獨夜舟」的孤寂，也象徵詩人內心的孤寂；〈登高〉藉描寫登高所見近景、遠景勾勒出哀傷孤獨的景象，這也是詩人的具體寫照；〈泊船瓜州〉則以近處之水景與遠處之山景來寄託思鄉之情。這較符合人類眼球的移動方向，經由視覺從清楚的近處延伸到模糊的遠處，也易塑造出蒼茫之感。

㈢屬於事理者

由於「事理的推闡和情理的推展，都自有其邏輯，按照這種邏輯來發表議論或敍事抒感，都會形成秩序。」[137]如〈碩鼠〉三章由淺入深地刻畫官吏的橫暴殘酷，也使得反抗的意志節節高昇，將農民的強烈不滿毫無保留的和盤托出；〈關雎〉則由淺入深地敍寫出自己的願望，反襯出現實上求之不得的悲哀，使人不禁同情詩人的遭遇；在〈題竹石牧牛〉中，詩人梯進地闡發自己對畫的感想，也是藉「先淺後深」的方式來加深對自然的喜愛，如此寫來，更富趣味。這些都是「由淺入深」的結構，因爲循著越來越嚴重的程度進行配排材料，可使作品中的情理產生不斷增強的效果，易以起讀者的共鳴。

二、變化律

人類在一成不變的生活中，總是偶爾喜歡尋求不同的變化；在文學創作中，如果一直依照秩序原則，則會顯得呆板，所以適時的變化反而可讓作品產生趣味。可說秩序與變化是相輔相成，互求平衡的。

在時間的跳躍交錯形成的變化上，所造成的結構就是「今昔今」，如蘇東坡之〈念奴嬌〉，作者先由今日所見之江山勝景聯想到昔日不可一世的三國周郎、英雄豪傑，再由遙想的情緒拉回現實世界的自我，才驚覺「早生華髮」，如此構篇產生了無比的感染效果，讓讀者生發絕大的感悟。而這種結構所造成最大的效果就是「將以往的人、事、情挑出來重現，正好與眼前景況作個對照，由此可激發出蒼涼、傷感、慨嘆、豁達、欣幸……等種種情緒，等於是在平順中來一次大震盪，效果自然會很突出，這便是變化律的妙用」⑬⑧。

另外，屬於空間的變化律，則以「視角變換」的〈春日田園雜興〉之二爲主要例子，其中就運用到了「由遠而近」、「由高而低」、「由大而小」三種結構，可以說「遠近」構成了「長」、「高低」構成了「高」、「大小」構成了「寬」，使得全詩就像一幅美麗的立體畫，將農村的恬靜閒適表露無遺，令人愛賞不已。

插敍和補敍的手法也可達到使辭章變化的效果，如〈雨霖鈴〉就在設想別後情景的部分，依次寫「當時」、「當夜」與「日後」，而就在「當時」之後硬是以「插敍」的方式帶出「傷別」的文旨，將離別之時的傷感與設想離別之後的感傷結合在一起。

三、聯絡律

篇章的構成是由字、句、節、段組合聯繫才成爲篇，所以如何使各部分聯綴成嚴密的整體，就必須要靠聯絡的工夫不可，所以聯絡的作用是很大的。對此，黃錦鋐說：

一篇文章，除了剪裁安排遣詞造句的技巧外，還須有聯絡照應的組合，也就是把文章一段一段的聯貫起來，使相互沒有關係的各段，聯成一氣。這種聯絡，有的文章表示出一種很顯然的聯絡線索，有的文章則無形中很巧妙的使段與段之間有銜接轉折的作用，使前後段密切的聯繫起來。前者我們稱之為基本的聯絡，後者稱之為藝術的聯絡。[139]

基本的聯絡包括聯詞、聯語、聯句和聯段四項；藝術的聯絡則區分爲方法與材料兩種。

㈠基本的聯絡

首先來看「聯詞」的部分：聯詞的使用是各種聯絡方式中最基本最微小的，雖然頂多只有一、二個字，但卻能夠把零碎的句、節、段組合起來，作用不可謂不大。就因它的作用是如此之大，所以自古以來就有學者將之嘗試分類，陳滿銘即將之區分爲「直承聯詞」、「轉折聯詞」、「推展聯詞」與「總括聯詞」四類[140]。其中，如〈碩鼠〉：「逝將去女，適彼樂土。樂土樂土，爰得我所」中的「爰」，即「乃」、「於是」的意思，這就是「直承聯詞」。至於「轉折聯詞」則如〈飲酒〉之五：「結廬在人境，而無車馬喧」之「而」。[141]「推展聯詞」則如〈琵琶行〉：「我聞琵琶已嘆息，又聞此語重唧唧」之「又」。「總括聯詞」者，像〈聲聲慢〉：「尋尋覓覓，冷冷清清，……梧桐更兼細雨，到黃昏、點點滴滴。這次第，怎一箇愁字了得」，其中的「這」總括上文，以引起下文無窮之愁。這些聯詞將上下文聯成一體，充分發揮聯絡的作用。

第二類是「聯語」，其實「聯語」也是詞，只是爲了與聯詞有所區別，故稱「聯語」。它使用起來比聯詞更自由、更不規則，更有彈性。有表時間，以聯繫下文的；有某些虛字，不屬於聯詞的；或因修辭技巧產生的聯語等，皆發揮了聯絡的作用。[142]如〈正氣歌〉：

……在齊太史簡，在晉董狐筆，在秦張良椎，在漢蘇武節；為嚴將軍頭，為嵇侍中血，為張睢陽齒，為顏常山舌；或為遼東帽，清操厲冰雪；或為出師表，鬼神泣壯烈；或為渡江楫，慷慨吞胡羯；或為擊賊笏，逆豎頭破裂。……。

其中的「在」、「爲」、「或爲」是修辭格中的「類字」，可產生聯絡作用。

第三類是「關聯句子」，當聯語不敷使用時，就需要關聯句子來作上下文的橋梁。如〈念奴嬌〉：

……遙想公瑾當年，小喬初嫁了，雄姿英發，羽扇綸巾，談笑間，強虜（檣櫓）灰飛煙滅。故國神遊，多情應笑我，早生華髮。……。

其中的「故國神遊」一句，上收神遊故國時之事，下拉回自己是在「神遊」之後，便啓神遊之感，具有聯絡上下文的作用，將場景從故國帶回現實。

最後一類是「關聯節段」，作者在行文時，有時聯詞、聯語、關聯句子都已不夠用時，就會以一節或一段文字作爲聯接上下文的橋梁。如蘇東坡之〈水調歌頭〉：

……不應有恨，何事長向別時圓。人有悲歡離合，月有陰晴圓缺，此事古難全。但願人長久，千里共嬋娟。

其中的「人有悲歡離合，月有陰晴圓缺，此事古難全」三句，陳滿銘在《詞林散步》中分析說：「由月亮的『陰晴圓缺』推廣到人事之上，從感情轉入理智，化悲怨爲曠達，表出萬事不能强求的意思，發揮了承上啓下的作用。」[143]可見此段文字的聯絡作用。

也經由如此的聯絡作用，使上下文能夠結合的更爲緊密，文義也就能銜接得更爲順切、文旨也就能貫穿其中。

(二)藝術的聯絡

「藝術的聯絡」是無形的，是內容情意相互呼應所造成的聯絡，其內容可大致分爲方法和材料兩類：

1、屬於方法者

由於賓主、虛實、正反、抑揚、立破、問答、平側、凡目、縱收、因果等方法，可以使彼此之間產生相互呼應的關係，因而使篇章前後聯絡起來，成爲一個整體，所以無形的方法也可達到聯絡的效用，以下針對高中國文所選的古典詩詞篇目爲對象，將所使用的方法及產生的效果進行討論：

(1)賓主

「賓主」的使用在「藝術的聯貫」中，是相當常見的一種手法。如〈山行〉以「白雲深處有人家」的清景（賓）來襯托出末兩句寫楓林的豔景（主），如此一來，因爲有清景的陪襯，使得楓紅的美景更顯嬌豔動人；而〈明妃曲〉中敍寫了明妃初出漢宮與出塞後之事，這是本詩所描述之主體，另以陳阿嬌事以爲安慰，正襯出天下人的失意無分南北，聯絡的作用相當明顯；而使用「賓主」法最鮮明的就是辛棄疾的〈賀新郎〉，詩人在「賓」的部分運用了鵜鴂、鷓鴣和杜鵑三種鳥類來寫「啼鳥苦恨」，另以昭君、歸妾、李陵、荊軻四件史事來寫「人間別恨」，由此旁襯出末兩句來抒發自己的苦恨。以此種方式謀篇，將全篇連成一氣，抒發的情思也因而凸顯而出。

(2)虛實

在章法中，「虛實」法的變化相當多樣，作用也相當巧妙。以高中國文所選的古典詩詞篇目中，也以「虛實」法所運用的次數最爲頻繁，第一層爲「虛實」結構者就有二十六篇之多（全部有六十一篇），其中又以「情景」法使用的最多，第一層運用「情景」法的篇章就有十一篇之譜，這也跟韻文的特性有關。如〈送杜少府之任蜀州〉即以前兩句寫景點出地點，再由此生發出不必傷感的勸慰之情，《唐詩矩》中也分析本詩曰：「前兩句實，後六句悉虛」，此種實景虛情的作品，彼此之間相輔相成；另如〈旅夜書懷〉先寫旅夜之景，再由此生發旅夜之感；杜甫的另一篇名作：〈登高〉，也是運用此種謀篇方式來由景生情，使景中有情，情中有景，情景交融的結果難怪能夠產生撼動人心的巨大力量；另一首由景生情的佳作爲〈泊船瓜州〉，雖然前三句皆是寫景，但景中所含思鄉之情完全從最末一句吐露出來；其他作品第一層爲「先景後情」結構的還有〈題竹石牧牛〉、〈一剪梅〉、〈武陵春〉等篇章，而在〈長干行〉中描寫女子因景物觸動內心的寂寞，也是運用了「先景後情」的手法。這些篇章或是即景以抒情，或是借景以言情，都使得全篇熔鑄爲一個情景交融的整體。另外，從這些篇目中，吾人也可發現，除了「全景」、「情景情」與「景情景」之外，其他呈現的結構皆是「先景後情」，而無「先情後景」的結構，本來「先情後景」的結構就比較少見，在詩詞中又常因「感物」而「聯類不窮」，所謂「流連萬象之際，沉吟視聽之區；寫氣圖貌，既隨物以宛轉；屬采附聲，亦與心而徘徊。」（《文心雕龍・物色》）所以以外物來引起或寄託所要抒發的情感是非常自然的結果。

除了「情景」法之外，「論敍」法也是詩人常用的謀篇方式。「先敍後論」者有〈長歌行〉，先敍寫自然景物的變遷，再由此導出最後兩句「少壯不努力，老大徒傷悲」的結論，由敍到論一切顯得理所當然；〈贈從弟〉之二一首也是類似的型式，先敍寫自然環境對松柏的考驗，以激出末兩句贊頌松柏的本性，來勉勵其弟；另如〈明妃曲〉透過敍寫明妃的遭遇，再引出「人生失意無南北」的結論，更是令人感同身受，心有戚戚焉；〈紅梅〉、〈書憤〉與〈觀書有感〉之二也是「先敍後論」的作品，而〈關山月〉也是用「先敍後論」寫戰爭的殘酷。綜上所述，這類作品都先透過敍寫某事某物，再從中導出不得不然的結論，所以易讓讀者認同，也將篇章結合得更爲緊密。至於「先論後敍」者有〈和子由澠池懷舊〉與〈正氣歌〉等篇章，由於先議論後敍事的手法，使得詩文產生絕佳的說服力，如木齋在《宋詩評釋》分析〈和子由澠池懷舊〉一詩時，說：「此詩前四句議論，後四句回憶實景，但卻具有內在聯繫：前者因有了後者更加形象、具體，後者也因有了前者而深刻。前後交融，相得益彰。」[144]這就是「論敍」法的聯絡作用。

由於在進行辭章寫作時，常借具體的事、景來生發、寄託情、理，所以在「情景」法、「論敍」法之外，還有一種「泛具」法。這些篇章或是「因景而明理」，如〈蜀相〉、〈觀書有感〉，或是「因事而生情」，如〈無題〉等，皆是呈現「先具後泛」的形式。

除此之外，在高中國文所選古典篇目中所使用的「虛實」法還有「時間」的虛實與「空間」的虛實兩類。「時間」的虛實有〈涉江採芙蓉〉、〈長干行〉、〈夜雨寄北〉與〈雨霖鈴〉等篇章，都是先敍寫「現在」的實時間，由此生發對「未來」虛時間的預見或願望，以〈長干行〉爲例，即是先敍寫女子從小到大、從初婚到分離的已發生之事，爲實時間的敍寫，再由此敍寫對未來相聚的願望，將全詩導向樂觀的氛圍。除此之外，〈一剪梅〉、〈送友人〉中，也以「先實後虛」的方式寫對未來的幻想與預見。

「空間」的虛實則有「先實後虛」的〈客從遠方來〉、〈九月九日憶山東兄弟〉、〈出潁口，初見淮山，是日至壽州〉、〈寄黃幾復〉等，呈現「實虛實」結構的則有〈凜凜歲云暮〉與〈虞美人〉等，這些篇章，由現實身處所見的實空間，經由設想創造出他處的虛空間，如〈九月九日憶山東兄弟〉就是一篇非常膾炙人口的作品，其中最吸引人處，即是作者不說自己有多想念兄弟，而是反寫兄弟憶己的虛空間，如此寫來更曲折有味。除此之外，〈走馬川行奉送封大夫出師西征〉、〈泊船瓜州〉、〈關山月〉等篇，也運用空間的「虛實」法設想出另一處的情狀。

(3)正反

形成前後呼應的「正反」法，其強烈對比的作用易產生震撼的效果。如〈籌邊樓〉寫昔時之盛與今日之衰，形成強烈的對比，使詩人的勸戒更見憂國之情；或如〈破陣子〉以篇首到「贏得生前身後名」寫抗金的壯盛軍容與戰鬥生活反襯出末一句「可憐白髮生」的淒涼心境，讀者的心情也隨之盪到谷底；而〈醜奴兒〉可說是運用「正反」法最鮮明最成功的作品之一了，以今昔的强烈對比激盪出詞人無法言說的哀愁，使讀者也深深感受到那濃濃深沉的悲傷。其他像〈寄黃幾復〉也使用了「先反後正」的方式，詩中敍寫友人黃幾復在持家、治國、讀書三方面的才能與對友人的稱許，但都是爲了反襯出末一句「隔溪猿哭瘴煙藤」的苦境，表達出深刻的惋嘆；而〈武陵春〉亦是以「先反後正」的手法宣洩無窮無盡的愁緒、〈行行重行行〉則是以「先正後反」寫相聚之無期。

(4)抑揚

具有鮮明的褒貶作用之「抑揚」法，可造成辭章之波瀾，十分耐人尋味。如〈賈生〉一詩即使用「先揚後抑」的手法。喩守貞也說：「逐臣指賈生，因賈生曾出爲長沙王太傅。『訪逐臣』見得求賢之切，竭力爲賈生一揚。二句『才調無倫』，暗用文帝讚賈生語，又是一揚。三句『可憐』一轉，是一抑，四句『不問』又是一抑。揚賈生，即所以抑漢文，其諷刺之意旨自明。」⑭⑤另外，〈紅梅〉一詩則使用了「先抑後揚」來凸顯出紅梅的氣節。

(5)問答

使用到「問答」法的篇章有〈虞美人〉、〈和子由澠池懷舊〉、〈飮酒〉之五、〈觀書有感〉之一、〈陌上桑〉、〈輕肥〉等作品，其中大量使用「問答」法的〈陌上桑〉，即是運用「一問一答」的形式將使君的失檢與羅敷的堅貞具體表現出來，讓讀者有如置身其中，親耳聽聞一般。

(6)平側

「平側」法就是所謂的「平提側注」，必須要有平提數項的部分，也必有側注其中一、二項的部分，兩相結合，方是平側法。〈正氣歌〉中即平提「地」、「天」、「人」三方面來寫正氣的展現，再側注於「人」的表現；於「人」的表現中，也先平提「皇路」與「時窮」，再側注於「時窮」上，以「在齊太史簡」十六句來說明「時窮節乃見」的正氣展現。

(7)凡目

使用「凡目」的篇目也不算少，如「先凡後目」的〈飲馬長城窟行〉、〈陌上桑〉，還有「先目後凡」的〈黃鶴樓〉、「凡目凡」的〈行行重行行〉、〈詠史詩〉與「目凡目」的〈琵琶行〉、〈蓼莪〉等皆是。因爲彼此是總括與條分的關係，所以相互聯絡的作用很明顯。比如〈陌上桑〉先總括點出「秦氏有好女」的文旨（也是綱領），這是「凡」的部分；其後文即分爲「形」與「神」兩方面分寫其「好」，這是「目」的部分，因爲「凡」使得詩意鮮明；因爲「目」使得內容豐富，兩相配合之下，更是前後呼應，條理清楚。或如〈琵琶行〉先寫琵琶女的淪落（目一），後寫詩人自身的淪落（目二），中間即以「同是天涯淪落人，相逢何必曾相識」（凡）將前後文貫穿起來，作爲琵琶女與詩人之間心靈通感的橋梁。另外，因爲「凡」是「總括」，所以常是文旨安置的位置，陳滿銘曾說：「一般說來，詞章的文旨都安排在『凡』（總括）的部位，以統括「目」（條分）的部分，這是通例。不過，有些詞章家在謀篇布局之際，卻會捨『凡』而就『目』，或在凡目之外（篇外）尋得空間以安排文旨，這可說是變例。」⑭以上述篇章而言，則都是安置於「凡」的正例。而要再加以說明的是「凡目」結構，因有兩個「凡」，所以必須比較兩者之情意、議論的程度深淺，才能決定文旨的位置。

除了第一層運用「凡目」法的篇章外，還有像〈念奴嬌〉、〈正氣歌〉、〈水調歌頭〉、〈迴車駕言邁〉、〈賀新郎〉中都使用了此種章法。

(8)因果

有因必有果這是不變的法則，在古典詩詞中也不乏運用此種章法來謀篇的作品。如「由因及果」的〈迴車駕言邁〉、〈關山月〉、〈輕肥〉、〈聲聲慢〉與「由果溯因」的〈短歌行〉等皆是。以〈輕肥〉爲例，詩人先大力鋪陳了內臣的驕與奢，將整個場景渲染得意氣飛揚，再以末兩句人民的慘況作有力的收束，產生鮮明的對比，鄭永曉分析說：「正是由於這幫手握軍政大權的宦官，不恤民情，在百姓遭到天災之際，仍然殘酷掠奪，才使得衢州發生了人食人的慘劇。所以這最後兩句與前面的描寫實暗含因果關係。」⑭如此暗用「因果」的章法，正是將全詩結合成一牢不可分的整體。其他篇章如〈山行〉、〈浪淘沙〉、〈醜奴兒〉、〈碩鼠〉、〈走馬川行奉送封大夫出師西征〉、〈涉江採芙蓉〉、〈關雎〉、〈客從遠方來〉、〈九月九日憶山東兄弟〉、〈出潁口，初見淮山，是日至壽州〉、〈凜凜歲云暮〉、〈虞美人〉、〈長歌行〉、〈紅梅〉、〈書憤〉、〈和子由澠池懷舊〉、〈正氣歌〉、〈送杜少府之任蜀州〉、〈題竹石牧牛〉、〈一剪梅〉、〈飲酒〉之五、〈無題〉、〈陌上桑〉、〈行行重行行〉、〈琵琶行〉、〈籌邊樓〉、〈破陣子〉、〈石壕吏〉等，其中皆有使用到「因果」的章法，可見此種章法運用之廣。

2、屬於材料者

材料的使用在辭章中是很重要的一環，適當地揀選材料可以豐富辭章的內容，加强對文旨的佐證；再由精心地安排可以將辭章組成一嚴密呼應的整體，加深文義的聯貫。而「材料揀選」的部分在前一章已論及，此處重點在於「材料安排」，即運用材料的安排以達到相互照應的聯絡技巧。

仇小屏在《文章章法論》中，綜合各家說法，將呼應的方式分爲「首尾呼應」和「前後呼應」，並區分爲事材與事材的呼應，以及物材與物材的呼應。[148]下文將依此來舉例討論：

(1)事材

運用事材來造成「前後呼應」的情形十分普遍，如〈輕肥〉一詩，霍松林說：「『誇赴軍中宴，走馬去如雲』句，與『意氣驕滿路，鞍馬光照塵』前呼後應，互相補充。」其後又說：「緊接六句，通過內臣們軍中宴的場面主要寫他們的奢，但也寫他們的驕。」[149]可見在描寫內臣時，呼應應分成兩組：一是以起句「意氣驕滿路」先呼，而以「誇赴軍中宴」、「食飽心自若」二句回應；一是以次句「鞍馬光照塵」先呼，而以「走馬去如雲」、「罇罍溢九醞」四句回應。這樣，經由對內臣「驕」與「奢」的描寫，作先後的照應，詩人便將他對權貴者的不滿，還有對苦難人民的悲憫都巧妙地宣洩出來。

至於「首尾呼應」者，林雲銘在《古文析義》中分析文天祥的〈正氣歌〉，說：「『哲人』、『典型』指上文十二事；古人雖遠而書存，應上『一一垂丹青』句。」⑮對此，陳滿銘闡釋說：「其中首段『一一垂丹青』，是說古哲的忠烈事蹟，一一遺留於史冊，而次段寫的就是十二件古哲的忠烈事蹟，這自然是彼此銜接呼應的，而且這又與末段結尾的『哲人日已遠』四句形成了呼應。」⑮如此一來，就形成首尾呼應的效果，將文義聯繫成一貫通的整體，天地間的浩然正氣也隨之湧出。

(2)物材

在古典詩詞中，物材的使用更是頻繁，如杜甫的〈登高〉一詩就運用了物材以「前後呼應」。楊仲弘在《杜律心法》中評此詩的首聯曰：「此上句起二聯，上句言山中所見景物；下句起二聯，下句言江中所見景物」，又在第二聯之下評道：「前四句以景物言」⑮，即以首句「風急天高猿嘯哀」與第三句「無邊落木蕭蕭下」寫山景相應，另以第二句「渚清沙白鳥飛回」與第四句「不盡長江滾滾來」寫江景相應，如此以景物與景物兩相呼應，將詩人悲苦的心境透過哀山愁水表露無遺。

另如李煜〈浪淘沙〉，篇首以「簾外雨潺潺，春意闌珊」寫出衰殘的暮春景象，也象徵著詞人亡國的沉痛心情；篇末又出現「流水落花春去也，天上人間」等句，以「春去」與篇首起結相應，所以楊曉榕在末句解釋說：「作者在這裡寄寓的意義是，自己今日已經成爲階下之囚，往昔的大好時光已與自己天人永隔，無緣再會了，其強烈的失落感，淒苦絕望的心情躍然紙面，並與開頭的象徵——春光已逝——相呼應，從而具有強大的藝術感染力。」⑮就是經由「首尾呼應」的聯絡技巧，詞人再一次抒發了感時的哀嘆。

四、統一律

我們都知道，作者寫作一篇辭章常是爲了表達某一意念，不管是抒情還是議論，這都是全文中最重要的部分，沒有它，辭章不可能產生，這個部分就是「文旨」。而所謂的「統一律」，也就是辭章中的所有成分都受「文旨」宰制，鄭文貞即定義說：

> 一篇文章是一個有機整體，無論內容還是形式，都應該統一。篇有主題，段有段旨，句有句意；句受制於段，統於段，段受制於篇，統於篇。⑭

這就是辭章的統一原則。

文旨可以說是辭章的靈魂，在進行寫作之前就應先立下明確的文旨，用以貫穿全文，可知文旨的確立與安排是一相當重要的事。而要掌握辭章的文旨，可從安置的部位來尋找，如果文旨是「顯」的，當然就安置於篇內，而有篇首、篇腹與篇末之分，這就要結合文章謀篇的章法結構來幫助分析；如果文旨是「隱」的，當然就須從篇外來尋求。所以，歸納起來有篇首、篇腹、篇末和篇外四種：

㈠文旨見於篇首者

文旨安置於篇首者，有以下三篇：

	篇目	安置之部位	主要結構	在結構中之安排
1.	飲馬長城窟行	緜緜（綿綿）思遠道	先凡後目	凡
2.	陌上桑	秦氏有好女	先凡後目	凡
3.	出潁口，初見淮山，是日至壽州	楓葉蘆花秋興長	先實後虛（空間）	實

簡而言之，所謂篇首，就是在篇章結構中第一段的位置，如〈飲馬長城窟行〉的篇章結構簡圖爲：

凡（泛寫）：「青青河畔草」二句
目（具寫）：「遠道不可思」十八句

此詩結構爲「先凡後目」的形式，在「凡」的部分即以「青青河畔草，緜緜（綿綿）思遠道」中的「思遠道」點明文旨，貫穿全詩；「目」的部分則以「入夢」、「夢醒」與「接信」三事來具體描寫「思遠道」之情，可知本詩在描寫思念之情。或如〈陌上桑〉也是「先凡後目」的結構，其文旨：「稱讚羅敷的美好」也在結構中的第一段揭示，後文即依此主軸展開。這種安排方式，是將文旨或綱領，直接以開門見山的形式，安排於一篇之首的一種方法。[155]由於此種方式容易讓讀者一看就知道作者想要表達的意思，所以在古今人的作品之中，是一種常見的安置方式。不過，由於古典詩詞的文體要求，運用此種方式的作品，僅有三篇。

㈡文旨見於篇腹者

文旨安置於篇腹者，有以下十八篇：

	篇目	安置之部位	主要結構	在結構中之安排
1.	送杜少府之任蜀州	與君離別意	先景後情	情
2.	一剪梅	一種相思，兩處閒愁	先景後情	情
3.	送友人	浮雲遊子意，落日故人情	景情景	情
4.	水調歌頭	不應有恨	情景情	情㈡
5.	蓼莪	欲報之德，昊天罔極	目凡目	凡
6.	詠史詩之一	夢想騁良圖	目凡目	凡
7.	琵琶行	同是天涯淪落人	目凡目	凡
8.	關雎	求之不得，寤寐思服	先實後虛（時間）	實
9.	長干行	感此傷妾心，坐愁紅顏老	先實後虛（時間）	實
10.	雨霖鈴	多情自古傷離別	先實後虛（時間）	虛

11.	客從遠方來	著以長相思	先實後虛（空間）	虛
12.	九月九日憶山東兄弟	每逢佳節倍思親	先實後虛（空間）	實
13.	迴車駕言邁	立身苦不早	由因及果	果
14.	關山月	思歸多苦顏	由因及果	果
15.	籌邊樓	諸將莫貪羌族馬	先反後正	正
16.	醜奴兒	而今識盡愁滋味	先反後正	正
17.	正氣歌	三綱實繫命，道義爲之根	先論後敘	論
18.	賀新郎	苦恨芳菲都歇，算未抵人間離別	先賓後主	賓

置於篇腹者，則是被安置於結構的中間部分，只要不是結構的第一段和末一段皆屬篇腹，這是特地將文旨或綱領安排在詞章的中央部位，以統括全篇文義的一種方法。[156]此種方式多見於詩詞中，散文較不常使用。如〈長干行〉一首，其篇章結構簡圖爲：

- 實
  - 昔（快）：「妾髮初覆額」十八句
  - 今（慢）
    - 分離：「十六君遠行」四句
    - 離後
      - 景：「門前遲行跡」六句
      - 情：「感此傷妾心」二句
- 虛：「早晚下三巴」四句

本詩文旨安置於第四層的「感此傷妾心，坐愁紅顏老」中，不是第一段，也非最後一段，所以視爲篇腹。「坐愁紅顏老」句收上文回想往事與今日觸景之哀傷，並啓下文期待丈夫歸來的願望。或如〈送友人〉一首，是「景情景」的結構，其文旨：「寫離情別意」即安置於中間的「情」，故爲篇腹。因爲文旨被安置於中央位置，常具有承上起下的作用，既可收束上文，又可引發下文，所以通常也是文義轉折處。

㈢文旨見於篇末者

文旨安置於篇末者，有以下十二篇：

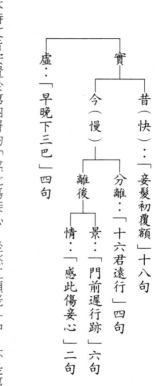

	篇目	安置之部位	主要結構	在結構中之安排
1.	登高	艱難苦恨繁雙鬢	先景後情	情
2.	武陵春	許多愁	先景後情	情
3.	飲酒詩之五	此中有眞意	情景情	情㈡
4.	長歌行	少壯不努力，老大徒傷悲	先敍後論	論
5.	明妃曲	人生失意無南北	先敍後論	論
6.	凜凜歲云暮	徙倚懷感傷	實虛實（空間）	實㈡
7.	虞美人	問君能有幾多愁	實虛實（空間）	實㈡
8.	黃鶴樓	煙波江上使人愁	先目後凡	凡
9.	行行重行行	思君令人老	凡目凡	凡㈡
10.	涉江採芙蓉	憂傷以終老	先實後虛（時間）	虛
11.	念奴嬌	多情應笑我	今昔今	今㈡
12.	聲聲慢	怎一箇愁字了得	由因及果	果

置於篇末者，就是在篇章結構的末一段，此種安排方式，是「先針對文旨或綱領將內容

條分為若干部分，以依次敍寫，到最後才總括起來將文旨或綱領點明於篇末的一種方法。」⑮因將前文所述作一總括，故可達到畫龍點睛，予人豁然開朗的效果，所以使用率極高。如〈武陵春〉將全文都收束到一「愁」字，其篇章結構簡圖為：

景：「風住塵香花已盡」四句
情
　反：「聞說雙溪春尚好」二句
　正：「只恐雙溪舴艋舟」二句

篇旨所抒之「愁」，即安置於結構最後一段「只恐雙溪舴艋舟，載不動，許多愁」裡，詞人無盡的哀愁也得到了暫時的緩解。或如〈長歌行〉是採「先敍後論」的形式，「敍」的部分敍寫詩人見自然界景物的盛衰變化，因而引發感觸，也是其文旨：「勸人及早努力」即安置在末兩句「論」的部分。

(四)文旨見於篇外者

文旨安置於篇外者，有以下二十七篇：

	篇目	主要結構
1.	蒹葭	由昔而今
2.	山行	由昔而今
3.	浪淘沙	由昔而今
4.	定風波	由昔而今
5.	春日田園雜興之二	全景
6.	旅夜書懷	先景後情
7.	泊船瓜州	先景後情
8.	題竹石牧牛	先景後情
9.	紅梅	先敍後論
10.	書憤	先敍後論
11.	贈從弟之二	先敍後論
12.	觀書有感之二	先敍後論
13.	和子由澠池懷舊	先論後敍
14.	使至塞上	全具

15.	蜀相	先具後泛
16.	無題	先具後泛
17.	觀書有感之一	先具後泛
18.	月夜	先空後時
19.	走馬川行奉送封大夫出師西征	先空後時
20.	短歌行	由果溯因
21.	輕肥	由因及果
22.	夜雨寄北	先實後虛（時間）
23.	寄黃幾復	先實後虛（空間）
24.	賈生	先揚後抑
25.	破陣子	先反後正
26.	碩鼠	先淺後深
27.	石壕吏	先點後染
28.	迢迢牽牛星	並列

只要是在辭章中，沒有直接抒情的「情語」，或表達的議論的「理語」者，其文旨皆須

從篇外探求，這就是所謂文旨爲「隱」的作品，已於第三章加以討論，於此不再贅述。

綜合以上的整理與分析，可以發現幾點有趣的現象：一是「語貴含蓄」（姜夔《白石道人詩說》）[158]的要求：在高中國文所選的古典詩詞篇章中，文旨安置於篇首的只有三首，而安置於篇外者卻有二十七首，這就和崇尚「含蓄」、力求有餘意餘味的民族美感有關。二是古典詩詞風格之不同：清人田同之說：「詩貴含蓄而詞不嫌流露」（《西圃詞說》），吾人也可看出安置篇外的詞作不過三首，其餘九首皆可於辭章中找到直接抒情、議論的詞語，教師於教學時可將之稍作疏理。

三是文旨安置與章法的關係：陳滿銘曾說：「主旨安置於篇外的，比較好處理，而安置於篇內的，則必須經由內容與形式結構分析來加以判定。以內容結構成分而言，一定出現在說理或抒情的部分；而就形式結構成分來說，則大體出現在『本』、『深』、『主』、『正』、『果』、『實』（就空間、時間言）、『側』（側注）、『凡』、『答』、『擒』等部分，而其他則很難說。」[159]就以上文旨出現於篇內（篇首、篇腹、篇末）的整理而言，使用「凡目」法的篇章，如文旨安置於篇首的〈飲馬長城窟行〉、〈陌上桑〉，或安置於篇腹的〈蓼莪〉、〈詠史詩〉之一與〈琵琶行〉，或安置於篇末的〈黃鶴樓〉與〈行行重行行〉，其文旨皆出現在「凡」的部分；使用「正反」法的〈籌邊樓〉與〈醜奴兒〉等，其文旨即安置於「正」；使用「因果」法的〈迴車駕言邁〉、〈關山月〉與〈聲聲慢〉，其文旨出現在「果」；或如「虛實」法的篇章，文旨安置於篇首的〈出潁口，初見淮山，是日至壽州〉，或安置於篇腹的〈關雎〉、〈長干行〉、〈九月九日憶山東兄弟〉，或安置於篇末的〈凜凜歲云暮〉與〈虞美人〉等，也多半出現在「實」的部分，可說是正例，但偶爾也會出現變例，如〈賀新郎〉的文旨就出現在「賓」，而非在「主」；使用「虛實」法的〈雨霖鈴〉、〈客從遠方來〉與〈涉江採芙蓉〉等篇，文旨則安置於「虛」，而非在「實」。另外，運用「情景」法的篇章，如文旨安置在篇腹的〈送杜少府之任蜀州〉、〈一剪梅〉、〈送友人〉、〈水調歌頭〉，或安置於篇末的〈登高〉、〈武陵春〉、〈飲酒詩〉之五等，其文旨皆安置於「情」的部分；同樣的，運用「敍論」法的篇章，其文旨安置於「理」的部分，自不待言，如安置於篇腹的〈正氣歌〉、或安置於篇末的〈長歌行〉與〈明妃曲〉等作品皆是。

注釋

①參考黃錦鋐，《國文教學法》，頁九〇。

②以上各章分析，參見賀新輝主編，《古詩鑑賞辭典》，頁七一一。

③見《中學國文教學法》，頁二四。

④參考《寫作知識辭典》，頁六七～六八。

⑤見《篇章修辭學》，頁一一二。

⑥見仇小屏，《篇章結構類型論》下冊，頁三一一。

⑦見《國文教學論叢》，頁三六二。

⑧參見仇小屏，《文章章法論》，頁二三〇～二三一；與《篇章結構類型論》上下冊。

⑨見《篇章結構類型論》上冊，頁二四八～二四九。

⑩見仇小屏，《篇章結構類型論》上冊，頁二四八。

⑪參考黃永武、張高評，《唐詩三百首鑑賞》，頁三三一。

⑫見《詩境淺說》。轉引自黃振民評注，《歷代詩評註》，頁三六六。

⑬語出仇兆鰲，《杜詩詳註》。轉引自黃振民評注，《歷代詩評註》，頁六三七。

⑭語出沈德潛，《唐詩別裁》。轉引自黃振民評注，《歷代詩評註》，頁六三六。

⑮王夫之《薑齋詩話》：「情景雖有在心在物之分，而景生情，情生景，……互藏其宅。」傅思均解釋說：「情景互藏其宅，即寓情於景和寓景於情。前者寫宜於表達詩人所要抒發的情的景物，使情藏於景中；後者不是抽象地寫情，而是在寫情中藏有景物。」見《唐詩鑑賞辭典》，頁五六四。

⑯見《新譯唐詩三百首》，頁二七七。

⑰參見顧亨鑑纂輯、葉葆王詮注，《學詩指南》，頁一三〇。

⑱見蕭滌非等撰，《唐詩鑑賞辭典》，頁五八七。

⑲以上分析參見陳友冰、楊福生，《宋代絕句賞析》，頁七三～七五。

⑳見繆鉞等撰，《宋詩大觀》，頁五三六。

㉑見周汝昌等撰，《唐宋詞鑑賞辭典》，頁一一九二。

㉒此結構分析表與下文之結構分析參見陳滿銘，《詞林散步》，頁二四六～二四七。

㉓此結構分析表見仇小屏，《篇章結構類型論》上冊，頁二五九。

㉔參見陳滿銘，《文章結構分析》，頁一九四～一九五。

㉕此結構分析表與下文之結構分析參見陳滿銘，《詞林散步》，頁一六五～一六七。

㉖張高評語，見《唐詩三百首鑑賞》，頁三九七。

㉗見《篇章結構類型論》上冊，頁二六七～二六八。

㉘以上分析與引言參見《兩漢南北朝樂府鑑賞》，頁一一三～一一四。

㉙見陳達凱，《宋詩選》，頁一四五。

㉚見黃振民評註，《歷代詩評註》，頁一一三八。

㉛見孫鑫亭編，《古今中外哲理詩鑑賞辭典》（河南：中州古籍出版社）。

㉜見《宋詩評釋》，頁五六。

㉝此結構分析表見陳滿銘，《文章結構分析》，頁二六六。

㉞參見陳達凱，《宋詩選》，頁九九。

㉟參見陳滿銘，《文章結構分析》，頁二六八。

㊱見《國文教學論叢》，頁三六七。

㊲參見仇小屏，《古典詩詞時空設計之研究》（臺北：國立臺灣師範大學國文研究所博士論文，二〇〇〇年十一月），頁九〇～九六。

㊳見朱筠口授、徐昆筆述，《古詩十九首說》。轉引自《古詩十九首集釋》，卷三，頁四七。

㊴見仇小屏，《篇章結構類型論》下冊，頁三一一。

㊵見劉坡公，《學詩百法》（天山出版社，一九八八【民七七】年十月），五六頁。

㊶何焯語，見《批唐三體詩》。

㊷見《詩歌鑑賞入門》，頁二〇五。

㊸白敦仁語，見《宋詩大觀》，頁三三二。

㊹見《宋詩大觀》，頁三三三。

㊺霍松林語，見繆鉞等撰，《宋詩大觀》，頁五〇五。

㊻見賀新輝主編，《古詩鑑賞辭典》，頁二八三。

㊼此結構分析表與分析見陳滿銘，《詞林散步》，頁七五～七七。

㊽見《詞林散步》，頁七六。

㊾見《篇章結構類型論》上冊，頁二九七。

㊿見《詩經欣賞與研究》，頁五。

51見〈試論詩經第一首〉，收於《詩經研究論集》，頁二九六。

52牛淼祥語，見賀新輝主編，《古詩鑑賞辭典》，頁二。

53見賀新輝主編，《古詩鑑賞辭典》，頁二六九。

54吳淇《古詩十九首定論》：「『思君令人老』，『老』字頓，其難堪在前；『憂傷以終老』，『老』字漸，其難耐在後。」轉引自《古詩十九首集釋》，卷三，頁十五。

55此結構分析表與下文分析見拙文〈今昔法在古典詩歌的應用（上）——以高中國文課文爲例〉，載於《國文天地》第十六卷第九期，頁一〇六～一〇八。

56見章燮注疏，《唐詩三百首注疏》，卷上，頁十七。

57邱燮友註譯，《新譯唐詩三百首》，頁五八。

58參見翰林版《高中國文》第二册，頁一六四。

59見章燮注疏《唐詩三百首注疏》，卷上，頁十七。

60見喻守眞，《唐詩三百首詳析》，頁四五。

61此結構分析表見仇小屏，《篇章結構類型論》上册，頁二九九。

62禹克坤語，見袁行霈、劉逸生，《古典詩詞名篇鑑賞集》，頁一四二。

63見蕭滌非，《唐詩鑑賞辭典》，頁一一三九。

㊿64張高評語，改自黃永武，《中國詩學・鑑賞篇》。見《唐詩三百首鑑賞》，頁八〇四。

65此結構分析表與結構分析見陳滿銘，《詞林散步》，頁一四五。

66收錄於《國文教學論叢・續編》，頁四四五。

67此結構分析表見仇小屏，《古典詩詞時空設計之研究》（臺北：國立臺灣師範大學國研所博士論文，二〇〇〇年十一月），頁五四。

68見《歷代詩評註》，頁四六四。

69此結構分析表見仇小屏，《篇章結構類型論》上冊，頁二五〇。

70見《詩詞例話》，頁一一四。

71劉學鍇語，見蕭滌非等撰，《唐詩鑑賞辭典》，頁一一六一。

72參考蕭滌非等撰，《唐詩鑑賞辭典》，頁一一六一。

73見《宋詩選》，頁八二。

74見仇小屏，《篇章結構類型論》下冊，頁三四二。

75參見仇小屏，《篇章結構類型論》下冊，頁三四四。

76此結構分析表見陳滿銘，《文章結構分析》，頁一八〇。

77見《文章結構分析》，頁一八〇～一八一。

78見賀新輝主編，《古詩鑑賞辭典》，頁二一八。

⑲此結構表參見陳滿銘，《文章結構分析》，頁二二一。

⑳見《文章結構分析》，頁二二二。

㉑見《唐詩三百首詳析》，頁二一四。

㉒陳滿銘語，見《文章結構分析》，頁二二二。

㉓見馬美信、賀聖遂主編，《中國古代詩歌欣賞辭典》，頁五六。

㉔此結構表參見陳滿銘，《文章結構分析》，頁二四三。

㉕參見喩守眞，《唐詩三百首詳析》，頁九八～九九。

㉖參見陳滿銘，《文章結構分析》，頁二四四。

㉗見《新譯唐詩三百首》頁一二六。

㉘此結構分析表見陳滿銘，《文章結構分析》，頁二七六。

㉙見賀新輝主編，《古詩鑑賞辭典》，頁七一。

㉚參見仇小屏，《篇章結構類型論》上册，頁十八。

㉛參考仇小屏，《古典詩詞時空設計之研究》（臺北：國立臺灣師範大學國研所博士論文，二〇〇〇年十一月），頁六二。

㉜原載於《笠》二十六期（一九六八【民五七】年八月），頁六三～六四。收於《詩經研究論集》，頁三四三。

93 參見程俊英、蔣見元，《詩經注析》（北京：新華書店北京發行所，一九九一年十月）上册，頁三四六。

94 此結構分析表見陳滿銘，《文章結構分析》，頁二一九。

95 參見拙文〈今昔法在古典詩歌的應用（上）——以高中國文課文爲例〉，載於《國文天地》第十六卷第九期，頁一〇八～一〇九。

96 此結構分析表參見陳滿銘，《詞林散步》，頁八五。

97 以上分析參見陳滿銘，《詞林散步》，頁八四～八五。

98 此結構表參見陳滿銘，《詞林散步》，頁一七五。

99 此結構表見陳滿銘，《詞林散步》，頁一八八。

100 參見仇小屏，《篇章結構類型論》上册，頁三四。

101 見施正康，《漢魏詩選》，頁一四六。

102 見賀新輝主編，《古詩鑑賞辭典》，頁二七七。

103 見蕭滌非等撰，《唐詩鑑賞辭典》，頁二三七。

104 見《相逢何必曾相識：白居易作品賞析》，頁一〇一。

105 此結構分析表與下文之分析參見陳滿銘，《詞林散步》，頁二五一～二五三。

106 見仇小屏，《篇章結構類型論》上册，頁一三六～一三七。

⑩⑦此結構分析表見仇小屛，《篇章結構類型論》上冊，頁一四三。
⑩⑧語出王嗣奭，《杜臆》。轉引自張夢機、陳文華編著，《杜律旨歸》，頁十。
⑩⑨同上註。
⑪⓪語出鄭方坤，《五代詩話》。轉引自黃振民評註，《歷代詩評註》，頁六一八。
⑪①語出紀曉嵐批，《瀛奎律髓》。轉引自黃振民評註，《歷代詩評註》，頁六一七。
⑪②語出浦起龍，《讀杜心解》。轉引自張夢機、陳文華編著，《杜律旨歸》，頁十。
⑪③此結構分析表參見仇小屛，《篇章結構類型論》下冊，頁三一五。
⑪④見《唐詩三百首詳析》，頁七十。
⑪⑤張燕瑾語，見蕭滌非等撰，《唐詩鑑賞辭典》，頁六〇六。
⑪⑥張燕瑾語，見蕭滌非等撰，《唐詩鑑賞辭典》，頁六〇六。
⑪⑦見《篇章結構類型論》下冊，頁四〇六。
⑪⑧此結構分析表與下文分析參見陳滿銘，《詞林散步》，頁三二〇～三二二。
⑪⑨見陳邦炎主編，《詞林觀止》上冊，頁五四七。
⑫⓪參見仇小屛，《篇章結構類型論》上冊，頁二〇〇。
⑫①見賀新輝主編，《古詩鑑賞辭典》，頁三七。
⑫②參見石夫，〈詩魏風〉。收於《詩經研究論集》，頁三三八～三三九。

(123)見仇小屏，《篇章結構類型論》下冊，頁三七四～三七五。

(124)此結構分析表見陳滿銘，《文章結構分析》，頁二六一。

(125)見陳滿銘，《文章結構分析》，頁二六二～二六三。

(126)見仇小屏，《篇章結構類型論》下冊，頁四六〇。

(127)見《唐詩三百首鑑賞》，頁八〇三。

(128)此結構分析表參見拙文〈今昔法在古典詩歌的應用（上）——以高中國文課文為例〉，載於《國文天地》第十六卷第九期，頁一〇九～一一〇。

(129)見《歷代詩評解》。摘錄自陳滿銘、陳弘治、簡明勇教授編著，《唐宋詩詞評注》，頁六十。

(130)參見張淑瓊主編《唐詩新賞6・杜甫（上）》：「全篇句句敍事，無抒情語，亦無議論語；但實際上，作者卻巧妙地通過敍事抒了情，發了議論。」見《唐詩新賞6・杜甫（上）》，頁一六一。

(131)見《篇章結構類型論》上冊，頁二三六。

(132)見高海夫、金性堯《古詩漢魏六朝新賞》（臺北：地球出版社，一九九三【民八二】年），頁四八。

(133)見仇小屏，《文章章法論》，頁二二〇。

(134)收於《國文教學論叢》，頁二八。

(135)參考《文章章法論》，頁二七～三五。

(136)參見仇小屏，《篇章結構類型論》，頁六九。

(137)見仇小屏，《文章章法論》，頁七三。

(138)見仇小屏，《文章章法論》，頁一一〇～一一一。

(139)見黃錦鋐，《國文教學法》，頁一一九。

(140)參考陳滿銘，〈談詞章章法的主要內容（下）〉一文，載於《國文天地》十三卷八期，頁一〇五～一一七。直承聯詞有因、因之、因爲、乃、遂、故、是以、是故、所以、於是等；轉折聯詞有而、卻、然、然而、然則、但、但是、第、顧、否則、不過等；推展聯詞有也、又、亦、或、而、而或、尤其、至於、至若、若夫、若是、如、如果、假如、譬如、甚至、並且、還有、苟或、也許等；總括聯詞有這、這樣、都、皆、總之、凡此、總之、如此等。

(141)邱嘉穗《東山草堂陶詩箋》：「此云『結廬在人境』，宜有車馬之喧，而竟無之，是以『而』字作轉語用，兩意抑揚相拗，便覺『而』字有力。」（卷三）轉引自《陶淵明詩文彙評》，頁一七一。

(142)參見仇小屏，《文章章法論》，頁一七五～一八二。

(143)見《詞林散步》，頁一六六。

(144)見《宋詩評釋》，頁五六。

(145)見《唐詩三百首詳析》，頁三〇六。

146 見陳滿銘，〈談詞章主旨在凡目結構中的安排〉，載於《國文天地》十三卷三期，頁八四。

147 見《相逢何必曾相識：白居易作品賞析》，頁一〇一。

148 參考《文章章法論》，頁三九二～四〇一。

149 見蕭滌非等撰《唐詩鑑賞辭典》，頁八五八。

150 見林雲銘，《古文析義》（臺北：廣文書局，一九八九【民七八】年一月七版），頁三三〇。

151 見〈談詞章章法的主要內容〉下，載於《國文天地》十三卷八期，頁一〇九。

152 見《詩學指南》，頁二一六。

153 見《唐宋詞選》，頁一五三。

154 見《篇章修辭學》，頁十二。

155 參見陳滿銘，〈談篇旨教學〉，載於《高級中學國文、英文、物理、化學四科輔導資料彙編》，頁一一。

156 參見陳滿銘，〈談篇旨教學〉，載於《高級中學國文、英文、物理、化學四科輔導資料彙編》，頁十三。

157 見陳滿銘〈談篇旨教學〉，載於《高級中學國文、英文、物理、化學四科輔導資料彙編》，頁十三。

158 見唐圭璋編，《詞話叢編》，頁一四八二。

⑮見〈如何進行課文結構分析——以高中國文教材爲例〉，收於《臺灣省高級中學教學輔導叢書國文教學研究專輯》第五輯，頁七十。

第六章　古典詩詞義旨教學之活動

第一節　義旨教學之處理順序

在國文教學的過程當中，使學生瞭解範文義旨是最高的目標之一，詞語教學、語句教學的目的也是爲了要瞭解義旨而作準備。所以，義旨的探究是國文教學中相當重要的一環，需要教師對全文加以聯貫、整合、闡發，如此學生才能曉得文章的眞意。據章微穎先生之《中學國文教學法》，其中將「義旨」的探究階段分爲「從文義到文旨」與「從文旨到文義」兩步①；而黃錦鋐之《國文教學法》一書，其中「教材的準備」有一節「文義教學」，將處理的過程分爲「解釋題文」、「課文的本事和背景」、「處理課文文義的步驟」、「闡發文義」與「體會作者表達之技巧」五步驟②。本文嘗試將之分爲「題文之解釋」、「課文本事和背景之講述」、「課文義旨之處理步驟一（文義到文旨）」、「課文義旨之處理步驟二（文旨到文義）」四步，至於「闡發文義」部分置於「步驟一」處理，「體會作者表達之技巧」則置於「步驟二」，以下分別舉例說明：

一、題文之解釋

一篇作品通常都會有一個題目，在進行課文讀講之前，講述題目可以讓學生對作品有粗淺的認識，這是因爲題目大多是作者用以標擧全文之中心意義；而且題目就像人名一樣，是一個可以用以識別、稱說的名字，當然就必須於課文讀講之前先行解釋題文。在這裡要注意的是題目有無意義：有的題文能擧全文的中心意義，也就是所謂「固定」的、「顯」的，比如蘇軾的〈和子由澠池懷舊〉，一眼就可以知道這是一首唱和詩，而且所和的是其弟子由的懷舊之作。在講述這類題文時，則應將題文的組織，細細講解，如什麼是「和」？誰是「子由」？「澠池」在哪？與蘇軾、蘇轍有何關連？懷什麼舊？均應一一交待清楚，不可馬虎。但「淺而易見的題文，勿作不必要之解說」[3]，如前例之「子由」，只需說明是蘇軾之弟，簡述其生平與蘇軾之關係，不需引《說文解字》來逐字釋說。但並非所有的題目都有意義，這就是「不固定」的、「隱」的，比如《詩經》中的篇章，只是爲稱說識別便利而隨意摘錄篇首二字，像是〈關雎〉，就是取其「關關雎鳩，在河之洲」的首句名篇；而〈雨霖鈴〉、〈醜奴兒〉等是詞調名，與作品內容可以說並無關係，故在教學時應特別注意。

解釋題目除了從字面上解釋題文之外，「凡是與題目相關之事，應一併解說」④。如〈飲馬長城窟行〉，則須讓學生瞭解什麼是「飲馬長城窟」？爲什麼要「飲馬於長城窟」？其中有什麼哀傷的故事？與此作品又有何關係？又何者爲「行」？此種文體有何特色？另如〈定風坡〉爲詞牌，而非題目，這一點在講解「詞」時是必須注意的。「詞牌」是「詞調」的名稱，而每一首詞往往是依據某一詞調所填寫而成，每一詞調的句式、平仄以及用韻都是固定不變，與內容並無絕對關係。但有時也可從其詞調來推斷作者所欲表現的情感，因爲「不同的樂曲所表達的思想感情必然不同」，而且「最早選擇詞的形式來表情寄意的詩人，大多是懂得些樂理的。那時，曲子還在，他們可以吟唱品味，選擇最適宜表達自己思想感情的曲調來填詞；會製曲的詩人，當然更可以根據詞的內容來創作新曲。」⑤如〈雨霖鈴〉多寫哀怨之聲，不過亦多有例外，如婉轉嬌媚的〈念奴嬌〉卻被蘇軾歌以「大江東去」，所以教師在講解詞牌時，是要多加留意的。另外，有時詞牌亦有來歷，如〈一剪梅〉，亦應說明。

二、課文本事和背景之講述

講述「課文的本事和背景」是幫助了解課文的基本工夫，這是因爲作者爲環境所動、爲事物所感才發而爲文，自然會影響作品的情意與義旨，如杜甫的〈石壕吏〉，就是作者親身經歷安史之亂時民不聊生、官吏殘暴的社會亂象，才會寫出這篇記述「有吏夜捉人」的史詩。

所以，在講述〈石壕吏〉時，就不得不從其背景說起：由於玄宗晚年寵幸楊貴妃，沉迷於宴樂，而將國政委交李林甫、楊國忠等人，造成宰相專權，植黨營私，淫侈貪賄，唐代政治日益衰敗。加以府兵敗壞，募兵代興，武力為藩鎮私人所宰制，以及任用胡人為邊帥，終致釀成天寶十四年（西元七五五年）至代宗廣德元年（西元七六三年）的安史之亂。這段故事可以結合《高中歷史》第二冊來喚起舊經驗，學生更易進入杜甫筆下現實的世界，也就更易體會戰亂時代的人民苦難。這首詩是作於唐肅宗乾元元年（西元七五九年）冬至次年春時，因郭子儀與李光弼等九節度使被史思明的援兵打得全軍潰散，退守河陽，朝廷為了補充兵力，便在洛陽以西至潼關一帶，强行捉人當兵，而杜甫正好由洛陽經過潼關，趕回華州任所，〈石壕吏〉一詩中便將官吏捉人的經過寫實生動地描寫出來，藉由老婦的致詞將百姓所受的磨難以及官吏的不通人情都深刻地反映出來。也由於當時戰亂的時代背景，人民生活不安，有志之士見國家有難自然憂心忡忡，故「安史之亂，不僅是唐代政治的轉折點，在文學發展上也產生了重大的影響，而且一直延伸到唐末。這一時期文學的主要特徵，是浪漫主義精神衰退了，現實主義得到了進一步的發展與成熟」⑥，產生這種現實主義的作品，都是當時政治社會背景所造成。除了課文寫作的背景之外，課文的內容所涉及的背景亦應處理，如李商隱的〈賈生〉，課文內容寫的是漢文帝時賈誼之事，故應將當時的時代背景、賈誼的遭遇作一番解說，以更深入了解作品。雖然這種背景本事並非篇篇都有可尋，但作者的寫作動機應儘可能讓學生明瞭⑦，如此學生才能體會作者的用意。

三、課文義旨之處理步驟一（文義到文旨）

在「處理課文文義的步驟」方面，其實就是章微穎先生在《中學國文教學法》一書中，提出「義旨的探究」的兩步工作，第一步工作爲「從文義到文旨，是前進的，闡釋的」⑧，要「先將逐句聯合成小節，逐節聯合成小段，逐段聯合成全篇，就文辭意義一一講解清楚」，像是一些「因寫作技巧而活用詞句或變化組織的」，或是其中「蘊藏的意思」都應隨時加以提點，補充闡明，這一步即是「歸納」的⑨、「化零爲整」的⑩。在這裡，我們可以用章法所形成的篇章結構來分段，用所擇運之材料來解說文義，如王維〈九月九日憶山東兄弟〉一詩：

獨在異鄉為異客，每逢佳節倍思親；遙知兄弟登高處，遍插茱萸少一人。

因古典詩詞通常字句較少，不易再細分節段，但可用章法的方式來分析，這首詩是採「先實後虛」的結構，前兩句實寫自己在異鄉思親的景況，用「獨」字顯出自己的孤單，用「異」字顯出自己的處境堪憐，用「倍」字顯出自己平常就已「思親」，更添「思親」之苦；後兩句虛寫設想在家鄉的兄弟也是思念著自己，用「知」字顯出兄弟相知之情，可見兄弟情深，用「登高」、「茱萸」應和題文之「九月九日」，用「少一人」點出自己就是少的那一人，無盡的「思親」之苦就迷漫在兩地之間。將前後兩部分聯繫起來體會，就可以知道作者的思想發展，是從自己孤獨的感受出發，進而想到遠方的親人。如此解說，不但清楚了課文的文義，文旨也因此而凸顯出來——這就是一首思親之作，也讓學生體會寫作的步驟。不過，並不是所有的篇章中心思想都很明顯，有的詩詞之意旨很隱晦，不易從文句或題文的含意體會出全文的中心意旨，這就必須從作者的寫作背景來引導學生辨認⑪，這也就是前一部分「課文的本事和背景」重要之處。如黃庭堅的〈題竹石牧牛〉，表面上是在題畫，寫自己對畫中的竹、石、牧牛的情感，但文旨卻是諷喻朝政。因當時黨爭之烈，已有危害國政之虞，故作者有所感而發為詩，但又不能直抒其情，所以藉題抒意。

另外，文章不僅只有詞句明顯表現出來的文義，還往往隱含作者的人生哲學及眞理大義，給予讀者啓示教訓，這就是文辭所蘊藏的意思，也就是隱義，章微穎先生在「義旨的探究」步驟一中就提到了文辭所蘊藏的意思與種類⑫，這也是在講解文義時所應加以闡釋的。大凡好的文章多意餘於詞，尤其是講求含蓄的古典詩詞，常常將意思深藏在詞句之中，使其詩境擴大，於短短的詞句中造出橫貫古今、窮天下地的宇宙來。這種隱義，雖然用的詞語很簡單，卻有廣博的含義；舉的例子很淺顯，卻含有深遠的道理，學生不易體會出來，需靠教師詳爲闡發⑬。這類隱義，黃錦鋐以爲至少有「即小見大」、「意在言外」、「寄眞義於喻託」、「借他事爲映襯」、「蘊藏文義於典故之中」、「蘊藏文義於史實之中」、「蘊藏文義於語氣語感之中」等等⑭，筆者在「材料的使用」一章中即已說明材料中的隱義。

其中，像是「蘊藏文義於典故之中」與「蘊藏文義於史實之中」皆屬於事典中的「歷史材料」，不管是借用前人之事，還是引用前人之語，都可收到加强語氣之效，且無用字繁雜之弊，所以强調用字精簡的古典詩詞樂於使用。教師在進行講解時應對此類文句所引用典故的出處詳加考證，如〈凜凜歲云暮〉中的「凜凜歲云暮」就是用《詩・小雅・小明》：「曷云其還，歲聿云莫」語意，言外有「一年又快過完了，我所思念的人什麼時候才回來呢？」⑮之意；並應將史實的內容及在本文所代表的意思講釋清楚，如王安石〈明妃曲〉中的「君不見咫尺長門閉阿嬌」一句，是藉陳阿嬌之事以襯托明妃之失意，並引出「人生失意無南北」之慨。這類典故、史實應詳細告訴學生，使其知其所以然，不致運用錯誤。

另外，「意在言外」、「寄眞義於喻託」與「借他事爲映襯」者更是貴曲的詩、婉媚的詞所用來藏情、寓理的手段，如李清照的〈聲聲慢〉：「滿地黃花堆積。憔悴損、如今有誰堪摘」，並不直接點明無人堪摘，而以婉曲含蓄的言外之意來暗示自己就像憔悴的黃花一般，令人回味無窮；而劉楨的〈贈從弟〉第二首，即以「歲寒然後知松柏之後凋」的「松柏」來比喻不屈服於惡劣環境的高貴節操，以此來與其從弟互相勉勵；或如杜甫的〈旅夜書懷〉前四句：

細草微風岸，危檣獨夜舟。星垂平野闊，月湧大江流。……

雖是寫景實是寓情於景中，藉由岸邊細草、微風、危檣、夜中獨舟、星、廣闊平野、月、奔流大江渲染出淒清的氣氛，也襯托出在此景象中的詩人是何種心境。

還有「即小以見大」是從小處著手，以見其大處，要比直接寫其大者的效果要强；而「蘊藏文義於語氣語感之中」則是作者對事物發生的感慨不是直接敍述出來⑯，如辛棄疾的〈醜奴兒〉：

少年不識愁滋味，愛上層樓。愛上層樓，為賦新詞強說愁。而今識盡愁滋味，欲語還休。欲語還休，卻道天涼好箇秋。

以心境的昔盛今衰對比，抒發出識盡愁滋味的感慨。當然，隱義並不只有以上幾種，這就要從修辭學方面來探討，教師在講解闡述時可不必多作分類介紹，只需引導學生領略出其中的隱義即可。

四、課文義旨之處理步驟二（文旨到文義）

這第二步工作爲「從文旨到文義，是回復的，發揮的」⑰，在第一步完畢以後，第二步就要「將全文的事理情意作一番綜合，再分別逐段逐節，於其表示見解情感或褒貶批評論斷之處，予以詳盡發揮，俾能感染學生發生良好的作用與力量。同時指示逐個意思運材措辭之方，遣詞造句之法，參證題旨，認明中心思想，以至逐段對中心意思的任務功用與地位價值，段中各節對全段的任務功用與地位價值；均令學生一一體認。」⑱這一步則是「分析」的⑲、「化整爲零」的⑳。如前一步已將王維〈九月九日憶山東兄弟〉的文義闡釋清楚，在掌握住文旨之後，當然要分辨出文旨安置的位置與顯隱，以看出各段對中心意思的任務與地位價值：這首詩的文旨在次句的「思親」，安置於篇腹，爲全顯的形式，可知首句是在爲次句爲何「思親」鋪墊，而三、四句雖寫兄弟，但實際上也是在抒發自己的「思親」之情。雖然，文無定法，今日所用以分析的章法也是後人所造，並無絕對的好壞之別；不過，這樣透過章法、材料講說，學生也能從中習得謀篇、運材的方式，從這首詩中得到的就不僅是詩中的意涵，還習得了大家爲文作詩之妙法，王更生就以醫學上的「解剖」來形容國文教學之「章法分析」，他說：「章法分析就是將文章的多個部位與架構分析明白，然後採他人之長，作攻錯之資。自己一旦提筆爲文，才不致茫然無緒。所以文章經過解剖之後，其全篇組織，如怎樣起筆？怎樣布局？怎樣聯絡？怎樣照應？怎樣開闔？怎樣結尾？怎樣造句？怎樣練字？在一一探究之後，文義自然格外顯明，學生欣賞和寫作能力之培養，也就根植於此了。」㉑所以，如能熟悉運用，相信必能對學生的作文能力有所助益。

至於作者用以表達情感或褒貶批評論斷的技巧千變萬化，且多屬修辭之事，故黃錦鋐於《國文教學法》中僅以「熱烈的感情」、「豐富的想像」、「淵博的知識」與「深刻的觀察力」四點舉例說明㉒。其中，「觀察」可以說是豐富想像力的基礎，而許多成功的作品多是作者有「深刻的觀察力」，如〈陌上桑〉中對秦氏好女羅敷的觀察：

> ……青絲為籠係，桂枝為籠鉤。頭上倭墮髻，耳中明月珠。緗綺為下裙，紫綺為上襦。行者見羅敷，下擔捋髭鬚。少年見羅敷，脫帽著帩頭。耕者忘其犁，鋤者忘其鋤。來歸相怨怒，但坐觀羅敷。……。

「青絲爲籠係」二句是作者對羅敷所使用器物的觀察，「頭上倭墮髻」四句是作者對羅敷的打扮穿著的觀察，後八句是作者對路人見羅敷之事的觀察，這些表現作者深刻觀察力的詞句，都是用來襯托出羅敷的好，可見其作用。至於「表現豐富的想像的」，黃錦鋐在《國文教學法》中以杜甫〈月夜〉爲例：

今夜鄜州月，閨中只獨看；遙憐小兒女，未解憶長安。香霧雲鬟濕，清輝玉臂寒；何時倚虛幌，雙照淚痕乾。

他分析說：「作者因看到月，同時聯想到閨中的妻子，但是不說自己看月懷念妻子，單說妻子看月懷念自己；不說自己看月懷念兒女，偏說兒女隨母看月不了解懷念自己。寫兒女不了解懷念的懷念，其懷念更覺得苦。如非作者想像豐富，怎麼能寫出這類文句呢？」㉓這類豐富的想像，包括設想、虛構、希望、夢幻等皆是，作者馳騁自己的想像力另造出一個不存在或是未親身見聞的宇宙，來滿足安頓自己澎湃洶湧的情感需求。而有些意象更是敏感的作者從中想像、領會出無限豐富的意涵，如「月」並不只是高懸天上的星體，它還包含了鄉愁與離情，這是因爲每當夜深人靜，在外飄盪的遊子望著天上的明月，自然而然就會思念起故鄉，因爲這是與故鄉共同擁有，彼此借以聯繫的精神寄託，故有「月是故鄉明」、「舉頭望明月，低頭思故鄉」等名句，或是杜甫〈月夜〉等名篇。

「表現熱烈的感情的」，可以蘇軾的〈水調歌頭〉爲例：

明月幾時有，把酒問青天。不知天上宮闕，今夕是何年。我欲乘風歸去，惟恐瓊樓玉宇，高處不勝寒。起舞弄清影，何似在人間！……

這裡表示出作者出世、入世的矛盾心理，藉由「問青天」來表達有志難伸的感慨，可見作者情感之熱烈。而「表現淵博的學識的」如白居易〈琵琶行〉中，用以形容琵琶聲的材料：

……絃絃掩抑聲聲思，似訴平生不得志。低眉信手續續彈，說盡心中無限事。輕攏慢撚抹復挑，初為霓裳後綠腰。大絃嘈嘈如急雨，小弦切切如私語；嘈嘈切切錯雜彈，大珠小珠落玉盤。間關鶯語花底滑，幽咽泉流水下灘。水泉冷澀絃凝絕，凝絕不通聲暫歇。別有幽愁闇恨生，此時無聲勝有聲。銀瓶乍破水漿迸，鐵騎突出刀槍鳴。曲終收撥當心畫，四絃一聲如裂帛。……

其中用人之「平生不得志」、「心中無限事」來形容欲言又止的琵琶聲，以及欲言又止的琵琶女；並以「急雨」、「細雨」的不同下雨聲來形容「大絃」、「小絃」的不同，交錯彈奏就像「落玉盤」的珍珠，晶亮清脆的聲音，舒適悅人，給人想像的空間；再以自然界的「花底鶯語」、「幽咽泉流」來形容聲音的美好，「水泉冷澀」來形容琵琶聲如冷泉一般令人凝滯而悄然無聲；突然，像是一瞬間破掉的「銀瓶」，「水漿」都迸流而出，又像是戰場上突出的「鐵騎」，「刀槍」揮舞出鳴聲，這突如其來的急迫聲響，給予聽者絕大的震撼，琵琶曲也到了高潮；最後，如「裂帛」的「當心畫」，結束了這場紙上音樂會，留下了不絕於耳的繞樑餘音。所以，如果不是作者本身的學識、對音樂的鑑賞能力極高，很難寫得出描繪聽覺的樂音。

第二節　義旨教學之活動過程——以〈正氣歌〉爲例

本節擬以〈正氣歌〉爲例，來演示出進行義旨教學時之活動過程。並於文後附此課之單元教學活動設計（即教案），以供參考。

一、解釋題文

在前一課文結束後，通常都會預留二十分鐘的時間爲下一課作預習指導，指示預習範圍，所以在〈正氣歌〉一課正式開始前可由考查預習作業、試問有關題解欄的問題來進入「題文解釋」的步驟，如：本文之出處？本文之文體？本文之題旨爲何？先讓學生有粗淺的認識後，教師板書題文，討論題文意義。文章的題目通常是用來標舉全文意旨的，「正氣歌」三字很明顯的就是在歌頌至大至剛的浩然正氣，故於此可令學生自由發表「何謂正氣？」又「正氣的展現爲何？」教師隨時提點，再歸納補充、舉例說明，讓學生明白所謂的「正氣」是純正剛直的氣，通常是指人的思想、作風等，如「貧賤不能移」、「威武不能屈」等行爲皆是；至於「歌」是歌頌之意。接著，指名學生讀題解欄文字，作一番整理。

題文解釋之後，可指名學生講述題文統攝義旨，俾能讓學生就預習所得、題文之解釋與題解欄之講述，以自己的話表達全文義旨與講述全文大意，而非只是照著課本宣讀文句，期能讓學生將所學融會貫通，並訓練說話的技巧。

二、講述課文本事和背景

之前的「預習指導」，可先讓學生上網找尋有關作者——文天祥的生平，或是當時發生的歷史，於「課文解釋」之後，令學生就預習所得、或所習知的歷史自由發表，再指名學生讀作者欄之文字，並共同處理較難的詞句或有關問題。在講解作者欄時，「要特別注意作者的字號、重要著作、時代背景、思想人格及在學術上之成就影響，或在文壇上之地位。尤其對作者欄未列、有關作者的軼聞趣事，不妨補充介紹一些給學生，可引起學生興趣。」㉔如此則合乎「興趣原則」，學生不易感到枯燥乏味，而能適時地收到專心的效果。

但在進行「作者」講解時，尤應注意與範文本身的關聯性，不可令其爲範文讀講的附件，應使其與範文間緊密結合，務使學生了解作者與作品之間不可分的關係。譬如〈正氣歌〉一詩的時代背景爲宋元易代之際，朝綱紊亂之時，故文天祥作此詩俾後世確知扶持倫常綱紀者，實爲道義爲之根的「正氣」，寄望以此挽救積弱不振的國勢；至於其本事則爲文天祥被囚卻依然不受邪氣侵擾，故作此詩以頌「正氣」。還有可補充一些課本未列的相關事蹟，以說明作者與作品之關係：

㈠文天祥之字「宋瑞」的由來，是因爲宋理宗見其應進士之策論中，以「天行健，君子以自强不息」的道理論說欣賞不已，便將原本是第七名的卷子改爲第一名，且於臨軒唱名時見到文天祥的名字，便高興的說：「此天之祥，乃宋之瑞也」，因此得字。由此可見文天祥的經世之志及其文采，〈正氣歌〉便是由經世之志的熱誠與文天祥本身的文采所寫而成的名篇。

㈡文天祥少年時於孔廟看到同鄉先賢歐陽修、楊邦乂、胡銓等人的塑像，都謚曰「忠」，這幾位都是有風節、有骨氣的名臣、志士，不畏强權的事蹟深深激勵了文天祥，也才會有不畏死貪生，秉持浩然正氣的文天祥。

㈢在被囚的時候，文天祥曾服毒自殺，也曾絕食八日，但都不能奪其性命，在如此惡劣的情形下也不屈於元世祖的利誘，何以如此？必是有一堅定不移的信念支持著他，讓他不懼死亡，勇敢地堅持他的信念。這一直支持他的就是「正氣」。

㈣可將文天祥被張弘範俘後所作之〈過零丁洋〉詩補充給學生，用以再次證明文天祥的心志。

需要注意的是，補充的事蹟應能夠與課文結合，以課文之文旨爲中心來適切地補充有關寫作背景、寫作動機、作者的個人思想等資料，以讓學生不僅能瞭解時代環境的因素，以及作者的生平會影響作品，也能在精神上受到偉大人格的感召。

經由補充之後，指名學生說明作者對國家民族的特殊貢獻，以及講述作者寫作這篇文章的動機，以作爲此部分的結束。

三、處理課文義旨之步驟一（文義到文旨）

要正確明白課文的文旨，則必要瞭解全文的文義，此部分是以分段讀講的方式進行。如〈正氣歌〉通常是分爲五段，序爲第一段，「天地有正氣」至「一一垂丹青」爲第二段，「在齊太史簡」至「逆豎頭破裂」爲第三段，「是氣所磅礴」至「道義爲之根」爲第四段，「嗟予遘陽九」至「古道照顏色」爲第五段，教師在進行讀講時都應先處理生難字詞，尤其是有特殊句型的，或是其中有隱義的，都要於此加以說明，如：

(一)「雞棲鳳凰食」是說雞與鳳凰同吃同住，以雞比一般的囚犯，以鳳凰比自己。雞云棲，鳳凰云食者，參互見義。

(二)「楚囚纓其冠」的「楚囚」，事出於《左傳・成公九年》：「晉侯觀於軍府，見鍾儀，問之曰：『南冠而縶者，誰也？』有司對曰：『鄭人所獻楚囚也。』」㉕於此乃借代爲文天祥，講解時應讓學生明白其出處及用法。

處理好詞語、語句之後，再讀講課文之文義，將全段文字由各句聯合成小節，再聯合各節成段，並於每段讀講完畢後與學生共同討論分段要旨：

第一段爲序言，寫作者作〈正氣歌〉的環境與原由。

第二段寫正氣的表現。

第三段舉史上表現正氣的人事。

第四段寫正氣是安定的基礎。

第五段抒發作者的襟懷。

分段只是爲了方便解說，在進行分段讀講之後，可以向學生揭示全文之結構分析表，比如正文的部分，是採「先論後敍」的方式：㉖

- 論
  - 凡：「天地有正氣」二句
  - 目
    - 平提
      - 地：「下則為何嶽」句
      - 天：「上則為日星」句
      - 人：「於人曰浩然」二句
    - 側注
      - 因
        - 平提：「皇路當清夷」四句
        - 側注：「在齊太史簡」十六句
      - 果
        - 時間：「是氣所磅礴」二句
        - 空間：「當其貫日月」四句
        - 人倫：「三綱實繫命」二句
- 敘
  - 厄運
    - 凡：「嗟予遘陽九」二句
    - 目
      - 敘事
        - 被囚：「楚囚纓其冠」四句
        - 情形：「陰房闃鬼火」十二句
      - 抒感：「顧此耿耿在」四句
  - 作意：「哲人日已遠」四句

㈠「論」的部分爲第二段至第四段：寫盛大剛强的正氣貫穿歷代忠義的哲人，實爲安定

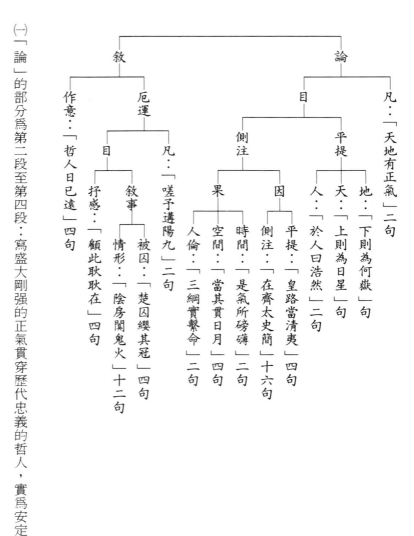

的基礎。這部分是採「先凡後目」，前二句的「凡」總說正氣充塞於宇宙間，「目」的部分則是寫正氣在地、天、人之間的展現，並於第三段側重在人事上，由此導出結論，正氣是從古至今不變不滅，貫通日月，天地依存的，故爲「三綱實繫命，道義爲之根」。

㈡「敍」的部分爲第五段，先寫作者的遭遇，再寫作者的襟懷，强調浩然正氣戰勝一切邪惡。

如此分析之後，可指名學生說明全文大致的內容，將全文作一整理，並歸納出本篇的文旨，判斷出文旨的安置與顯隱：這首詩是在歌頌浩然之正氣，以正氣貫穿全篇，但這只是全詩的綱領，文天祥作詩並非只有歌頌而已，他眞正要抒發的是希望藉此浩然正氣挽救頽壞的國勢，也就是在篇腹的「三綱實繫命，道義爲之根」二句，文旨爲全顯的。

四、處理課文義旨之步驟二（文旨到文義）

將全文文旨歸納、體察出來之後，就要進行「從文旨到文義」的分析工作。李金城認爲範文教學的深究階段，「可由教師預先設計一套較深入的問題，提付學生回答，或爲顧及社會化原則、自動原則、興趣原則等，更可指導學生作分組討論，最後各組由代表發表各該組討論結果，最後由教師補充歸納。」㉗以〈正氣歌〉爲例，在此階段可以設計如下討論問題：

㈠作者寫作本文的主要用意、寫作背景爲何？

(二)文分幾段？各段大意爲何？

(三)序中作者寫了那些「氣」？

(四)正氣是如何展現？

(五)在文中，作者用了那些歷史上的典故？

(六)正氣的影響爲何？正氣的重要爲何？作者以爲扶持倫常綱紀需賴什麼？

(七)作者所處的環境如何？何以能夠不受邪氣侵逼？

(八)作者的心向爲何？你覺得作者是怎樣的人？

(九)請就文天祥的行事爲例說明雖敗猶榮之事，並舉例說明世間亦有雖成猶敗之事。

除了深究內容，將全文文義作一次整理之外，可依全文結構分析表指名學生說明各段在全文文旨中所佔的地位及價值，及其相互間的關係：

(一)序的作用爲何？本詩的序交待了那些事項？

(二)本文文旨爲何？安置的位置與顯隱爲何？

(三)本文的結構爲何？在全文文旨中所佔的地位及價值爲何？

(四)說明全文用以聯絡照應的關鍵。

(五)選用事材的共同點爲何？用了這麼多事材有何用意？

(六)序中何處表現出作者深刻的觀察力？

(七)學例說明文中表現熱烈情感的語句？

如此透過文旨爲中心來參證各段文義、篇章結構、材料選用與作者表達的技巧等方面的討論活動，將可訓練學生對篇章結構的認識，以及尋找全文文旨的能力，對於文章也就更容易進行獨立分析。

【附】〈正氣歌〉之單元教學活動設計

單元名稱	正氣歌並序	班級		人數	
教材來源	高中國文第四冊第六課	指導教師	陳滿銘	時間	二〇〇分鐘
教材研究	本篇是寫文天祥在牢中低下的環境，依舊能堅持自己的節操，全是因爲「正氣」的展現，而作者希望藉「正氣」來扶持倫常綱紀，故學習本篇當喚醒學生本身已具的「正氣」，培養學生愛國淑世的情操。				
學生學習條件之分析	一、學生已在第一冊中學習過古詩，第二冊學習過樂府詩，第三冊學習過唐詩，包括絕句和律詩，對詩的形式已不陌生。 二、詩前有「序」的形式，在第三冊〈琵琶行〉中已有學習，瞭解「序」的作用。 三、課文的寫作背景爲宋元易代之際，關於文天祥之事已於《高中歷史》第二冊習得，具有粗略概念。				

教學方法	自學輔導、講述、問答、比較、練習、討論式教學法。
教學資源	《宋史・文天祥傳》、《中國文學大辭典》、《成語大辭典》。

教學目標	
單元目標	具體目標
甲、認知方面： 一、認識作者。	一－一能指出作者的時代背景。 一－二能指出作者的生平。 一－三能說出作者寫作此文的動機。
二、明瞭本文體裁及作法。	二－一能說出本文的體裁。 二－二能說出本文的作法。
三、明瞭本篇之文義。	三－一能說出題文的意義。 三－二能說出全文的大意及要旨。 三－三能說出各段大意。 三－四能正確讀解生字難詞的形、音、義。
四、明瞭本文寫作技巧。	四－一能說出本文的風格及特色。 四－二能說出全文聯絡照應的關鍵。 四－三能說出各段的地位與價值。

	四—四能說出遣詞造句的技巧。
乙、技能方面：	
五、培養自學能力。	五—一能收集資料及考查疑難問題。 五—二能做好預習作業。
六、正確解讀課文。	六—一能正確地朗讀課文。 六—二能語音正確，語調適度地讀解課文。
七、應用本篇文字。	七—一能應用生字、新詞、造句、造詞。
八、發表讀後感。	八—一能說出讀後心得。 八—二能體會本文所以打動人心之處。
丙、情意方面：	
九、體會先賢忠烈情操，並興起效法之心。	九—一體會文天祥當時的內在感情。 九—二了解爲什麼環境與創作有關連。
十、提升個人之修養，培養堅守原則的精神。	十—一能說出作者愛國淑世的情操。 十—二能學例說明正氣的展現。

時間分配			
節次	月	日	教學重點
一			一、前課文學習考查。二、預習考查。三、導引。四、講述題文。五、講述作者生平。六、辨認文體。七、講述全文大意。
二			八、處理一、二、三、四段之生難詞語及讀講課文。
三			八、處理第五段之生難字詞及讀講課文。九、全課課文之歸納整理。十、深究與鑑賞。
四			十一、欣賞誦讀。十二、應用練習。十三、學習效果考查。十四、預習指導。

教學目標	教學活動	教具	時間	評鑑	備註
五—一 五—二	（附）預習指導 甲、準備活動 一、導引： ㈠指名學生講述歷史上臨死不屈的故事，以引入本單元。	教學目標表	⒇ 3		上一節前課結束後二〇分鐘內進行。 附表一

	㈡揭示教學目標表。				
三—一	二、解釋題文： ㈠指名學生朗讀本課題文，並作解釋。 ㈡教師略作補充。	課本	2		
一—一	三、考查作者生平及本文出處：		2		
一—二	㈠指導學生閱讀題解及作者，探索題文的意義。 ㈡教師發下學習單一，指示課前預習作業。 教師列出參考資料，命學生回家查考，或課前向圖書館借閱。 參考資料一覽表： 1.文文山全集 2.中國歷代偉人傳 3.文天祥傳	學習單一			發下學習單一附表二
三—二	四、簡述課文大意：	課本	2		

	作者以自己與歷代哲人的實例來證明、歌頌浩然正氣。				
二—一	五、認識文體： ㈠指名學生根據教師所述大意，講述本文體裁。		2		
二—二	㈡指導學生回憶舊教材，辨認論說文的作法。				
三—四	六、考查生難詞句： ㈠指導學生課後參閱文後注釋，其爲注釋所無，或注釋中之生難詞句，均令學生自行考查，記入預習筆記。	課本	3		
	㈡揭示下列詞語令學生回家考查。 難詞表： 1. 腥臊 2. 穢氣	學習單一			附表二

	3.孱弱 4.凜烈 5.陰房				
三—三	七、分辨全文段落及要旨： 本文共分五段，指導學生於課前認清各段要旨，並揣摩結構與作法。	學習單一	2		附表二
九—一	八、研究與鑑賞 ㈠令學生查考本文寫作時的歷史背景。 ㈡揭示學習單二（問題討論表），指導學生三人或四人一組，令學生於課後思考討論。 ㈢指導學生將文中精練的文句，關鍵字詞及優美詞語標出。	學習單二	4		附表三
	【第一節】		⑸⑽		

	一、前課文學習考查：		5	
	㈠筆記訂正。			
	㈡測驗訂正。			
五—一	二、預習查考：		5	
五—二	㈠檢查預習作業，就預習作業的錯誤，提付共同討論。			
	㈡抽問生難詞語。			
	三、導引：		7	
	㈠概述本文的寫作背景，並指名學生參與發表。			
	㈡命學生就預習所知，講述文天祥的事蹟。			
	乙、發展活動			
	四、講述題文：		3	
三—一	㈠教師板書題文，指名學生講述題文統攝義旨。			

	㈡教師歸納補充。				
	五、講述作者生平：		10		
一—一	㈠指名學生就預習所得，說明作者之生卒年月、時代背景、經歷及影響性。				
	㈡指名學生說明作者對國家民族之特殊貢獻。				
一—三	㈢指名學生講述作者寫作這篇文章的動機。				
九—二	㈣教師補充歸納：（可參考《中國偉人傳記》）	作者補充資料			附表四
	六、辨認文體：		10		
二—一 二—二	㈠指名學生講述本課文體，並說明其性質與體式。	文體補充資料			附表五
	㈡教師補充：比較本文與〈琵琶行〉之作法。	比較表			附表六
	七、講述全文大意：		10		
三—二	㈠指名學生就預習所得講述全文大意。				

㈡教師歸納補充。

三—四

【第二節】

八、處理生難詞語及讀講課文：

㈠讀講課文第一段：

1.處理生難詞語：

(1)學生提出本段的生難詞語。（預習發現）

(2)討論生難詞語的意義。

(3)教師訂正補充。

(4)提出生難詞語，指名學生講解，以明其了解程度。

2.讀講課文：

六—一

(1)誦讀課文：指名學生誦讀本段課文，其他學生循聲誦讀。

15　㈤

六一二	(2)學生讀講：指名學生先略述本段大意，再逐句讀講。 (3)教師讀講：作有系統的補充、整理、訂正。 特別注意下列各詞語的意義： a 白間 b 汙下 c 萃然 d 薪爨 e 駢肩 f 雜遝 g 圊溷 h 俯仰之間 i 殆 (二)讀講課文第二段：（過程與第一段同）。	生詞字卡一	8		附表七

	特別注意下列各詞語的意義： a 雜然 b 賦 c 流形 d 沛 e 蒼冥 f 皇路 g 垂丹青	生詞字卡二			附表八
	(三)讀講課文第三段：（過程與第一段同）		20		
	特別注意下列各詞語的意義： a 厲冰雪 b 慷慨 c 擊賊笏 d 逆豎	生詞字卡三			附表九
	(四)讀講課文第四段：（過程與第一段同）		7		

	特別注意下列各詞語的意義： a 磅礴 b 凜烈 c 日月 d 安足論 e 、三綱	生詞字卡四			附表十
三—四 六—二	【第三節】 (五)讀講課文第五段：（過程與第一段同） 特別注意下列各詞語的意義： a 遘 b 陽九 c 陰房 d 闃 e 閟	生詞字卡五	10 (50)		附表十一

	f 蒙霧露		
	g 再寒暑		
	h 沴		
	i 辟易		
	j 沮洳		
	k 耿耿		
	九、全課課文之歸納整理：		2
	(一)令學生思考全文脈絡。		
	(二)指名學生說明全文大致的內容。		
	(三)教師歸納補充。		
	丙、綜合活動		
	十、深究與鑑賞：		
	(一)內容方面：		(16)
	1. 詢問學生對課文詞句、文義是否了解，有疑問則提出。		2
三—二	2. 令學生講述全文文旨，提付討論。		2

三—三	3.令學生講述分段大意，提付討論。	分段大意	2	附表十二
四—三	4.研究各段地位與價值：就全文分析表分析各段地位與價值。	綱領表	2	於討論訂正後揭示段意表
九—一 十一—一 十一—二	5.分組討論問題：將學生分組，三或四人一組，將討論的答案寫在紙上，教師再抽組上臺報告答案。（見學習單二）	學習單二	8	附表三
	(二)形式方面：		(22)	
四—二	1.講解結構分析表。	分析表	2	附表十三
	2.分組討論問題：將學生分組，三或四人一組，將討論的答案寫在紙上，教師再抽組上臺報告答案。（見學習單二）共同討論訂正後，教師再歸納整理。	學習單二	8	附表三
三—四	3.字形辨別： (1)令學生提出形體相似的字，若有遺漏，則由教師酌量情形加以補充。	字形辨別表	3	附表十四

七—一

(2)指導學生辨認，並練習造詞。

附：本課字形相似字

a潺、孱

b構、遘、購、搆

c獲、鑊、穫

d膠、繆、謬

e僻、辟

4.字音辨別：

指導學生辨別破音字，並依音造詞。

a潦

b間

c朝

d塞

e陰

f盾

g陳

字音辨別表

3

附表十五

h 見 i 傳 j 繆				
5.討論虛字的用法： 共同討論虛字在本文中的用法，並舉出例證。 a 而 b 是 c 乃 d 時 e 茲	虛字對照表	3		附表十六
6.討論本文修辭技巧 (1)令學生提出預習時的佳句，共同討論。 (2)討論本文所用之修辭。 (3)指名學生說明使用修辭的作用。	修辭表	3		附表十七

	【第四節】		(50)		
六—一	十一、欣賞誦讀：	課本	3		
	㈠教師範讀，並逐段指示美讀技巧。				
	㈡令學生各自閱讀一遍，並隨文提出疑難問題。				
七—一	十二、應用練習：		5		
	㈠詞語應用：指導學生應用下列詞語，練習造句。				
	1. 蒼天				
	2. 夙昔				
	3. 悠悠				
	4. 典型				
	5. 磅礡				
	6. 萃然				

	7.駢肩	詞卡			
	(二)仿造句型：指導學生依下列句型，仿造句子。	句卡			
	1.下則爲河嶽，上則爲日星。				
	2.悠悠我心悲，蒼天曷有極。				
	十三、學習效果考查：		7		
八－一	(一)學習心得報告：令學生報告讀後心得，並於課後將讀後心得寫入筆記中。				
八－二	(二)隨堂診斷測驗。	診斷測驗試題	15		附表十八
	十四、預習指導		20		

◆附表一　教學目標表

甲、認知方面：

- 一、認識作者
  - 一—一能指出作者的時代背景。
  - 一—二能指出作者的生平。
  - 一—三能說出作者寫作此文的動機。
- 二、明瞭本文體裁及作法
  - 二—一能說出本文的體裁。
  - 二—二能說出本文的作法。
- 三、明瞭本篇之文義
  - 三—一能說出題文的意義。
  - 三—二能說出全文的大意及要旨。
  - 三—三能說出各段大意。
  - 三—四能正確讀解生字難詞的形、音、義。
- 四、明瞭本文寫作技巧
  - 四—一能說出本文的風格及特色。
  - 四—二能說出全文聯絡照應的關鍵。
  - 四—三能說出各段的地位與價值。
  - 四—四能說出遣詞造句的技巧。

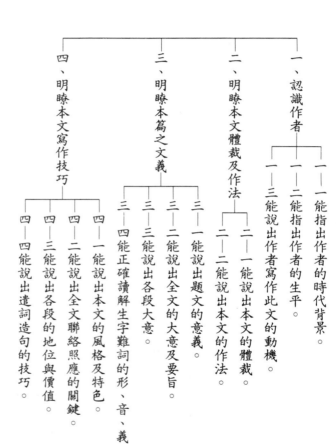

乙、技能方面：

- 五、培養自學能力
  - 五—一能收集資料及考查疑難問題。
  - 五—二能做好預習作業。
- 六、正確解讀課文
  - 六—一能正確地朗讀課文。
  - 六—二能語音正確，語調適度地讀解課文。
- 七、應用本篇文字
  - 七—一能應用生字、新詞、造句、造詞。
- 八、發表讀後感
  - 八—一能說出讀後心得。
  - 八—二能體會本文所以打動人心之處。

丙、情意方面：

- 九、體會先賢忠烈情操，並興起效法之心
  - 九—一體會文天祥當時的內在感情。
  - 九—二瞭解為什麼環境與創作有關連。
- 十、提升個人之修養，培養堅守原則的精神
  - 十—一能說出作者愛國淑世的情操。
  - 十—二能舉例說明正氣的展現。

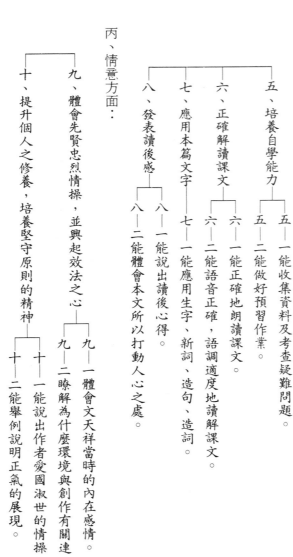

◆附表二　學習單一（課前預習單）

班級：　　　　姓名：　　　　座號：

1.文天祥是一爲忠君愛國的偉大人物，除了本文臨死不屈所呈現的凜然正氣外，是否還有其他事蹟來印證？請查閱相關資料舉例說明之。

2.請寫出下列詞語的意思：

(1)腥臊：

(2)穢氣：

(3)孱弱：

(4)凜然：

(5)陰房：

3. 試著寫出本文的各段大意，以及找出本文的篇旨。

4. 試著揣摩本文的章法結構，是以何種形式謀篇。

◆附表三　學習單二（問題討論單）

組別：＿＿＿＿＿＿　組員姓名：＿＿＿＿＿＿

1.內容方面

(1)作者寫作本文的主要用意、寫作背景爲何？

(2)文分幾段？各段大意爲何？

(3)序中作者寫了那些「氣」？

(4)正氣是如何展現？

(5)在文中，作者用了那些歷史上的典故？

(6)正氣的影響爲何？正氣的重要爲何？作者以爲扶持倫常綱紀需賴什麼？

(7)作者所處的環境如何？何以能夠不受邪氣侵逼？

(8)作者的心向爲何？你覺得作者是怎樣的人？

(9)請就文天祥的行事爲例說明雖敗猶榮之事，並舉例說明世間亦有雖成猶敗之事。

2.形式方面

(1)序的作用爲何？本詩的序交待了那些事項？

(2)本文文旨爲何？安置的位置與顯隱爲何？

(3)本文的結構爲何?在全文文旨中所佔的地位及價值爲何?

(4)說明全文用以聯絡照應的關鍵。

(5)選用事材的共同點爲何?用了這麼多事材有何用意?

(6)序中何處表現出作者深刻的觀察力?

(7)舉例說明文中表現熱烈情感的語句?

◆附表四　作者補充資料

文天祥字宋瑞，又字履善，吉之吉水人也。體貌豐偉，美晳如玉，秀眉而長目，顧盼燁然。自爲童子時，見學宮所祠鄉先生歐陽修、楊邦乂、胡銓像，皆謚「忠」，即欣然慕之。曰：「沒不俎豆其間，非夫也。」年二十舉進士，對策集英殿。時理宗在位久，政理浸怠，天祥以法天不息爲對，其言萬餘，不爲稿，一揮而成。帝親拔爲第一。考官王應麟奏曰：「是卷古誼若龜鑑，忠肝如鐵石，臣敢爲得人賀。」尋丁父憂，歸。……德祐初，江上報急，詔天下勤王。天祥捧詔涕泣，使陳繼周發郡中豪傑，并結溪峒蠻，使方興召吉州兵，諸豪傑皆應，有衆萬然。事聞，以江西提刑撫使召入衞。其友止之，曰：「今大兵三道鼓行，破郊畿，薄內地，君以烏合萬餘赴之，是何異驅羣羊而搏猛虎。」天祥曰：「吾亦知其然也。第國家養育臣庶三百餘年，一旦有急，徵天下兵，無一人一騎入關者，吾深恨於此。故不自量力，而以身徇之，庶天下忠臣義士將有聞風而起者。義勝者謀立，人衆者功濟，如此則社稷猶可保也。」……至元十五年三月，進屯麗江浦。……八月，加天祥少保、信國公。軍中疫且起，兵士死者數百人。天祥惟一子，與其母皆死。十一月，進屯潮陽縣。潮州盜陳懿、劉興數叛附，爲潮人害，天祥攻走懿，執興誅之。十二月，趨南嶺，鄒㵯、劉子俊又自江西起兵來，再攻懿黨，懿乃潛道元帥張弘範兵濟潮陽。天祥方飯五坡嶺，張弘範兵突至，衆不及戰，皆盾首伏草莽。天祥倉皇出走，千戶王惟義前執之。天祥吞腦子，不死。鄒㵯自頸，衆扶入南嶺死。官屬士卒得脫空坑者，至是劉子俊、陳龍復、蕭明哲、蕭資皆死，杜滸被執，以憂死。惟趙孟溁遁，張唐、熊桂、吳希奭、陳子全兵敗被獲，俱死焉。唐，廣漢張栻後也。天祥至潮陽，見弘範，左右命之拜，不拜，弘範遂以客禮見之，與俱入厓山，使爲書招張世傑。天祥曰：「吾不能扞父母，乃敎人叛父母，可乎？」索之固，乃書所〈過零丁洋〉詩與之。其末有云：「人生自古誰無死，留取丹心照漢靑。」弘範笑而置之。厓山破，軍中置酒大會，弘範曰：「國亡，丞相忠孝盡矣，能改心以事宋者事皇上，將不失爲宰相也。」天祥泫然出涕，曰：「國亡不能捄，爲人臣者死有餘罪，況敢逃其死而二其心乎？」弘範義之，遣使護送天祥至京師。天祥在道，不食八日，不死，即復食。至燕，館人供張甚盛，天祥不寢處，作達旦。遂移兵馬司，設卒以守之。時世祖皇帝多求才南官，王積翁言：「南人無如天祥者。」遂遣積翁諭旨，天祥曰：「國亡，吾分一死矣。儻緣寬假，得以黃冠歸故鄉，他日以方外備顧問，可也。若遽官之，非直亡國之大夫不可與圖存，舉其平生而盡棄之，將焉用我？」積翁欲合宋官謝昌元等十人請釋天祥為道士，留夢炎不可，曰：「天祥出，復號召江南，置吾十人於何地？」事遂已。天祥在燕凡三年，上知天祥終不屈也，與宰相議釋之，有以天祥起兵江西事為言者，不果釋。至元十九年，有閩僧言土星犯帝坐，疑有變，未幾，中山有狂人自稱「宋主」，有兵千人，欲取文丞相，京城亦有匿名書，言某日燒簑城葦，率兩翼兵為亂，丞相可無憂者。時盜新殺左丞相阿合馬，命撤城葦，遷瀛國公及宋宗室開平，擬丞相者天祥也。召入諭之曰：「汝何願？」天祥對曰：「天祥受宋恩，為宰相，安事二姓？願賜之一死足矣。」然猶不忍，遽麾之退。言者力贊從天祥之請，從之。俄有詔使止之，天祥死矣。天祥臨刑殊從容，謂吏卒曰：「吾事畢矣。」南鄉拜而死。數日，其妻歐陽氏收其屍，面如生，年四十七。其衣帶中有贊曰：「孔曰成仁，孟曰曲義，惟其義盡，所以仁至。讀聖賢書，所學何事，而今而後，庶幾無媿。」

（節錄自脫脫，《宋史》，列傳第一百七十七，頁一二五三三～一二五四一。）

◆附表五　文體補充

文學是現實生活的反映，文學作品的各種形式幾乎都是從民間蘊釀起來的。就以詩而言，成書於春秋時期的《詩經》，是以四言為主，但到了後來，四言的形式已不能滿足創作者的需求，於是五言詩就悄悄地在民間滋長，有些五言形制的民謠也就在兩漢時期產生，五言詩也就由樂府詩演變而來。而文人寫五言詩，一般認爲，是東漢班固的〈詠史詩〉。但五言詩眞正發展的黃金時代是建安時期，出現了以曹操父子和「建安七子」爲代表的一大批傑出詩人，另外還有《古詩十九首》、〈孔雀東南飛〉、〈悲憤詩〉等優秀作品。雖然對於最早的五言詩是何作並無確切證據，但大致上吾人可說五言詩醞釀於西漢、成立於東漢初年、而成熟於東漢末年。

至於「古詩」之名，始於唐代，是爲與「近體詩」有所區別。其不可歌，故與樂府不同；其句數不限、不重對仗、平仄，可以換韻，故與近體詩不同。

◆附表六　〈正氣歌〉與〈琵琶行〉之比較

詩名	作者	詩體	內容	文旨	寫作背景	作法	結構
正氣歌	（宋）文天祥	五言古詩	歌頌浩然正氣	寄望正氣扶持倫常綱紀	囚於大都，宋亡三年	詩前有序，說明寫作動	先論後敍
琵琶行	（唐）白居易	七言樂府	藉琵琶女寫己之淪落	抒己淪落之恨	貶爲江州司馬	機、背景	目凡目

◆附表七　生詞字卡一

a 白間：窗子。間，隙也。

b 汙下：低窪。汙，音ㄨㄚ，通「窪」。

c 萃然：聚集的樣子。

d 薪爨：以柴炊飯。爨，音ㄘㄨㄢˋ，燒飯。

e 駢肩：並肩，指人多擁擠。

f 雜遝：眾多。遝，音ㄊㄚˋ。

g 圊溷：廁所。

h 俯仰之間：指生活於其中。

i 殆：大概。

◆附表八　生詞字卡二

a 雜然：猶紛然。

b 賦：散布

c 流形：謂萬物受自然之化而流動變化，成爲森羅萬象的各種形態。

d沛：充盛。

e蒼冥：指天地。

f皇路：猶云王道。

g垂丹青：遺留於史冊。見，音ㄒㄧㄢˋ，表現。丹青，本指圖畫，此泛指史冊。

◆附表九　生詞字卡三

a厲冰雪：比冰雪還要堅貞皎潔。厲：勝也。

b慷慨：意氣昂揚的樣子。

c擊賊笏：唐德宗時，朱泚（ㄘˇ）反，召段秀實議事，秀實唾其面大罵，奪象笏擊泚，中額，流血被面，秀實遂遇害。

d逆豎：此指朱泚。豎，罵人之語，原意為「未成年的小子。」

◆附表十　生詞字卡四

a磅礴：ㄆㄤ ㄅㄛˊ，廣大充塞。

b凜烈：嚴正壯烈。

c貫日月：（正氣）貫通日月，其光明永存於天地之間。

d 安足論：不值得一談。安：何也。

e 三綱：《白虎通》：「三綱者，何謂也？謂君臣、父子、夫婦也。」

◆附表十一　生詞字卡五

a 遘：音ㄍㄡˋ，遭遇。

b 陽九：陽數盡於九，故以喻厄運。

c 陰房：陰暗的牢房。

d 闃：音ㄑㄩˋ，寂靜。

e 閟：音ㄅㄧˋ，深閉。

f 蒙霧露：罹患疾病。蒙：遭受。霧露：指陰陽不和之氣。

g 再寒暑：經過兩年。

h 沴：音ㄌㄧˋ，惡氣。

i 辟易：退避。辟，音ㄅㄧˋ，通「避」。

j 沮洳：音ㄐㄩˋㄖㄨˋ，卑濕的地方。

k 耿耿：光明的樣子。

◆附表十二　分段大意綱領表

- 序言—作詩緣由：寫作者作〈正氣歌〉的環境與原由。（第一段）
- 正文
  - 總說正氣：寫正氣的表現。（第二段）
  - 正氣舉證：舉史上表現正氣的人事。（第三段）
  - 正氣效用：寫正氣是安定的基礎。（第四段）
  - 表明心志：敘述作者的處境與抒發作者的襟懷。（第五段）

◆附表十三　結構分析表

- 論
  - 凡：「天地有正氣」二句
  - 目
    - 平提
      - 地：「下則為何嶽」句
      - 天：「上則為日星」句
      - 人：「於人曰浩然」二句
    - 側注
      - 因：「皇路當清夷」二十句
      - 果：「是氣所磅礴」八句
- 敘
  - 厄運
    - 凡：「嗟予遘陽九」二句
    - 目
      - 敘事：「楚囚纓其冠」十六句
      - 抒感：「顧此耿耿在」四句
  - 作意：「哲人日已遠」四句

※結構分析參見本文二八六頁

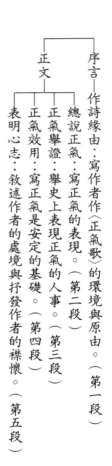

◆附表十四字形辨別表

a
- 潺：ㄔㄢˊ，潺潺。
- 孱：ㄔㄢˊ，孱弱。

b
- 構：ㄍㄡˋ，構想。
- 遘：ㄍㄡˋ，遘閔。
- 購：ㄍㄡˋ，購買。
- 搆：ㄍㄡˋ，搆不著。

c
- 獲：ㄏㄨㄛˋ，獲利。
- 鑊：ㄏㄨㄛˋ，鼎鑊。
- 穫：ㄏㄨㄛˋ，收穫。

d
- 膠：ㄐㄧㄠ，膠帶。
- 繆：ㄇㄧㄡˋ，繆巧。
- 謬：ㄇㄧㄡˋ，謬誤。

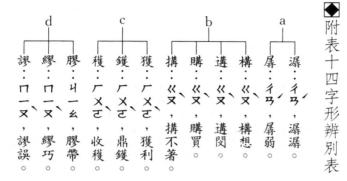

e
- 僻：ㄆㄧˋ，僻靜。
- 辟：ㄆㄧˋ，辟邪。

◆附表十五　字音辨別表

a．潦
- ㄌㄧㄠˊ，潦倒。
- ㄌㄠˇ，潦水。
- ㄌㄠˋ，水潦。

b．間
- ㄐㄧㄢ，房間。
- ㄐㄧㄢˋ，間接。

c．朝
- ㄔㄠˊ，朝代。
- ㄓㄠ，朝夕。

d．塞
- ㄙㄞˋ，塞外。
- ㄙㄜˋ，塞住。
- ㄙㄞ，塞子。

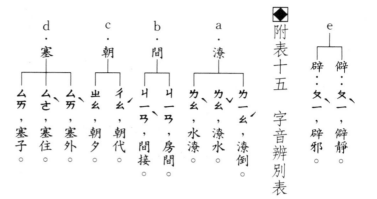

e．陰
- ㄧㄣ，陰影。
- ㄧㄣˋ，通「蔭」。
- ㄢ，諒陰。

f．頓
- ㄉㄨㄣˋ，頓悟。
- ㄉㄨˊ，冒頓。
- ㄊㄨㄣˊ，通「囤」。

g．陳
- ㄔㄣˊ，陳列。
- ㄓㄣˋ，古「陣」字。

h．見
- ㄐㄧㄢˋ，見面。
- ㄒㄧㄢˋ，表現。

i．傳
- ㄔㄨㄢˊ，傳統。
- ㄓㄨㄢˋ，傳記。

j．繆
- ㄇㄡˊ，綢繆。
- ㄇㄧㄡˋ，繆巧。
- ㄌㄧㄠˊ，繆繞。

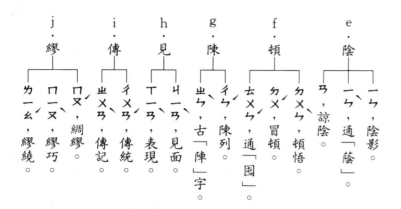

◆附表十六　虛字對照表

- a．而
  - 且也。汙下「而」幽暗。
  - 但也。「而」予以孱弱。
  - 無義。幸「而」無恙。
- b．是
  - 這也。
    - 疊「是」數氣，當之者鮮不為厲。
    - 「是」殆有養致然爾。
    - 「是」氣所磅礴。
- c．乃
  - 才也。時窮節「乃」見，一一垂丹青。
  - 是也。況浩然者，「乃」天地之正氣也。
- d．時
  - 這也。雨潦四集，浮動床几，「時」則為水氣。
  - 時機。「時」窮節乃見，一一垂丹青。
- e．茲
  - 此也。於「茲」二年矣。

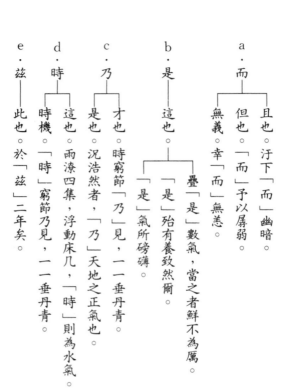

◆附表十七　修辭表

類別	課文實例
倒裝	「皇路當清夷」句，原式作「當皇路清夷」。
對偶	「下則爲河嶽，上則爲日星。」 「地維賴以立，天柱賴以尊。」
排比	「在齊太史簡，在晉董狐筆，在秦張良椎，在漢蘇武節」； 「爲嚴將軍頭，爲嵇侍中血，爲張睢陽齒，爲顏常山舌」； 「或爲遼東帽，清操厲冰雪；或爲出師表，鬼神泣壯烈；或爲渡江楫，慷慨吞胡羯；或爲擊賊笏，逆豎頭破裂。」
借代	「楚囚纓其冠」，「楚囚」借指囚犯，即自己。 「一一垂丹青」，「丹青」借指史册。
互文	「雞棲鳳凰食」句，指「雞、鳳凰棲，雞、鳳凰食」，參互以見意。
類疊	「或圊溷、或毀屍、或腐鼠」句中的「或」字。
譬喻	「牛驥同一皁，雞棲鳳凰食」句等是。

◆附表十八　測驗試題

班級：　　姓名：　　座號：

一、單一選擇題：（一○%）

(1)（　）文天祥敍述十二賢哲，下列敍述何者正確(A)趙盾直書弒君，孔子稱良史　(B)朱泚奪象笏擊賊　(C)顏眞卿詈賊被殺　(D)管寧避居遼東，安貧樂道。

(2)（　）「哲人日已遠，典型在宿昔，風簷展書讀，古道照顏色。」四句乃言(A)面對古人有所慚愧　(B)弔古傷今不勝感慨　(C)效法古人臨窗苦讀　(D)仰慕古人忠貞自誓。

二、多重選擇題（一○%）

(1)（　）下列讀音，何者正確（複選）(A)繆巧，ㄇㄨˋ ㄑㄧㄠˇ　(B)雨「潦」四集，ㄌㄧㄠˇ　(C)沮洳，ㄐㄩˇ ㄖㄨˋ　(D)百沴，ㄅㄞˇ ㄌㄧˋ　(E)磅礴，ㄆㄤ ㄅㄛˊ。

(2)（　）下列敍述，何者正確（複選）(A)「陳陳逼人」之「陳」，陣也　(B)「萃然」，忽然　(C)「辟易」之「辟」，通「避」　(D)「雜遝」，衆多　(E)「繆巧」之「繆」，詐也。

三、填充題：（五○%）

(1)本詩選自（　　　　），屬何種詩體？（　　　　）。

(2)本詩詩前有序，序之作用為（　　　　）。作者於序中分敍那些惡氣？（　　　　）。

(3)本詩的主旨為（　　　　），安置於詩中（　　　　）句。

(4)本詩是以何種章法結構構篇？（　　　　），作者在論述正氣時，先平提（　　　　），再側注到（　　　　）上。

(5)作者在第三段列舉了十二位哲人，運用了（　　　　）修辭法。「雞棲鳳凰食」句運用了（　　　　）修辭法，其義為（　　　　）。

四、請默寫出本詩第三、四段：（二○%）

時窮節乃見，一一垂丹青：

，道義爲之根。

五、字音字義（一〇%）

(1)「遘」陽九：

(2)「闃」天黑：

(3)「纓」其冠：

(4)「分」作溝中「瘠」：

(5)寄「頓」：

注釋

①參見《中學國文教學法》，頁四八。

②參見黃錦鋐，《國文教學法》，頁八八～一一〇。

③見王更生，《國文教學新論》，頁四九。

④見王明通，《中學國文教學法研究》，頁一五六。

⑤見陳振寰，《讀詞常識》，頁四八～四九。

⑥見劉大杰，《中國文學發展史》，頁四八五。

⑦參考黃錦鋐，《國文教學法》，頁八九～九〇。

⑧見《中學國文教學法》，頁四八。

⑨參考黃錦鋐，《國文教學法》，頁九〇～九一。

⑩參考余書麟，《國文教學法》，頁七五。

⑪參考黃錦鋐，《國文教學法》，頁九六～九九。

⑫參考《中學國文教學》，頁四八。

⑬參見黃錦鋐，《國文教學法》，頁一〇二。

⑭參考《國文教學法》，頁一〇二～一〇六。

⑮參見《中國文學史參考資料》，頁五九二。
⑯參見黃錦鋐，《國文教學法》，頁一〇五。
⑰見章微穎先生，《中學國文教學法》，頁四八。
⑱見章微穎先生，《中學國文教學法》，頁四八。
⑲參考黃錦鋐，《國文教學法》，頁九〇～九一。
⑳參考余書麟，《國文教學法》，頁七五。
㉑見《國文教學新論》，頁七六。
㉒參考《國文教學法》，頁一〇六～一〇八。
㉓見黃錦鋐，《國文教學法》，頁一〇七。
㉔見李金城，《中學國文教學的藝術》，頁七五。
㉕見《十三經注疏六左傳》（臺北：藝文印書館，一九九七【民八六】年八月初版十三刷），頁四四八。
㉖此結構分析表見陳滿銘，《文章結構分析》，頁二六六。
㉗見《中學國文教學的藝術》，頁九六。

第七章　結論

當吾人在賞析古典詩詞的作品時，如不能清楚知道詞句的文義，也領會不出詩中的文旨，則必定無法深入詩詞的核心，終究只有在外圍打轉而已；同樣的，當教師在教授古典詩詞的課文時，如果也只是在外圍介紹字義、詞義、修辭、句型等形式技巧，則學生對於此詩詞仍無法滲透其中心意旨，也無法體會出作者創作的心境，更遑論陶冶性情、培養氣質了。從本書的討論中，吾人可知義旨教學的重要性與教學步驟；對此，從以下幾方面來將全文作一收束：

經由前文從多方面將一綱多本的高中國文教材中所選的古典詩詞篇章作一分析之後，吾人可以發現這六十一篇中，所要抒發之義旨有抒寫離情（相思）、鄉愁的，也有寫恬適之情、閒逸之樂的，更有寫身世之感、家國之悲的，還有寫孝親之行、說理勸勉、諷諭朝政等：

首先，是抒情方面，或抒男女相思之情，或抒不忍離別之情，或抒閒逸恬適之情，還有抒孝親之情的，有：

一、抒相思之情

1.〈關雎〉
2.〈飲馬長城窟行〉
3.〈客從遠方來〉
4.〈涉江採芙蓉〉
5.〈行行重行行〉
6.〈凜凜歲云暮〉
7.〈長干行〉
8.〈九月九日憶山東兄弟〉
9.〈黃鶴樓〉
10.〈蒹葭〉
11.〈迢迢牽牛星〉
12.〈月夜〉
13.〈夜雨寄北〉

14.〈無題〉
15.〈寄黃幾復〉

二、抒離別之情

1.〈送杜少府之任蜀州〉
2.〈送友人〉
3.〈雨霖鈴〉
4.〈一剪梅〉

三、抒閒適之情

1.〈飲酒〉之五
2.〈山行〉
3.〈春日田園雜興〉之二

四、抒孝親之行

〈蓼莪〉

其次，是遣懷方面，或遣憂國身世之懷，或遣己之胸懷的，有：

一、遣憂國身世之懷

1.〈登高〉
2.〈正氣歌〉
3.〈虞美人〉
4.〈念奴嬌〉
5.〈武陵春〉
6.〈出潁口，初見淮山，是日至壽州〉
7.〈琵琶行〉
8.〈明妃曲〉
9.〈水調歌頭〉
10.〈聲聲慢〉
11.〈賀新郎〉
12.〈醜奴兒〉
13.〈使至塞上〉

14.〈蜀相〉
15.〈旅夜書懷〉
16.〈賈生〉
17.〈泊船瓜州〉
18.〈書憤〉
19.〈浪淘沙〉
20.〈破陣子〉

二、遣己之胸懷

1.〈詠史詩〉之一
2.〈短歌行〉
3.〈紅梅〉
4.〈定風波〉

再其次是說理勸勉的作品，有：

1.〈迴車駕言邁〉
2.〈長歌行〉

3.〈籌邊樓〉
4.〈贈從弟〉之二
5.〈和子由澠池懷舊〉
6.〈觀書有感〉之一
7.〈觀書有感〉之二

又其次是諷諭朝政的作品，有：

1.〈題竹石牧牛〉
2.〈碩鼠〉
3.〈石壕吏〉
4.〈輕肥〉

再來是寫征夫遠戍之苦的，有：

〈關山月〉

還有預祝將士凱旋而歸的，有：

〈走馬川行奉送封大夫出師西征〉

最後是寫稱頌女子的美貌與堅貞的，有：

〈陌上桑〉

在這些作品中，主要藉以寫憂國身世之懷者占多數，有二十篇之多，其次是寫相思之情者，也有十五篇，兩者就已佔了全數的一半以上，而這些義旨，本來就常出現於我國的古典詩歌裡，所以會有這樣的現象也是合情合理的。在開放一綱多本後，各家所選擇的篇目各有不同，但仍應使所選的古典詩歌義旨兼容多樣，避免過份集中在其中幾類上，這是應該加以考慮的。由於課程標準明訂第四冊應選宋詩，使得教材中所選的古典詩歌更趨多元，而非都只有抒情、遣懷，也有諷諭、說理的領域。

至於實際進行義旨教學時，則應將課文的各部分統整起來，以文旨為依歸來進行說解，相信必可收事半功倍之效。現今的高中國文課本中，一課皆可分為「題目」、「題解」「作者」、「課文」、「註釋」、「賞析」與「問題討論」等部分。因為「題目」是用來稱呼這課課文，便於讀者稱說，且題文有時也有可供說解義旨的資料。故教師於授課時，關於題文的意思，是固定還是不固定的；以及其中的本事；或是命名的來由，是作者自定還是後人標加的；或是詞的詞調名，皆應闡釋清楚，讓學生對此課有粗略的瞭解。而「題解」欄通常包含了本課文之出處，作者的寫作動機與揭示文旨的作用，於此，學生可以初步掌握全文的內容義旨。至於「作者」欄，因為「詩如其人」，作者是怎樣性情、個性的人，就會寫出怎樣性情、個性的作品。所以這裡絕不是課文的附件，透過對創作者的瞭解，就可以領會出作者寫作的心意、作品獨特的風格，以及不得不發的文旨，或是對後人之影響。這裡，除了講述作者的生平、著作、學養、經歷與影響之外，還要留意時代環境對作者、對詩體、詞體的影響。再來是「課文」欄，也就是我們所要賞析的作品本文，在字義、詞義、句義都解說清楚之後，教師必要將全文文義作一整理統括，讓學生有完整統一的思緒，畢竟作品是一整體，不該只是片斷的知識。至於「註釋」欄則是屬於字義、詞義教學部分，畢竟單詞的分解與語句的剖析，本來就是爲了瞭解全文文義所作的基本工夫。而「課文賞析」欄則簡略地解說課文之全文大意、寫作手法，以及後人的評價，可作爲課文讀講後整理深究之用。最後一部分爲「問題討論」欄，這裡的問題當可讓瞭解課文後的學生能夠自己思考，並強化加深對本文的印象與眞正深入的理解。

而義旨教學應以章法所形成的結構來進行辨析與說解。在「處理課文義旨」的步驟一中，已將全文文義釐清之後，就要指導學生如何辨別文旨的安置與顯隱：是全顯的、是顯中有隱的、還是全隱的，是安置於篇首的、安置於篇腹的、安置於篇末的、還是安置於篇外的；每一部分在文中又是擔負著怎樣的任務與地位、聯絡照應的關鍵、以及布局的技巧，這時就要以章法所形成的結構來幫助思索。由於章法所形成的結構多樣，在繪製結構表時應注意內容與形式的結合，「沒有絕對的是非，只有相對的好壞」，只要是能夠將全文構篇的特點凸顯出來，易於讓學生瞭解就可以了。附帶說明的是：文旨的顯隱可從文中是否有直接抒情、說理的字詞來分辨，如果全文皆是敍事、寫景，沒有直接抒情、說理的字詞，其旨一定是隱的，如有則是顯的。而文旨的安置則與形式結構息息相關，如果文旨是隱的，則必置於篇外；如果文旨是顯的，則依安置的部位有篇首、篇腹、篇末三種，依其安置的部位就會產生不同的效果。在所選的古典詩詞篇章中，文旨安置於篇首的有三篇，安置於篇腹的有十八篇，安置於篇末的有十二篇，安置於篇外的有二十八篇，如此可見古典詩重含蓄、忌直貴曲的要求。不過，十二首古典詞中只有三首的文旨安置於篇外，這也是詩詞風格的不同處。

至於這六十一首古典詩詞中，所運用到的章法有「虛實」、「凡目」、「今昔」、「因果」、「時空交錯」、「正反」、「淺深」、「賓主」、「抑揚」、「點染」、「並列」等，而形成「虛實結構」者佔多數，有三十四首；其中，又以形成「情景」結構者最多。畢竟，一首美好的作品，給人的印象往往就是一幅鮮明動人、似乎令人可以觸及的眞人眞物。而不管篇章中使用的章法爲何，都應達到「秩序」、「變化」、「聯絡」與「統一」的原則要求；尤其是「統一」，在篇章中所使用的章法結構一定是爲了達到凸顯、表現文旨的目的，使全篇向文旨集中，故以章法形成的結構來剖析課文，當是掌握義旨教學的鎖鑰。

另外，要特別注意的是「材料的使用」。因爲作者是先心有所感，才從自己的經驗智識中選擇適合的材料，故要進行義旨教學，就應先把作品中所運用到的事材、物材加以說明。事材方面，則依事實與非事實有「歷史材料」、「現實材料」與「虛構材料」：其中，「歷史材料」爲引用過去之事與前人之語，或用以擴充詩意、或用以佐證、或用以翻用、或純用其詞不用其意，教師皆應解說明白，並交待出處與用法，避免學生誤用。「現實材料」爲現在發生或是發生不久者皆屬之，或用以烘托與强化、或用以反襯、或用以對比、或用以比喻、敍事，可將其中較重要的材料加以分辨。「虛構材料」爲現實中不存在、或還未發生者，可以分爲想像他處的「設想」、想像將來的「預見」、表達心願的「願望」、不曾發生的「虛構」以及作夢的「夢境」，但大部分都是詩人因思極入幻而發的想像。物材方面，大體可分爲「自然物」與「人工物」，因古典詩詞的字數限制，如何在短小的作品中創造出最大的感染力，就要看作者選取的材料了，而其中又以「意象」的使用最爲普遍。故在「自然物」中，依其性質可分爲「植物」、「動物」、「氣象」、「時間」、「天文」、「地理」六類，或是用來渲染氣氛、或是用以象徵、或是用以借代、或是用以比喻，都有其特定的文義，教師授課時不可輕忽。而「人工物」有「人體」、「器物」、「飲食」、「建築」、「人造煙」，因並非所有材料都有特殊的用途，故只要將特別的材料提出討論即可。

綜上所述，在進行古典詩詞的教學時，皆應以文中義旨爲綱，來對每一部分講解討論，以章法所形成的結構進行分析，並注意材料的使用，以達到掌握義旨的學習目標。

附 錄

高中國文所選古典詩詞之主要材料

一、事材

(一)歷史材料

1、引用故實

(1)佐證與擴充

篇目	使用材料	作用
詠史詩之一	〈過秦〉、〈子虛〉、〈穰苴〉	以賈誼〈過秦〉與司馬相如〈子虛賦〉來彰顯自己的文才。〈穰苴〉是春秋時齊人穰苴行兵之法，此寫武略。

黃鶴樓	昔人已乘黃鶴去，此地空餘黃鶴樓。	傳說古代仙人子安乘黃鶴過此（見《齊諧志》）；又云費文禕登仙駕鶴於此（見《太平寰宇記》引《圖經》）藉傳說落筆以抒發世事茫茫之慨。
關山月	漢下白登道	以漢高祖曾被匈奴圍困在白登道之事將場景從邊塞移至戰爭。以縱向歷史貫穿以導出「由來征戰地，不見有人還」之論。
無題	劉郎已恨蓬山遠	藉東漢劉晨入天台山採藥，遇二仙女，而後再入山尋找，已無蹤跡之事（《幽明錄》）寫己之離愁。
寄黃幾復	寄雁傳書	用雁飛不過衡陽故事，使思念更甚。
破陣子	馬作的盧飛快	形容戰馬馳騁的場面。用三國時劉備之的盧馬來形容馬快。
賀新郎	馬上琵琶關塞黑，更長門翠輦辭金闕。看燕燕，送歸妾。將軍百戰身名裂，向河梁回頭萬里，故人長絕。易	列舉四件人間的恨事：王昭君別元帝出塞、陳皇后被廢，退居長門宮、莊姜（衞莊公妻子）送妾戴嬀歸陳、李陵送蘇武回中原、荊軻別燕太子丹刺秦王，來寄託憂國怨世之恨。

	水蕭蕭西風冷，滿座衣冠似雪。	
正氣歌	太史簡、董狐筆、張良椎、蘇武節、嚴將軍頭、嵇侍中血、張睢陽齒、顏將軍舌、遼東帽、〈出師表〉、渡江楫、擊賊笏	詩人列舉歷史上十二位哲人的壯烈史蹟，來證明浩然正氣在人身上的體現。

(2)寄託與比況

篇目	使用材料	作用
迢迢牽牛星	迢迢牽牛星，皎皎河漢女。纖纖擢素手，札札弄機杼。終日不成章，泣涕零如雨。河漢清且淺，相去復幾許？盈盈一水間，脈脈不得語。	《詩經・小雅・大東》中已出現牛郎、織女的名字：「跂彼織女，終日七襄。雖則七襄，不成報章。睆彼牽牛，不以服箱」，大抵遠古就已有牛郎、織女的傳說。這是廣爲流傳又十分動人的傳說，詩人借之以抒發自身的情感，產生含蓄又巨大的藝術魅力。

凜凜歲云暮	洛浦	相傳伏羲氏之女宓妃溺死於洛水，遂爲洛水之神，李善以爲：「洛浦宓妃，喻美人也。」
短歌行	周公吐哺	藉周公「一沐三握髮，一飯三吐哺，起以待士，猶恐失天下之賢人。」（《史記・魯周公世家》）來自比，說明建業求賢的心思。
黃鶴樓	鸚鵡洲	以禰衡的不得志暗寫自身。
賈生	宣室求賢訪逐臣，賈生才調更無倫。可憐夜半虛前席，不問蒼生問鬼神。	藉賈誼之事以諷喻時主與抒發自身懷才不遇的感慨。
明妃曲	明妃初出漢宮時，淚濕春風鬢腳垂。……家人萬里傳消息，好在氈城莫相憶。	寫明妃之事以抒發己不遇的失意。
	君不見咫尺長門閉阿嬌	藉陳阿嬌之事以襯托明妃之失意，並引出「人生失意無南北」之慨。

水調歌頭	我欲乘風歸去，惟恐瓊樓玉宇，高處不勝寒。起舞弄清影，何似在人間！	把月宮的神話傳說具象化，寄寓作者出世入世的雙重心理。

(3)翻用

篇目	使用材料	作用
長干行	抱柱信、望夫臺	用尾生堅守約定，抱柱而死之事（《莊子・盜跖》）與望夫石的傳說。
蜀相	三顧頻煩天下計，兩朝開濟老臣心。	詠諸葛武侯的事蹟與功業，以引發下文末兩句的議論，令人不勝唏噓。
書憤	〈出師〉一表眞名世	以諸葛亮爲榜樣，並批評朝中並無如此人才。
	塞上長城	南朝宋人檀道濟，北伐有功，因遭疑忌被殺，死前曾說：「乃復壞汝萬里之長城。」
念奴嬌	三國周郎赤壁 遙想公瑾當年，小喬初嫁	寫三國周郎事，一方面懷古，一方面藉以抒發自身的感懷。

	了，雄姿英發。羽扇綸巾，談笑間，強虜（檣櫓）灰飛煙滅。	

2、引用成辭

(1)用以擴充詩意

篇目	使用材料	作用
行行重行行	與君生別離	用《楚辭・九歌》：「悲莫悲兮生別離。」有暗示「悲莫悲兮」之意。
	各在天一涯、道路阻且長	化用《詩經・蒹葭》之「所謂伊人，在水一方」、「溯迴從之，道阻且長」，有暗示「從之」不得之義。
	浮雲蔽白日	此喻遊子可能另結新歡，所以才久未歸家。用陸賈《新語》的典故，所謂「邪臣之蔽賢，猶浮雲之障日月。」

	思君令人老	化用《詩經・小弁》：「惟憂用老」，含一「憂」字。
凜凜歲云暮	歲云暮	用《詩・小雅・小明》「曷云其還，歲聿云莫」語意，言外有「一年又快過完了，我所思念的人什麼時候才回來呢？」
涉江采芙蓉	涉江、蘭澤	〈涉江〉是《楚辭》的篇名，屈原所作的《九章》之一。本詩是借用這個成辭，一面也多少暗示詩中主人的流離轉徙。而「蘭澤」句爲用〈招魂〉：「皐蘭被徑兮斯路漸」語意，下句爲「目極千里兮傷春心，魂兮歸來哀江南。」有暗示傷春思歸之意。
短歌行	山不厭高，海不厭深	用《管子・形勢解》：「海不辭水，故能成其大；山不辭土石，故能成其高；明主不厭人，故能成其衆；士不厭學，故能成其聖。」語意。
詠史詩之一	鉛刀貴一割	東漢班超上疏章帝曰：「臣乘聖漢威神。異傚鉛刀一割之用。」

黃鶴樓	芳草萋萋	借《楚辭・招隱士》：「王孫游兮不歸，春草生兮萋萋」句以逗出結尾鄉關何處、歸思難禁之意。
夜雨寄北	共剪西窗燭	可能溶化了杜甫〈羌村三首〉中「夜闌更秉燭，相對如夢寐」的詩境。
泊船瓜州	春風又綠江南岸	「綠」字與《楚辭・招隱士》：「王孫遊兮不歸，春草生兮萋萋」暗中關合，自然引出下句的鄉思。
寄黃幾復	四立壁	用司馬相如「家居徒四壁立」句，形容爲官清廉公正。
水調歌頭	明月幾時有，把酒問青天	用李白〈把酒問月〉：「青天有月來幾時？我今停杯一問之」詩意。
	起舞弄清影	用李白〈月下獨酌〉：「我歌月徘徊，我舞影凌亂」詩意。
	千里共嬋娟	用謝莊〈月賦〉：「美人邁兮音塵闕，隔千里兮共明月。」

破陣子	弓如霹靂弦驚	形容萬箭齊射的場面。用《北史・長孫晟傳》：「突厥之內，大畏長孫總管，聞其弓聲，謂爲霹靂」句來形容弓聲。

(2)借其辭而捨其事

篇目	使用材料	作用
客從遠方來	以膠投漆中	以同具有黏性的膠與漆來比喻牢固不可分的感情。語出《韓詩外傳》：「實之與實，如膠與漆，君子不可不留意也。」
凜凜歲云暮	攜手同車歸	兼用《詩經・鄭風》之〈有女同車〉和《詩經・邶風・北風》：「惠而好我，攜手同歸」兩詩詩意。
短歌行	越陌度阡	引自古諺：「越陌度阡，更爲客主」（應邵《風俗通》）
	青青子衿，悠悠我心	語出《詩經・鄭風・子衿》，非用原意，此指作者急於覓求的人才。

短歌行	呦呦鹿鳴，食野之苹。我有嘉賓，鼓瑟吹笙。	語出《詩經・小雅・鹿鳴》，原是一首宴賓客的樂歌，這裡表示自己招納賢才的誠意。
送杜少府之任蜀州	海內存知己，天涯若比鄰	化用曹植《贈白馬王彪》：「丈夫志四海，萬里猶比鄰。恩愛苟不虧，在遠分日新。」
題竹石牧牛	牛礪角、殘我竹	韓愈〈石鼓歌〉：「牧童敲火牛礪角」。李涉〈山中五無奈何時〉：「無奈牧童何，放牛吃我竹。」
送友人	蕭蕭班馬鳴	語出《詩經・車攻》：「蕭蕭馬鳴。」藉也不忍離別的馬匹表達自己之深情。

(3)翻用以發議論

篇目	使用材料	作用
紅梅	詩老不知梅格在，更看綠葉與青枝	用石曼青〈紅梅〉詩：「認桃無綠葉，辨杏有青枝。」以嘲諷不懂欣賞之人。
寄黃幾復	三折肱	用《左傳・定十三年》：「三折肱，知爲良醫」句，形容其治國的才能。

(二)現實材料

1、烘托與强化

篇目	使用材料	作用
關雎	求之不得，寤寐思服。悠哉悠哉，輾轉反側。	具體描繪出「求之不得」的思念之苦，也爲全詩造成波瀾，使情節產生曲折，此正是其吸引人處。
蒹葭	溯洄從之，道阻且長；溯游從之，宛在水中央。溯洄從之，道阻且躋；溯游從之，宛在水中坻。溯洄從之，道阻且右，溯游從之，宛在水中沚。	反復描摹「溯洄」、「溯游」上下努力求索的行動，表現出詩人對「伊人」的深企願見之狀，更增添求之不得的哀愁。
蓼莪	父兮生我，母兮鞠我。拊我畜我，長我育我，顧我復我，出入腹我。	從現實的存在面來描寫父母教養子女的辛苦，由此逼出「欲報之德，昊天罔極」的文旨。

飲馬長城窟行	客從遠方來，遺我雙鯉魚。呼兒烹鯉魚，中有尺素書。長跪讀素書，書中竟何如？上有加餐食，下有長相憶。	以一連串接讀來信的經過，將女主人思念的心情進一步展現，也將歸家無期的失望寓含在「上有加餐食，下有長相憶」之中。
陌上桑	行者見羅敷，下擔捋髭鬚。少年見羅敷，脫帽著帩頭。耕者忘其犁，鋤者忘其鋤。來歸相怨怒，但坐觀羅敷。	這裡描寫了四種人看見羅敷後的反應，用以烘托羅敷之美。
九月九日憶山東兄弟	獨在異鄉爲異客	寫出自己的孤孑處境，襯托出思親的愁懷。
關山月	胡窺青海灣	以吐番窺伺的青海灣將場景從邊塞移至戰爭，並帶出下文「由來征戰地，不見有人還」的議論。由此烘托出征夫內心之苦。
送友人	揮手自茲去	寫出分離時的動作，寓不捨之意。

走馬川行奉送封大夫出師西征	將軍金甲夜不脫，半夜軍行戈相撥	寫將軍肩負重任，以身作則與夜半行軍，軍容整肅嚴明的情形。
登高	萬里悲秋常作客，百年多病獨登臺	寫自身飄泊不定與孤獨之感，加强內心之「苦恨」。
琵琶行	轉軸撥絃三兩聲，未成曲調先有情。絃絃掩抑聲聲思，似訴平生不得志。低眉信手續續彈，說盡心中無限事。	寫琵琶女只是轉軸、撥弦，就已情意萬分，似乎隱藏許多心酸哀愁，爲淪落之恨鋪墊。
無題	書被催成墨未濃	寫夢醒後急著爲心上人寫信，可見相思情濃。
山行	停車坐愛楓林晚	因見到楓林而停車欣賞，可見此山林美景令詩人心動的程度。
出潁口，初見淮山，是日至壽州	我行日夜向江海	點出舟行的事實，也寓含飄流之意。
一剪梅	輕解羅裳，獨上蘭舟。	寫女詞人所作之事，暗示孤獨的處境，隱含離情。

武陵春	日晚倦梳頭	寫風雨過後的情景，表達詞人的暮春之情。因感萬事皆休，故無心梳理。
破陣子	醉裡挑燈看劍	藉由深夜無眠，挑燈看劍的舉動來展現人物的內心世界。
	八百里分麾下炙，五十弦翻塞外聲，沙場秋點兵。	寫壯盛的備戰情形，表現作者迫切的求戰心理。

2、反襯

篇目	使用材料	作用
蓼莪	民莫不穀	以他人的歡樂團聚反襯出自己的不幸。
飲馬長城窟行	入門各自媚，誰肯相爲言！	藉他人與親人歡聚，無人與己說話，進一步表現出女主人翁的孤寂與冷清。
陌上桑	使君從南來，五馬立踟躕。使君遣吏往，「問是誰家姝？」「秦氏有好女，自名	以馬之踟躕來表達使君之踟躕，益見羅敷之容貌美。使君見羅敷進而要求共載之事，襯托出羅敷人格的高潔。

	為羅敷。」「羅敷年幾何？」「二十尚不足，十五頗有餘。」使君謝羅敷：「寧可共載不？」羅敷前置辭：「使君一何愚！使君自有婦，羅敷自有夫。」	
送杜少府之任蜀州	同是宦遊人	為別中送別，强自寬解。反襯離別之傷感。
走馬川行奉送封大夫出師西征	馬毛帶血汗氣蒸，五花連錢旋作冰，幕中草檄硯冰凝。	形容天氣之惡劣、環境之艱苦、戰爭之緊張，也襯托出唐軍之勇武。
明妃曲	明妃初出漢宮時，淚濕春風鬢腳垂。低徊顧影無顏色，尚得君王不自持。	凸顯明妃的美貌，反襯明妃之失意。
正氣歌	嗟予遘陽九，隸也實不立。楚囚纓其冠，傳車送窮北。	寫被囚禁之事，反襯出正氣之力量。

	鼎鑊甘如飴，求之不可得。陰房闃鬼火，春院閟天黑。	

3、對比

篇目	使用材料	作用
長干行	妾髮初覆額，折花門前劇。……常存抱柱信，豈上望夫臺。	寫出兩人從小時玩伴到嫁後的情形與心境。與下面的發展形成對照，也爲思婦期盼丈夫早歸、充滿進取樂觀的態度提供了條件。
	十六君遠行，瞿塘灩澦堆。	點出丈夫遠行之事，與前文歡愉景象形成對照。
輕肥	是歲江南旱，衢州人食人。	以江南大旱一事作結，與前文所描繪的內臣之驕奢形成强烈對比，揭示出人民的苦難與朝政的腐敗。
	十三學得琵琶成，名屬教坊第一部，曲罷曾教善才伏，妝成每被秋娘妒。五陵年少爭纏頭，一曲紅綃不知數。	寫琵琶女昔日之盛況。

琵琶行	弟走從軍阿姨死門前冷落車馬稀，老大嫁作商人婦。商人重利輕別離，前月浮梁買茶去。	寫今衰的情形與發展，與昔盛形成對比，詩人藉琵琶女之事映襯自己的不得志。
籌邊樓	平臨雲鳥八窗秋，壯壓西川四十州	寫在籌邊樓所見的景色，可平覽雲鳥見其高峻；八窗秋寫其四望無際。下句寫籌邊樓的用途與氣勢。
	最高層處見邊頭	與首句呼映，與次句形成鮮明的對照。將詩人憂時感事的心情透過對照表現出來。
書憤	樓船夜雪瓜州渡，鐵馬秋風大散關。	作者回憶四十歲任鎮江通判與四十八歲於南鄭前線之事，藉往日之不可一世、意氣風發來回應首聯。
醜奴兒	愛上層樓	具體寫出少年不識愁滋味而喜歡登上高樓眺望，強去尋愁。
	欲語還休	描寫無法言說的報國之情，恢復大計無處訴的一腔悲憤。

4、比喻

篇目	使用材料	作用
飲馬長城窟行	枯桑知天風，海水知天寒。	《文選》李善注曰：「枯桑無枝尚知天風，海水廣大尚知天寒，喻夫在遠不知婦之憂戚也。」吳旦生則以爲「余意合下二句總看，乃云枯桑自知天風，海水自知天寒，以喻婦之自苦自知，而他家入門自愛，誰肯相爲問訊乎？」
行行重行行	胡馬依北風，越鳥巢南枝。	以尚且留戀故土的胡馬、越鳥爲例，比喻遊子亦應早日歸家，也暗示出遊子不知思鄉，以此引出下文「浮雲蔽白日」二句。
短歌行	月明星稀，烏鵲南飛，繞樹三匝，何枝可依？	以繞樹盤旋的烏鵲比喻仍猶豫不決的「客子」，不要再三心二意，趕快到自己這裡來。
和子由澠池懷舊	人生到處知何似，應似飛鴻踏雪泥。泥上偶然留指爪，鴻飛那復計東西！	以飛鴻雪泥爲喻，形容人生的無常，故不應留連於過去。

觀書有感之一	半畝方塘一鑑開，天光雲影共徘徊	藉能夠將天空景象映照出的清澄方塘來象徵明澈的思維，以此爲喻，引發議論。
浪淘沙	流水落花春去也	以流水象徵春去，即過去的美好、夢中的貪歡與對未來的希望都去了。
水調歌頭	人有悲歡離合，月有陰晴圓缺	以月非時時常圓來比喻人間的離合。

5、佐證

6、敘事

篇目	使用材料	作用
和子由澠池懷舊	老僧已死成新塔，壞壁無由見舊題。	藉人去物毀的現況以證上文之議論。
	路長人困蹇驢嘶	此句是詩人以往日艱難與兄弟共勉。

篇目	使用材料	作用
涉江採芙蓉	涉江採芙蓉	採芳草送人，本是古代的風俗。但漢代似乎已經沒有此種風俗，詩人也許是看見芳草，即景生情。
客從遠方來	客從遠方來，遺我一端綺。	藉一疋布爲開端，激起思婦的思緒。
詠史詩之一	邊城苦鳴鏑，羽檄飛京都。	敍述當時的戰況由文才過渡到武略。
飲酒之五	結廬在人境，而無車馬喧。	寫自己身處人境卻不被人事所擾，一方面寫出淡泊遺世的心境，一方面引起下文的提問。
使至塞上	單車欲問邊，屬國過居嚴。	點出欲訪察之地。
	蕭關逢候吏，都護在燕然。	回應首聯，以未遇都護作結。
石壕吏	暮投石壕村，有吏夜捉人。……天明登前途，獨與老翁別。	寫官吏夜捉人的過程，反應了安史之亂中百姓所遭受的苦難，寓褒貶於敍事之中。
琵琶行	千呼萬喚始出來，猶抱琵琶半遮面。	寫出琵琶女的羞澀。

山行	遠上寒山石徑斜	寫山路的蜿蜒，點出山行。
題竹石牧牛	阿童三尺箠，御此老觳觫。	描述畫中牧童牽牛的畫面，使畫生動起來。由上文寫景以引出下文之議論。
春日田園雜興十二絕之二	踏歌椎鼓過清明	寫過清明的農村景象，流露閒適歡愉之情。

(三)虛構材料

1、設想

篇目	使用材料	作用
迢迢牽牛星	纖纖擢素手，札札弄機杼。終日不成章，泣涕零如雨。盈盈一水間，脈脈不得語。	藉古神話流傳的故事，將自己對遊子的思念寄託其中。
客從遠方來	文采雙鴛鴦，裁爲合懽被。著以長相思，緣以結不解。	寫思婦收到布匹之後，設想裁被、製被的情景，思婦的心情也表露無遺。

九月九日憶山東兄弟	遙知兄弟登高處，遍插茱萸少一人。	藉寫兄弟們思念自己來表達自己思念兄弟之情。
關山月	高樓當此夜，歎息未應閒。	此爲戍客推想在家鄉的妻子，嘆息的聲音是不會停止的，如此更加深戍客思歸之愁苦。
月夜	今夜鄜州夜，閨中只獨看。遙憐小兒女，未解憶長安。香霧雲鬟濕，清輝玉臂寒。	詩人設想其妻在月下思己的孤獨，烘托出自己對妻的無限思念。
泊船瓜州	春風又綠江南岸	描繪出春到江南的盎然景象，也流露出詩人對春到家鄉的欣喜之情。
出潁口，初見淮山，是日至壽州	故人久立烟蒼茫	詩人設想此時故人久立相待，從對面寫來，表達自己急於到壽州之心。

2、夢境

篇目	使用材料	作用
飲馬長城窟行	遠道不可思，夙昔夢見之。夢見在我傍，忽覺在他鄉。	藉積憂成夢的迷離虛景將思婦的綿綿情思和惆悵憂傷滲透在動人的畫面之中。
凜凜歲云暮	獨宿累長夜，夢想見容輝。良人惟古歡，枉駕惠前綏。願得常巧笑，攜手同車歸。既來不須臾，又不處重闈。	描寫思極入夢的迷離情景，藉夢到新婚之時的歡愉，更加深現實分離的悲哀。
無題	夢爲遠別啼難喚	寫夢中分別情景，更增添愁懷。

3、願望

篇目	使用材料	作用
關雎	窈窕淑女，琴瑟友之。窈窕淑女，鐘鼓樂之。	「琴瑟友之」、「鐘鼓樂之」這兩句非追述事實，而係想像將來，是在想像世界進行的事件。而夢幻中的歡愉可以暫時的解脫長期的相思之苦，如此更表現了强烈的相思之情。

碩鼠	適彼樂土、適彼樂國、適彼樂郊	強烈地反應出人民希望有個安居樂業的處所，但這只是美麗的幻想，反襯出現實的無奈。
詠史詩之一	左眄澄江湘，右盼定羌胡。功成不受爵，長揖歸田廬。	具體寫出自身的願望，表達了強烈的企圖與功成不居的心志。
長干行	早晚下三巴，預將書報家。相迎不道遠，直至長風沙。	寫出思婦盼望丈夫早歸的熱切心情。
月夜	何時倚虛幌，雙照淚痕乾。	寫出自己的盼望，更增添思念之情。
夜雨寄北	何當共剪西窗燭，卻話巴山夜雨時？	寫願望，霍松林說：「未來的樂，自然反襯出今夜的苦；而今夜的苦又成了未來剪燭夜話的材料，增添了重聚時的樂。」
破陣子	了卻君主天下事，贏得生前身後名	寫願望與對自己與友人的期許。

4、預見

篇目	使用材料	作用
走馬川行奉送封大夫出師西征	虜騎聞之應膽懾，料知短兵不敢接，軍師西門佇獻捷。	承上之描寫歌頌唐軍之勇武，以此預祝凱旋而回。

5、虛構

篇目	使用材料	作用
陌上桑	十五府小吏，二十朝大夫，三十侍中郎，四十專城居。	羅敷用虛構的方式寫其夫的官運亨通，用以鎮嚇使君。
	爲人潔白晳，鬑鬑頗有鬚，盈盈公府步，冉冉府中趨。	敍說夫婿之容貌、儀態可見其才貌兼備，以此來嚇阻使君的非份之想。

二、物材

(一)自然物

1、植物

(1)形容美好的情景

篇目	使用材料	作用
虞美人	春花	以美好的春花襯托詩人被囚禁之愁苦，也以美好的春花象徵往昔歡愉的生活。
山行	二月花	丘柳漫針對末一句說此詩的興味「全然在於詩人感覺經驗一瞬間的顯現——霜葉居然紅於二月花。這種不經思考，超乎認知層次以外的個人感受是眞實的，詩人突發的喜悅與自得也就不言而喻。」
寄黃幾復	桃李	用以形容當年的美好情景。
春日田園雜興十二絕之二	桃杏	寫春日滿村之桃杏花開，一派欣欣向榮、熱鬧秀麗的景象。

(2)渲染淒涼的氣氛

篇目	使用材料	作用
蒹葭	蒹葭蒼蒼、蒹葭淒淒、蒹葭采采	描繪河邊的景物，點明是在深秋的季節，並以此起興，隱寓詩人此時情懷的淒寂。
登高	落木	寫登高所見之景，營造蕭索之境。
琵琶行	楓葉、荻花	形容江邊景色，渲染出離別淒淒的氣氛。
	黃蘆、苦竹	用環境中的景物來形容其苦悶的心境。
出潁口，初見淮山，是日至壽州	楓葉、蘆花	以楓葉、蘆花來形容秋行，既形象又淒清。點出時令。
聲聲慢	梧桐	藉梧桐來增添秋愁。

(3)描寫離情與寂寞的心境

篇目	使用材料	作用
飲馬長城窟行	青青河畔草	開端「青青河畔草，緜緜思遠道」二句，是起興。古人常藉春草比況離愁。思婦懷念丈夫之情思正如眼前的青草一般綿綿無窮。

雨霖鈴	楊柳岸	寫離別後酒醒所見之景，藉楊柳烘托離情。
黃鶴樓	樹、芳草萋萋	寫在樓上眺望漢陽城、鸚鵡洲的綠樹、芳草，並由此而引起鄉愁。
長干行	綠苔、落葉	透過具體的景象描寫，展示了思婦內心世界的感情。也象徵了時序的變遷。
蜀相	碧草	藉自春色的碧草寫寂寞之心。
旅夜書懷	細草	寫旅夜之景，通過寫景展示自身的境況和情懷，就像江岸細草一樣渺小。
長干行	西園草	象徵思婦的孤寂。

(4)飄泊的象徵

篇目	使用材料	作用
送友人	孤蓬	鮑照〈蕪城賦〉：「孤蓬自振」語。以隨風飛轉的蓬草比喻飄泊的友人。

使至塞上	征蓬	以隨風飄揚的蓬草來比喻自己。古詩多用飛蓬比喻漂流在外的遊子，這裡卻是比喻一個負有朝廷使命的大臣，正是暗寫詩人內心的激憤和抑鬱。

(5)節操的象徵

篇目	使用材料	作用
飲酒之五	菊	隱逸的象徵。
贈從弟之二	亭亭山上松	藉堅忍不拔、不畏強風、冰霜的松柏來隱喻自己的從弟。
紅梅	梅	藉寫紅梅的姿態與氣節來表明自己的心志。

(6)寄寓內心的惆悵

篇目	使用材料	作用
一剪梅	紅藕香殘	寫戶外之秋景。

	花自飄零	以花落水流之景應和前文「紅藕香殘」、「獨上蘭舟」，予人「無可奈何花落去」之感。
武陵春	塵香花已盡	以花落之景象徵女詞人凋零的心境。
聲聲慢	滿地黃花堆積	女詞人俯視地上凋零憔悴的殘花，透過無人惜花的敘寫，表達了詞人自嘆自憐的悲愁情感。
浪淘沙	落花	以落花象徵春去，即過去的美好、夢中的貪歡與對未來的希望都去了。

(7)其他

篇目	使用材料	作用
蓼莪	莪、蒿、蔚	以「莪」比作父母期望的美才，而蒿、蔚皆作者喻己之不才。
關雎	參差荇菜	牛淼祥說：「『流』、『采』、『芼』三字的意思前後互補；重點在『左右』二字，這兩句詩也是興，但含有比的意思。一叢叢『荇菜』隨流『左右』漂動，你從左

		邊去『采』，它飄到右邊去了，你趕忙到右邊去『芼』，它又漂回左邊去了，綽約、變幻，多像一顆捉摸不透的少女的心。」
九月九日憶山東兄弟	茱萸	重陽節有登高的習俗，而登高時要佩帶茱萸囊，以此含蓄地表示思親之情。

2、動物

(1)用以借代

篇目	使用材料	作用
飲馬長城窟行	雙鯉魚	用「雙鯉魚」借代書函，使造語生動，增添活潑生動的詩味，也委婉地表現思婦此刻的心境。
陌上桑	五馬	使君是東漢時對州太守或刺史的稱呼，乘坐五匹馬拉的車子。以此指使君。

(2)用以自比

篇目	使用材料	作用
使至塞上	歸雁	以北飛的歸雁來比喻自己一樣進入胡天。
旅夜書懷	天地一沙鷗	以微不足道的沙鷗自比，將自身的悲憤、不平、孤寂用具體的形象抒發出來。
正氣歌	牛、驥、雞、鳳凰	比喻自己（驥、鳳凰）和平庸的囚徒（牛、雞）關在一起，寫環境的惡劣與辛酸。

(3)用以比喻

篇目	使用材料	作用
碩鼠	碩鼠	用以象徵貪殘的剝削者。郝聞毅說：「這首流傳千古的比體詩，在藝術上的最成功處，在於它的喻體（碩鼠）選擇地好。一是日常生活中人們熟知的。二是貼切、生動。……三是具有鮮明的感情色彩。」

飲酒之五	飛鳥	在暮色中，又看到成羣的飛鳥，勾勒出一幅怡然恬適的景象。象徵自由與理想。
和子由澠池懷舊	飛鴻	以飛鴻雪泥爲喻，形容人生的無常，故不應留連於過去。

(4)象徵男女之匹配

篇目	使用材料	作用
關雎	關關雎鳩	姚際恆曰：「詩意只以雎鳩之和鳴興比淑女、君子之好匹。」林明德則以爲詩人面對「在河之洲」雌雄鳥相應的和聲，進而聯想到「窈窕淑女」與「君子」的結合。
客從遠方來	雙鴛鴦	自古皆以比翼雙飛的鴛鴦來象徵恩愛的夫妻。綺上的文彩是「雙鴛鴦」，表示丈夫的「心尚爾」。
長干行	蝴蝶黃	藉秋日成雙飛舞的蝴蝶反襯出思婦的孤寂，也以此引出下文的感懷：「感此傷妾心，坐愁紅顏老」。

(5)悲悽的象徵

篇目	使用材料	作用
登高	猿嘯哀、鳥飛迴	以猿之哀鳴與飛旋之鳥勾勒出一幅憂傷悲愴的秋景。
蜀相	黃鸝空好音	藉空好音的黃鸝寫荒涼之境。
長干行	猿聲天上哀	藉猿猴的哀鳴渲染出淒涼的氣氛。
琵琶行	杜鵑啼血猿哀鳴	以象徵悲淒的杜鵑啼血與猿猴的哀鳴形容耳中所聽見的聲音，這也反映詩人的心境。
寄黃幾復	隔溪猿哭瘴溪藤	以瘴溪藤上的猿啼來塑造出淒戚的環境，將對朋友有才而不受重用的慰惜之情寓藏其中。
賀新郎	鵜鴂、鷓鴣、杜鵑	舉出三種鳥類來寫啼鳥的苦恨。鵜鴂，〈離騷〉：「恐鵜鴂之先鳴兮，使夫百草爲之不芳。」據說即是伯勞。鷓鴣，古人說它的叫聲：「行不得也哥哥。」杜鵑，一名子規，它的啼聲淒厲，觸人愁緒，又稱「思歸鳥」。有「杜鵑啼血」之說。

(6)寄託相思之意

篇目	使用材料	作用
寄黃幾復	雁	用雁飛不過衡陽故事，使思念更甚。
明妃曲	鴻雁	化用鴻雁傳書的典故，寄託相思。
一剪梅	雁字	化用鴻雁傳書的典故，將雲中飛雁與對夫君的思念揉在了一起。
聲聲慢	雁	在愁緒難消之時，看到一行征雁，引起詞人有書無處寄的傷心。

3、氣象

(1)渲染淒清之詩境

篇目	使用材料	作用
夜雨寄北	夜雨	霍松林說：「那已經躍然紙上的羈旅之愁與不得歸之苦，便與夜雨交織，……漲滿秋池，彌漫於巴山的夜空。」

寄黃幾復	夜雨	塑造蕭瑟之境，詩人於雨夜獨坐，面對孤燈，思念之情益深。
聲聲慢	細雨	以綿綿不絕的細雨來象徵、引導出綿綿不絕的愁。
浪淘沙	雨潺潺	藉潺潺不斷的春雨來襯托零落的殘春，烘托詞人的愁情。
雨霖鈴	驟雨	由景寫起，渲染出感傷的環境。
蓼莪	飄風發發、飄風弗弗	姚際恆以爲「興」。錢杭以爲象徵父母去世的巨大悲痛。
長干行	秋風	透過具體的景象描寫，展示了思婦內心世界的感情。也象徵了時序的變遷。
登高	風急	寫登高所見之景，渲染出感傷的環境。
旅夜書懷	微風	寫旅夜之景，以微風吹拂細草描寫環境之淒清。
雨霖鈴	曉風	寫別離後酒醒所見之景，藉曉風襯托離情。
蒹葭	白露爲霜、白露未晞、白露未已	描繪河邊景物，點明時間在清晨，並以此起興，隱寓詩人此時情懷的淒寂。同時也表現出時間的推

		移，用以加深「求之不得」之苦。
出潁口，初見淮山，是日至壽州	蒼茫	描寫煙雨淒然的氣象。
雨霖鈴	煙波、暮靄	藉寫江上空闊晚景來表達去路茫茫，擴大「傷別」之情。
黃鶴樓	煙波	藉江上迷濛之煙波寄寓鄉愁。
	白雲	表現世事茫茫之慨。

(2)比喻外界的影響

篇目	使用材料	作用
行行重行行	浮雲	比喻外界的誘惑。
贈從弟之二	谷中風	以無情的强風來襯托出松柏堅韌不屈的氣節，即使是在冰霜冷冽、萬物凋零之時，仍昂然挺立。
	冰霜	
定風波	煙雨	形容生活中、政治上的苦難。

(3)比喻美好的情景

篇目	使用材料	作用
泊船瓜州	春風	描繪出春到江南的盎然景象，也流露出詩人對春到家鄉的欣喜之情。
寄黃幾復	春風	用以形容當年的美好情景。
琵琶行	春風	形容歡樂的時間容易消逝，也不知要珍惜，以此作爲昔盛今衰的轉折處。

(4)其他

篇目	使用材料	作用
送友人	浮雲	以浮雲之無定，比遊子之飄泊。
正氣歌	浮雲白	以潔白的浮雲形容志氣的高潔。
明妃曲	春風	杜甫〈明妃村〉：「畫圖省識春風面，環佩空歸月夜魂」，指美麗的容貌
短歌行	朝露	以易逝的露水爲譬，上承「人生幾何」，下接「去日苦多」。

觀書有感之一	天光、雲影	寫出澄澈的池面所映照之景色，以增强上文，並展現出與天地合一的理趣。比喻書本中的內容。

4、時間

(1)象徵美好的情景

篇目	使用材料	作用
長歌行	陽春	寫萬物在陽春的德澤之下生機盎然，承上之「朝露待日晞」，並引出下文的「常恐秋節至」。
春日田園雜興之二	春	點出時節，一片欣欣向榮的景象。
浪淘沙	春	指自然之春，也象徵生命之春，更包括過去的美好生活、所有夢裡貪歡的事和一切希望。
	春意	藉潺潺不斷的春雨來襯托零落的殘春，烘托詞人的愁情。
山行	二月	以二月的花來襯托出紅楓的美麗。

(2)象徵悲涼的情景

篇目	使用材料	作用
凜凜歲云暮	歲云暮	一年之終，有悲涼味。
長歌行	秋節	秋節即秋天，是園中葵枯黃衰敗的時節，與「陽春」爲對比，聯想到生物的盛衰變化，透露出詩人害怕衰落的心理。
登高	秋	萬物至秋凋零，有悲涼蕭索之感。
琵琶行	秋	形容江邊景色，渲染出離別淒淒的氣氛。
夜雨寄北	秋	萬物至秋凋零，有悲涼蕭索之感。
醜奴兒	秋	以閒淡的口語壓抑自己有愁難述的苦衷。
凜凜歲云暮	夕	太陽即將下山，烘染出哀傷的愁緒。
黃鶴樓	日暮	以一天將近的「日暮」，烘染哀傷的愁緒。
送友人	落日	以落日之難挽，喻自己的心情。語出陳後主樂府：「思君如落日，無有暫還時。」

使至塞上	落日	描寫壯麗的景色，與蜿蜒的「長河」渲染出荒漠蒼涼之美。
無題	五更鐘	點出夢醒之時，愁懷益見。
浪淘沙	五更	點出作者此時是睡不著的。
聲聲慢	乍暖還寒時候	藉此時節引起不適敍寫愁情。

5、天文

(1)渲染淒清的詩境

篇目	使用材料	作用
旅夜書懷	星、月	寫遼闊的景象正烘托出詩人孤苦無依的形象和顛連無告的淒涼心情。
琵琶行	月	以淒清孤寂的環境烘托琵琶女的心境。
	江浸月	渲染出蒼茫的月景，爲淪落之恨鋪陳出一個迷濛的場景。

(2)象徵美好的情景

篇目	使用材料	作用
琵琶行	秋月	以此句來表達聽衆如夢初醒的狀態，從而烘托琵琶聲的妙絕入神。
	秋月	形容歡樂的時間容易消逝，也不知要珍惜，以此作爲昔盛今衰的轉折處。
虞美人	秋月	形容良辰美景，卻只能一個人喝悶酒的孤獨處境。
	秋月	以美好的秋月襯托詩人被囚禁之愁苦，也以美好的秋月象徵往昔歡愉的生活。

(3)鄉愁與離情的象徵

篇目	使用材料	作用
泊船瓜州	明月	進一步抒發「近鄉情更切」的急迫心情。或以爲「明月」喻神宗。
賀新郎	明月	以此點出惜別之意。
雨霖鈴	殘月	寫離別後酒醒所見之景，藉殘月烘托離情。

一剪梅	月	隱含了女詞人因思夫到夜半仍不能釋懷。

(4)其他

篇目	使用材料	作用
行行重行行	白日	比喻遊子。古人常以「日」、「月」比男子或丈夫。
水調歌頭	明月	藉詠明月自喻清高。
短歌行	明明如月	以不可掇取的明月比喻憂慮是不可能斷絕，進一步表明了自己求賢未得的憂慮。

6、地理

(1)用以自比

篇目	使用材料	作用
飲馬長城窟行	海水	自比心境。

(2)用以比喻

篇目	使用材料	作用
長歌行	百川	以流水東流入海不再西流爲喻，形容光陰一去不復返。所以更加深末兩句「少壯不努力，老大徒傷悲」的論點。
迴車駕言邁	金石	以金屬之固與磐石之堅來喻說人的脆弱和生命的短暫。
長干行	塵、灰	比喻情堅不移。
虞美人	一江春水	以滔滔不絕的江水，用以形容詞人的悲憤，一發不可收拾。
觀書有感之一	半畝方塘	藉清澄的方塘來象徵明澈的思維，以此爲喻，引發議論。
	源頭活水	比喻讀書要注重源頭，抓住要領，不斷吸收新知。

(3)用以象徵

篇目	使用材料	作用
蓼莪	南山烈烈、南山律律	姚際恆以爲「興」。錢杭以爲象徵父母去世的巨大悲痛。
寄黃幾復	江湖	用以象徵多年的飄泊。
浪淘沙	流水	以流水象徵春去，即過去的美好、夢中的貪歡與對未來的希望都去了。

(4)渲染淒清的詩境

篇目	使用材料	作用
旅夜書懷	平野闊、大江流	勾勒出空曠的場景，以反襯詩人孤苦伶仃的形象。
登高	渚清沙白、不盡長江	染出淒清的詩境。
使至塞上	長河	以平面線狀的長河與垂直的線狀的煙，以及天空之落日形成一幅壯闊的塞外風光。
夜雨寄北	秋池	秋季的水塘因不停的夜雨而水漲，渲染出淒清的詩境。

琵琶行	江浸月	渲染出蒼茫的月景，爲淪落之恨鋪陳出一個迷濛的場景。
琵琶行	湓江地低濕	形如身處環境的惡劣，用以襯托己之失意。

(5)用以形容

篇目	使用材料	作用
琵琶行	幽咽泉流	以灘水下流的聲音來形容琵琶聲的低沉微弱。
琵琶行	水泉	至此，琵琶聲停滯不暢，有如被冰冷的泉水給凝結注了。
書憤	山	以山言其壯懷堅定。

(二)人工物

1、人

(1)表達憂傷之情

篇目	使用材料	作用
凜凜歲云暮	涕	具體描繪出思婦憂傷的神情。
琵琶行	紅闌干	用以形容思及過往、感嘆今日，淚流滿面的哀傷。
武陵春	淚	將對「事事休」的哀痛神態具體描繪出來。
雨霖鈴	淚眼	具寫離別時的情態。
關山月	苦顏	承上所流露出之愁苦，戍客望著邊色，自然表現出思歸卻不得回的愁顏。
水調歌頭	無眠	徐翰逢、陳長明說：「『照無眠者』，當兼月照不睡之人與月照愁人使不能入睡這兩層意思。」下文即從此抒發離愁。

(2)寄寓惆悵之意

篇目	使用材料	作用
書憤	衰鬢	藉年老鬢斑映襯出壯志未酬的憾恨。

念奴嬌	華髮	寫自己早生華髮，藉以感慨自己無甚成就，又易多情。
破陣子	白髮	用以托出壯志難酬、流年易過的感慨。

2、器物

(1)比喻

篇目	使用材料	作用
蓼莪	缾、罍	《集傳》：「言缾資於罍，而罍資缾；猶父母與子相依爲命也。故缾罄矣，乃罍之恥；猶父母不得其所，乃子之責。」《詩緝》：「缾小喻子，罍大喻父母。缾汲水以注於罍，猶子之養父母。缾罄竭則罍無所資，爲罍之恥；猶子窮困則貽親之羞也。」以缾、罍爲喻，說不能終養父母的自責之語。
定風波	竹杖、芒鞋	寫步行用具勝過坐騎，以「輕」字寓「無官一身輕」意。

觀書有感之二	蒙衝、巨艦	以笨重的大船來比喻讀書應循序漸進，就能水到渠成。

(2)烘托人物

篇目	使用材料	作用
陌上桑	明月珠、緗綺、紫綺	從服飾上來描寫女主人翁的形象，並不直接描寫其容貌，以此襯托出身著這身美麗裝束的女子之美。
	青絲、黃金絡馬頭、鹿盧劍	旁寫夫婿的坐騎及配帶名貴之長劍，烘托其身份。
	籠係、籠鈎	先描寫女主人翁採桑的器具，張燕瑾說：「『青絲』、『桂枝』取其精美香潔，這又是欲美其人故美其物了。」

(3)烘托惆悵之情

篇目	使用材料	作用
一剪梅	玉簟	寫秋日室內之物。

武陵春	輕舟	藉輕舟來烘托出愁濃、愁重，無法消除。

(4)寓含男女相思之情

篇目	使用材料	作用
關雎	琴瑟、鐘鼓	作爲君子用來親近淑女的媒介，也意味著因音響上的共鳴，而暗示彼此的和諧。
客從遠方來	合懽被	「合歡」是一種落葉喬木，因其葉片每至黃昏即兩兩相合，又稱「合昏」、「夜合」，所以常被用以形容成對、並合的東西。合懽被即指表裡對合，同時又有夫妻好合的寓意。
	長相思（絲）	「著」是在被中裝綿，象徵自己綿長的情思。「思」與「絲」諧音。
	結	「緣」是在被的邊緣用絲縷綴結起來，有「姻緣」之意。「結不解」則表兩人情感不能解開。

(5)其他

篇目	使用材料	作用
旅夜書懷	危檣、夜舟	通過寫景展示詩人自身的境況和情懷，就像江中孤舟一樣寂寞。
無題	金翡翠、繡芙蓉	藉寫室內之景物來暗指往日兩人相處的美好時光。
寄黃幾復	十年燈	寫別後相思之深。

3、飲食

(1)寓含澆愁之意

篇目	使用材料	作用
短歌行	杜康	人名，相傳酒是他是第一個釀出來的，這裡作爲酒的代稱。
念奴嬌	一尊還酹	寓含自我解慰之意。
聲聲慢	三杯兩盞淡酒	寫女主人翁藉酒禦寒、消愁，卻敵不過風吹，用以表達「藉酒澆愁愁更愁」之意。

(2)表達思念之情

篇目	使用材料	作用
飲馬長城窟行	加餐食	即勸人保重之意。
行行重行行	加餐飯	

(3)其他

篇目	使用材料	作用
碩鼠	黍、麥、苗	以請求貪婪的碩鼠不要再吞食人們辛勤種植的黍麥苗，來譴責剝削者。並藉由黍、麥、苗三層變化，說明了剝削者對人民的壓榨以到貪求無厭的地步，加深人民之苦。
輕肥	九醞、八珍、洞庭橘、天池鱗	描述宴席上的珍品，增添驕奢之態。
寄黃幾復	一杯酒	用「桃李」和「春風」來修飾「一杯酒」的時刻，烘托出相聚時的歡樂氣氛。

4、建築物

篇目	使用材料	作用
關山月	高樓	借代爲在家鄉思己之妻子。
醜奴兒	層樓	具體寫出少年不識愁滋味而喜歡登上高樓眺望，強去尋愁。
水調歌頭	朱閣 綺戶	寫月光的轉移，也暗示人的無眠。

5、人造煙

篇目	使用材料	作用
使至塞上	孤煙	以直上雲霄的青煙與下文「長河落日圓」形成大漠特有的景象，也表現了詩人的深切感受。
走馬川行奉送封大夫出師西征	煙塵	張燕瑾說：「形容報警的烽煙同匈奴鐵騎捲起的塵土一起飛揚。既表現了匈奴軍旅的氣勢，也說明了唐軍早有戒備。」

主要參考書目

一、書籍類

(一)高中國文教材類（以下依作者姓氏筆劃排列）

何寄澎等　高中國文(一)～(四)　臺北：龍騰文化事業公司　一九九九（民八八）年八月～二〇〇一（民九〇）年二月

李鍌等　高中國文(一)～(四)　臺北：正中書局　一九九九（民八八）年八月～二〇〇一（民九〇）年二月

李振興等　高中國文(一)～(四)　臺北：三民書局　一九九九（民八八）年八月～二〇〇一（民九〇）年二月

邱燮友等　高中國文(一)～(四)　臺南：南一書局企業公司　一九九九（民八八）年八月～二〇〇一（民

九〇）年二月
董金裕等　高中國文㈠～㈣　臺中：大同資訊企業股份有限公司　一九九九（民八八）年八月～二〇〇一（民九〇）年二月
羅聯添等　高中國文㈠～㈣　臺南：翰林出版事業股份有限公司　一九九九（民八八）年八月～二〇〇一（民九〇）年二月

㈡國文教學教法類（以下依作者姓氏筆劃排列）

高級中學國文、英文、物理、化學四科輔導資料彙編　臺北：國立臺灣師範大學中等教育輔導委員會　一九九六（民八五）年六月
高中國文教材鑑賞分析　臺北：五南圖書出版有限公司　一九九四（民八三）年四月初版
尤信雄　詩詞曲教學輔導論文集　臺北：國立臺灣師範大學中等教育輔導委員會　一九九二（民八一）年六月三版
王更生　國文教學新論　臺北：明文書局　一九九三（民八二）年一〇月六版
王明通　中學國文教學法研究　臺北：五南圖書出版公司　一九八九（民七八）年九月
仇小屏　深入課文的一把鑰匙：章法教學　臺北市：萬卷樓圖書有限公司　二〇〇一（民九〇）年
余書麟　國文教學法　香港：友聯書報發行公司　一九五九年八月初版

李金城　中學國文教學的藝術　高雄：高雄復文圖書出版社　一九八四（民七三）年九月二版

張高評　夏承燾　高中國文古典詩詞曲鑑賞　臺北：國文天地雜誌社　一九八九（民七八）年

張學波　中學國文教學理論研究　臺北：明文書局股份有限公司　一九九三（民八二）年十二月初版

章微穎　中學國文教學法　臺北：蘭臺書局有限公司　一九七五（民六四）年三月再版

陳滿銘　國文教學論叢　臺北：萬卷樓圖書有限公司　一九九八（民八七）年四月初版四刷

陳滿銘　國文教學論叢續編　臺北：萬卷樓圖書有限公司　一九九八（民八七）年

陳滿銘　作文教學指導　臺北：萬卷樓圖書有限公司　一九九四（民八三）年

陳品卿　國文教材教法　臺北：臺灣中華書局股份有限公司　一九九七（民八六）年三月二版五刷

黃錦鋐　如何教國文（第二集）　臺北：國立臺灣師範大學中等教育輔導委員會　一九八二（民七一）年六月初版

黃錦鋐　如何教國文（第三集）　臺北：國立臺灣師範大學中等教育輔導委員會　一九九二（民八一）年六月初版二刷

黃錦鋐　國文教學法　臺北：三民書局股份有限公司　一九九七（民八六）年七月

黃春貴　中學國文教學實務精講　臺北：萬卷樓圖書有限公司　一九九九（民八八）年九月

蔣伯潛　中學國文教學法　臺北：中華書局　一九四一（民三〇）年八月

魏子雲　教國文　臺北：萬卷樓圖書有限公司　一九九六（民八五）年九月初版

(三)詩詞學類(以下依作者姓氏筆劃排列)

王培元主編　詩騷與辭賦　山東：山東文藝出版社　一九九二年十二月

古遠清　留得枯荷聽雨聲——詩詞的媚力　北京：生活、讀書、新知三聯書店　一九九七年一月

朱紋　名家詩法彙編　臺北：廣文書局有限公司　一九七三(民六二)年九月

吳惠娟　唐宋詞審美觀照　上海：學林出版社　一九九八年八月一版一刷

吳曉　詩歌與人生：意象符號與情感空間　臺北：書林出版有限公司　一九九五(民八四)年三月

吳闓生評選　古今詩範　臺北：臺灣中華書局　一九七〇(民五九)年三月

李湘　詩經名物意象探析　臺北：萬卷樓圖書有限公司　一九九九(民八八)年七月

杜松柏　詩與詩學　臺北：五南圖書出版公司　一九九八(民八七)年九月修訂初版一刷

谷遠清　孫光萱　詩歌修辭學　臺北：五南圖書出版股份有限公司　一九九七(民八六)年

范況　中國詩學通論　臺北：臺灣商務印書館　一九九五年五月臺二版一刷

袁行霈　中國詩歌藝術研究　北京：北京大學出版社　一九八七年六月一版一刷

陳滿銘　增修詩詞新論　臺北：萬卷樓圖書有限公司　一九九九(民八八)年八月再版

陳弘治　詞學今論　臺北：文津出版社　一九九一(民八〇)年七月增訂二版

陳良運　中國詩學體系論　北京：中國社會科學出版社　一九九八年九月一版二刷

陳植鍔　詩歌意象學　秦皇島：中國社會科學出版社　一九九〇年八月一版一刷
童慶炳　中國古代心理詩學與美學　臺北：萬卷樓圖書有限公司　一九九四（民八三）年八月
黃永武　中國詩學（思想篇）　臺北：巨流圖書公司　一九七九（民六八）年四月
黃永武　中國詩學（設計篇）　臺北：巨流圖書公司　一九九九年九月初版十二印
葉嘉瑩　唐宋詞十七講　臺北：桂冠圖書股份有限公司　一九九四年三月初版二刷
趙山林　詩詞曲藝術　杭州：浙江教育出版社　一九九八年六月一版一刷
謝旡量　詩學指南　臺北：中華書局股份有限公司　一九五八（民四七）年六月
羅宗濤等　中國詩歌研究　臺北：中華文化復興運動推行委員會　一九八五（民七四）年六月
顧亭鑑纂輯　葉葆王詮注　學詩指南　臺北：廣文書局有限公司　一九七九（民六八）年五月

四古典詩詞賞析類（以下依作者姓氏筆劃排列）

于宇飛　詩經新義　臺北：臺灣中華書局　一九七二（民六一）年四月
巴壺天　唐宋詩詞選　臺北：東大圖書股份有限公司　一九九〇（民七九）年十二月初版
木齋　宋詩評釋　廣西：廣西師範大學出版社　一九九六年八月一版一刷
王水照選注　蘇軾選集　臺北：羣玉堂出版事業股份有限公司　一九九一（民八〇）年十月初版
王國維　人間詞話　臺北：金楓出版社

王鎮遠　兩晉南北朝詩選　上海：上海書店　一九九四年八月一版二刷
朱德才選注　辛棄疾選集　北京：人民文學出版社　一九九七年五月一版一刷
朱熹集註　詩經集註　臺北：萬卷樓圖書有限公司　一九九六（民八五）年十月再版
江寶釵　綿綿思遠道：樂府詩選粹　臺北：幼獅文化事業公司　一九九一（民八〇）年五月初版
余培林　詩經正詁（上）（下）　臺北：三民書局　一九九三（民八二）年十月
李若鶯　唐宋詞鑑賞通論　高雄：高雄復文圖書出版社　一九九六年九月
沈德潛　說詩晬語　臺灣中華重校訂
汪中　樂府詩選注　臺北：學海出版社　一九七九（民六八）年五月初版
周汝昌　唐宋詞鑑賞辭典　上海：上海辭書出版社　一九八八年四月
周振甫　詩詞例話　臺北：長安出版社　一九八三（民七二）年十月初版
周振甫　詩文鑑賞方法二十講　臺北：國文天地雜誌社　一九八六年五月
岳希仁編著　宋詩絕句精華　廣西：廣西師範大學出版社　一九九六年九月一版一刷
林慶彰編著　詩經研究論集　臺北：臺灣書局　一九八三（民七二）年十一月初版
邱燮友　新譯唐詩三百首　臺北：三民書局股份有限公司　一九九〇（民七九）年八月修訂
金性堯選注　宋詩三百首　臺北：書林出版有限公司　一九九八年四月三刷
姚際恆　詩經通論　臺北：廣文書局　一九六一（民五〇）年十月

施正康　漢魏詩選　上海：上海書店　一九九四年八月一版二刷
唐圭璋　唐宋詞簡釋　臺北：木鐸出版社　一九八二（民七一）年三月
唐圭璋　詞話叢編　臺北：廣文書局　一九六七（民五六）年五月
徐育民　趙慧文　歷代名家詞賞析　北京：北京出版社　一九八六年一月一版三刷
徐續　蘇軾詩選　臺北：五南圖書出版公司　一九九二年十一月臺灣初版六刷
秦似選析　萬里悲秋常作客：杜甫作品賞析　臺北：開今文化事業有限公司　一九九三年九月初版
袁行霈　劉逸生　古典詩詞名篇鑑賞集　北京：中華書局　一九八四年六月一版
馬美信　賀聖遂主編　中國古代詩歌欣賞辭典　上海：漢語大辭典出版社　一九九〇年六月一版一刷
馬茂元　古詩十九首探索　臺北：純眞出版社　一九八三（民七二）年十一月
高海夫　金性堯　古詩漢魏六朝新賞　臺北：地球出版社　一九九三（民八二）年
張亞新　唐詩精選　北京：中國國際廣播出版社　一九九五年九月一版一刷
張健　王維詩選　臺北：五南圖書出版公司　一九九七（民八六）年十二月初版
張夢機　世事舟波　臺北：遠景出版事業公司　一九八六（民七五）年三月初版
張夢機　公無渡河　臺北：遠景出版事業公司　一九八六（民七五）年三月初版
張夢機　陳文華　杜律旨歸　臺北：學海出版社　一九七九（民六八）年十月
陳友冰　兩漢南北朝樂府鑑賞　臺北：五南圖書出版有限公司　一九九六（民八五）年五月初版一刷

陳友冰　楊福生　宋代絕句賞析　臺北：正中書局　一九九六（民八五）年八月臺初版
陳永正　黃庭堅詩選　臺北：遠流出版事業股份有限公司　一九九二年十一月臺灣初版三刷
陳伯海　唐詩匯評（全三册）　杭州：浙江教育出版社　一九九六年五月一版二刷
陳邦炎主編　詞林觀止（上）（下）　上海：上海古籍出版社　一九九四年四月第一版
陳滿銘　陳弘治　唐宋詩詞評注　臺北：文津出版社　一九八九（民七八）年
陳祖美主編　李清照作品賞析集　成都：巴蜀書社　一九九二年九月一版一刷
陳達凱編著　宋詩選　上海：上海書店　一九九四年八月一版二刷
陶文鵬選析　明月松間照：王維詩歌賞析　臺北：開今文化事業有限公司　一九九三年五月初版
章燮注疏　唐詩三百首注疏　臺北市：蘭台書局　一九六九（民五八）年
傅庚生　中國文學欣賞舉隅　臺北：國文天地雜誌社　一九九〇（民七九）年四月
傅庚生　傅光　百家唐宋詩新話　成都：四川文藝出版社　一九八九年五月一版一刷
傅錫壬　歷代樂府詩選析　臺北：五南圖書出版公司　一九八八（民七七）年五月初版
喩守眞　唐詩三百首詳析　臺北：臺灣中華　一九八四（民七三）年
賀新輝主編　古詩鑑賞辭典　北京：中國婦女出版社　一九八八年十二月
黃永武、張高評　唐詩三百首鑑賞　臺北：尚友出版社　一九八三（民七二）年九月初版
黃振民　歷代詩評註（上）（中）（下）　臺北：大中國圖書公司　一九九四（民八三）年元月版一

刷

黃節　漢魏樂府風箋　臺北：世界書局　一九六二（民五一）年十一月

楊海明　宋詞三百首鑑賞　高雄：麗文文化事業股份有限公司　一九九五年十一月初版一刷

楊曉榕　唐宋詞選　上海：上海書店　一九九四年八月一版二刷

雷啓洪選析　不畏浮雲遮望眼：王安石作品賞析　臺北：開今文化出版　一九九三年七月初版

裴普賢、糜文開　詩經欣賞與研究　臺北：三民書局　一九六四（民五三）年五月初版

趙昌平　唐詩選（上）（下）　上海：上海書店　一九九四年八月一版二刷

趙福壇選注　曹魏父子詩選　臺北：遠流出版事業股份有限公司　一九八九年九月二版

劉拜山　唐人絕句評注　臺北：木鐸出版社　一九八二（民七一）年六月

劉履等撰　古詩十九首集釋　臺北：世界書局　一九六二（民五一）年十一月

劉學鍇、余恕誠　李商隱詩歌集解　臺北：洪葉文化發行　一九九二（民八一）年初版

蔡信發、沈謙　詩詞曲賞析（上）（中）（下）　臺北：國立空中大學　一九九二（民八一）年十二月再版

鄭文　杜詩檠詁　成都：巴蜀書社　一九九二年九月一版一刷

鄭永曉選析　相逢何必曾相識：白居易作品賞析　臺北：開今文化事業有限公司　一九九三年二月初版

蕭滌非　唐詩鑑賞辭典　上海：上海辭書出版社　一九八三年十二月
賴橋本　柳永詞校注　臺北：黎明文化事業有限公司　一九九五（民八四）年四月初版
錢杭　詩經選　上海：上海書店　一九九四年八月一版二刷
錢鍾書　宋詩選註　臺北：文豐出版公司　一九八九（民七八）年四月臺一版
繆鉞、霍松林等　宋詩大觀　香港：商務印書館　一九八八年五月一版一刷
鍾嶸撰、汪中選注　詩品注　臺北：正中書局　一九九七（民八六）年二月第十一次印行
魏飴　詩歌鑑賞入門　臺北：萬卷樓圖書有限公司　一九九九（民八八）年六月再版
蘇雪林　詩經雜俎　臺北：臺灣商務印書館　一九九五年二月

(五)章法結構類（以下依作者姓氏筆劃排列）

仇小屏　篇章結構類型論（上）（下）　臺北：萬卷樓圖書有限公司　二〇〇〇（民八九）年二月初版
仇小屏　文章章法論　臺北：萬卷樓圖書有限公司　一九九八（民八七）年十一月初版
吳應天　文章結構學　北京：中國人民大學出版社　一九八九年八月三刷
陳滿銘　詞林散步　臺北：萬卷樓圖書有限公司　二〇〇〇（民八九）年元月初版
陳滿銘　文章結構分析　臺北：萬卷樓圖書有限公司　一九九九（民八八）年五月初版

陳滿銘　章法學新裁　臺北：萬卷樓圖書有限公司　二〇〇一（民九〇）年一月初版

㈥創作背景類（以下依作者姓氏筆劃排列）

中國文學史參考資料　臺北：里仁書局　一九八一（民七〇）年九月
木齋　中國古代詩歌流變　北京：京華出版社　一九九八年八月
王仲犖　魏晉南北朝史　臺北縣：谷風出版社　一九八七（民七六）年
王學初　李清照集校注　臺北：里仁書局　一九八二（民七一）年
何廣棪　李易安集繫年校箋　臺北：里仁書局　一九八〇（民六九）年
呂思勉　先秦史　南京市：開明書店　一九四七年
呂思勉　秦漢史　上海市：上海古籍出版社　一九八三年
呂思勉　隋唐五代史　臺北市：九思出版社　一九七七（民六六）年
李曰剛　中國詩歌流變史（上）（下）　臺北：文津出版社　一九八七（民七六）年二月
沈約撰　宋書　臺北：鼎文書局印行　一九八〇（民六九）年三月初版
辛文房撰、周本淳校正　唐才子傳校正　臺北：文津出版社　一九八八（民七七）年三月
辛棄疾撰、鄧廣銘箋注　稼軒詞編年箋注　臺北：華正書局　一九七四（民六三）年十月臺一版
房玄齡等撰　晉書　臺北：鼎文書局印行　一九七九（民六八）年十一月初版

姜亮夫　歷代人物年里碑傳綜表　臺北：華世出版社　一九七六（民六五）年

計有功　唐詩紀事　臺北：木鐸出版社　一九八二（民七一）年二月

袁行霈　中國文學概論　臺北：五南圖書出版股份有限公司　一九九四（民八三）年五月二版二刷

張思巖　詞林紀事　臺北：臺灣中華書局　一九七〇（民五九）年六月臺一版

張爾田　玉谿生年譜會箋　臺北：臺灣中華書局　一九六六（民五五）年二月

脫脫等撰　宋史　臺北：鼎文書局印行　一九八〇（民六九）年元月初版

陳文華　唐女詩人集三種　臺北：新宇出版　一九八五（民七四）年

陳壽撰、裴松之注　三國志　臺北：鼎文書局印行　一九七九（民六八）年十一月初版

陸侃如、馮沅君　中國詩史　濟南市：山東大學出版社　一九九六年

黃文吉　北宋十大詞家研究　臺北：文史哲出版社　一九九六（民八五）年三月初版

葉日光　左思生平及其詩之析論　臺北：文史哲出版社　一九七九（民六八）年

葉慶炳　中國文學史（上）（下）　臺北：臺灣書局　一九八七（民七六）年八月

劉大杰　中國文學發展史　臺北：華正書局有限公司　一九九八（民八七）年八月

厲鶚、馬曰琯輯　宋詩紀事　臺北：臺灣商務印書館　一九七〇（民五九）年六月臺一版

歐陽修、宋祁　新唐書　臺北：鼎文書局印行　一九七九（民六八）年十一月。

蔡元鳳　王荊公年譜考略　臺北：洪氏出版社　一九七五（民六四）年四月
鄭永曉　黃庭堅年譜新編　北京：社會科學文獻出版社　一九九七年十二月一版一刷
黎傑　宋史　臺北市：九思出版社　一九七八（民六七）年
蕭滌非　漢魏六朝樂府文學史　臺北：長安出版社　一九七六（民六五）年

(七)其他（以下依作者姓氏筆劃排列）

李澤厚　美的歷程　臺北：蒲公英出版社　一九八六（民七五）年八月
杜潔祥發行　文學理論資料彙編（上）（中）（下）　臺北：丹青圖書有限公司　一九八八（民七七）年再版
沈德潛　古詩源　湖南：岳麓書社　一九九八年五月
徐陵編　玉臺新詠　臺北：臺灣商務印書館　一九六八（民五七）年九月
張惠言　詞選　臺北：世界書局　一九五六（民四五）年
張溥　漢魏六朝百三家集　臺北：木鐸出版社　一九八二（民七一）二月
郭茂倩　樂府詩集　北京：中華書局出版　一九七九年十二月三刷
陳子典、顧興義　寫作知識辭典　江西：江西教育出版社　一九九六年十月三刷
彭會資主編　中國文論大辭典　廣西：百花文藝出版社　一九九〇年七月

蕭統著、李善注釋　李善注昭明文選　臺北：河洛圖書出版社　一九七五（民六四）年五月

羅立乾注譯　新譯文心雕龍　臺北：三民書局　一九九六（民八五）年二月再版

二、學位論文類（以下依作者姓氏筆劃排列）

文玲蘭　詩經中草木鳥獸意象表現之研究　政治大學中國文學研究所碩士論文　一九八六（民七五）年

文寬洙　范成大田園詩研究　政治大學中國文學研究所碩士論文　一九八七（民七六）年

方秋停　杜甫秦州詩研究　東海大學中國文學研究所碩士論文　一九八九（民七八）年四月

王瑞蓮　詩經秦風詩篇之研究　東吳大學中國文學研究所碩士論文　一九九〇（民七九）年五月

丘柳漫　杜牧生平及其詩之析論　臺灣大學中國文學研究所碩士論文　一九七四（民六三）年六月

吳萬鍾　詩經關雎篇之研究　成功大學歷史語言研究所碩士論文　一九九一（民八〇）年六月

李致洙　陸游詩研究　臺灣大學中國文學研究所博士論文　一九九〇（民七九）年六月

林天祥　范成大山水田園詩研究　成功大學歷史語言研究所碩士論文　一九八九（民七八）年六月

林柱邦　李義山詩意象之研究　政治大學中國文學研究所碩士論文　一九七八（民六七）年

林桂香　詩佛王維之研究　政治大學中國文學研究所碩士論文　一九八三（民七二）年

金容春　李清照詞之研究　東海大學中國文學研究所碩士論文　一九八七（民七六）年六月
金銀雅　盛唐樂府詩研究　政治大學中國文學研究所博士論文　一九九〇（民七九）年六月
柯翠芬　稼軒詞研究　東海大學中文研究所碩士論文　一九八二（民七一）年四月
柳明熙　李清照詩詞箋釋　輔仁大學中國文學研究所碩士論文　一九八〇（民六九）年
段致平　稼軒詞用典研究　臺灣師範大學國文研究所碩士論文　一九九九（民八八）年六月
孫述山　盛唐邊塞詩人岑參之研究　輔仁大學中國文學研究所碩士論文　一九七一（民六〇）年五月
高桂惠　左思生平及其三都賦之研究　政治大學中國文學研究所碩士論文　一九八一（民七〇）年
張公鑑　文天祥生平及其詩詞研究　中國文化大學中國文學研究所碩士論文碩士論文　一九八六（民七五）年五月
張修蓉　中唐樂府詩研究　政治大學中國文學研究所博士論文　一九八一（民七〇）年五月
陳永寶　近體詩及其教學研究　高雄師範學院國文研究所碩士論文　一九八二（民七一）年五月
陳坤儀　全宋詞雨詞意象研究　文化大學中國文學研究所碩士論文　一九九六（民八五）年
陳錦文　王勃詩賦研究　文化大學中文研究所碩士論文　一九九一（民八〇）年六月
廖爲祥　樂章集析論　臺灣大學中文研究所碩士論文　一九七六（民六五）年五月

歐麗娟　杜甫詩之意象研究　臺灣大學中文研究所碩士論文　一九九一（民八〇）年五月
鄭開道　漢代樂府詩研究　文化大學中國文學研究所碩士論文　一九七一（民六〇）年
蕭雅丹　朱熹詩歌之研究　輔仁大學中國文學研究所碩士論文　一九九六（民八五）年
謝世涯　南唐後主李煜詞研究　臺灣大學中文研究所碩士論文　一九七三（民六二）年五月
簡麗玲　曹氏父子及其羽翼辭賦研究　政治大學中國文學研究所碩士論文　一九九六（民八五）年
簡麗珍　杜牧七言絕句析論　臺灣大學中國文學研究所碩士論文　一九九六（民八五）年
蘇珊玉　薛濤及其詩研究　高雄師範大學國文研究所碩士論文　一九九四（民八三）年

三、期刊論文類（以下依作者姓氏筆劃排列）

方德珠　李煜詞的動態比喻　語文月刊一九九一.六期　一九九一年
王力堅　亡國之君的淒惶——試析李煜詞〈虞美人〉　中國語文月刊四七〇期　一九九六年八月
王力堅　痛定思痛的懺悔——李煜後期詞〈浪淘沙〉解析　中國語文月刊四六六期　一九九六年四月
王立　志高遠者秋愁多——辛棄疾〈醜奴兒・書博山道中壁〉賞析　文史知識六　一九九一年
王光明　詩歌意象論　福建論壇（文史哲）七五　一九九三年二月
王明文　詩的意象的表達方式　文史知識八　一九九三年

王滿新　平淡的字句 深刻的哲理——蘇軾〈定風波〉詞賞析　語文月刊一〇　一九九七年六月
史黎　〈明妃曲〉藝術談　中國古代、近代文學研究一九八〇・二三　一九八〇年
江錦玨　今昔法在古典詩歌的應用（上）——以高中國文課文爲例　國文天地十六卷九期　二〇〇一年二月
江錦玨・　今昔法在古典詩歌的應用（下）——以高中國文課文爲例　國文天地十六卷一〇期　二〇〇一年三月
何敏華　李煜詞風的探討　中國語文月刊四八三期　一九九七年九月
何毓秀　詩歌教學之研究　訓育研究二九卷一期　一九九〇年六月
李祖禎　〈蜀相〉詩是壯歌還是悲淚　中國古代、近代文學研究一九八一・八　一九八一年
沈暉　李白詩文典故初探　明道文藝二四六期　一九九六年九月
沈謙　楊柳岸曉風殘月——細品柳永詞　明道文藝二七〇期　一九九八年九月
阮忠　人代冥滅 清音獨遠——《古詩十九首》藝術表現論　中國古代、近代文學研究一九八八年第六期　一九八八年
周汝昌　杜甫〈蜀相〉　中國古代、近代文學研究一九八一・一　一九八一年
周懋昌　消瘦的身影 沉重的心靈——李清照〈醉花陰〉、〈武陵春〉比較　國文天地十二卷八期　一九九七年一月

金舒年　試析曹操的〈短歌行〉　文史知識七（一三）　一九八二年
厚豔芬　凄切清秋〈雨霖鈴〉　古典文學知識一九九七・一　一九九七年
洪林鍾　鳥、菊、酒——略論陶淵明詩歌意象建構及其人格凸顯　中國古代、近代文學研究一九九三・一一　一九九三年
韋鳳娟　志高才雄，胸懷曠遠——談左思的〈詠史〉詩　文史知識七（一三）　一九八二年
凌迅　試論左思的〈詠史〉詩　文史哲三（一三八）　一九八〇年
夏介樹　淺談〈雨霖鈴〉的設景藝術　中等語文一九九三・六期　一九九三年
徐一　談李商隱無題詩的意境　中國古代、近代文學研究一九八五・二三　一九八五年
徐亞萍　斷鴻聲遠長天暮——論柳詞之寫景與抒情　靜宜人文學報九期　一九九七年六月
徐敏　〈琵琶行〉藝術特色新探　北京師範大學學報一九八五第一期　一九八四年
晏小平　淺析詩歌意象的運用手法　文藝理論與批評五三　一九九五年三月
袁行霈　論李杜詩歌的風格與意象　中國古代、近代文學研究一九八二・二　一九八二年
張永鑫　因形換步　隨類賦彩——談〈陌上桑〉的藝術美　文史知識一九九四・九　一九九四年
張志岳　說辛棄疾〈破陣子〉　文史知識九（一五）　一九八二年
張茹倩、張啓成　《古詩十九首》創作時代新探　中國古代、近代文學研究一九九一・四期　一九九一年

張高評　王安石〈明妃曲〉及其寫作特色　國文天地十五卷十二期　二〇〇〇（民八九）年五月

張健　王維和他的詩歌　明道文藝二五九期　一九九七年十月

張健　白居易及其詩歌　明道文藝二六五期　一九九八年四月

張健　杜甫及其詩歌　明道文藝二五四期　一九九七年五月

張靖遠　淺探〈琵琶行〉的構篇　國文天地十四卷十一期　一九九九年四月

盛廣智　杜甫詩〈蜀相〉賞析　文史知識一(七)　一九八二年

郭嗣汾　爭教紅粉不成灰——談唐代名女詩人薛濤其人其詩　川康渝文物館年刊十七期　一九九九年一月

陳新雄　蘇詩賞析(十)：雪泥鴻爪　國文天地十二卷八期　一九九七年一月

陳新雄　蘇詩賞析（卌二）：久立蒼茫　國文天地十四卷十期　一九九九年三月

陳滿銘　唐宋詞拾玉（十七）：李煜的〈浪淘沙〉　國文天地十四卷十一期　一九九九年四月

陳滿銘　唐宋詞拾玉(四)：辛棄疾的〈賀新郎〉　國文天地十二卷一期　一九九六年六月

陳滿銘　談詞章主旨在凡目結構中的安排　國文天地十三卷三期　一九九七年八月

陳滿銘　如何進行課文結構分析——以高中國文教材爲例　臺灣省高級中學教學輔導叢書國文科研究專輯第五輯　民八八年六月

陳貽鈺　幸廬詩說——杜甫〈蜀相〉銓解　中華詩學季刊一五卷二期　一九九七年冬季號

陳榮捷　論朱子〈觀書有感〉詩　中國文哲研究通訊二卷三期　一九九二年九月
陳豔芳　〈伐檀〉〈碩鼠〉重疊深探　語文教學通訊一九九三・九　一九九三年
傅如一　樂府古辭〈飲馬長城窟行〉考索　文學遺產一九九〇年第一期　一九九〇年
費秉勛　〈飲馬長城窟行〉本辭探索　中國古代、近代文學研究一九八五・十三　一九八五年
馮君豪　杜詩的愛情名篇〈月夜〉　文史知識十一（十七）　一九八二年
黃崇浩　桑中故事與〈陌上桑〉　中國古代、近代文學研究一九九四・一　一九九四年
黃淑貞　陶淵明〈飲酒〉詩試探　中國文化月刊二三三期　一九九九年八月
黃雅莉　從蘇軾〈定風波〉詞看他的生命智慧　人文及社會教學科教學通訊九卷一期　一九九八年六月
黃瑞枝　析探《古詩十九首》意象特質　屏東師院學報七期
楊鴻銘　李白〈長干行〉等文象徵論　孔孟月刊三五卷五期　一九九七年一月
葉嘉瑩　太康詩歌講錄：左思（一下）　國文天地十四卷八期　一九九九年一月
葉嘉瑩　建安詩歌講錄：曹操（二下）　國文天地十一卷十二期　一九九六年五月
葉嘉瑩　建安詩歌講錄：曹操（二上）　國文天地十一卷一期　一九九六年四月
葉嘉瑩　建安詩歌講錄：樂府敍事詩、悲憤詩、四愁詩（上）　國文天地十二卷一期　一九九六年六月
廖振富　古典詩教學淺論　嘉義師專學報第十五期　一九八五年五月

趙仁珪　也無風雨也無情——從〈定風波〉看蘇軾詞的曠達風格　文史知識九一　一九八九年

劉幼嫻　杜甫〈登高〉詩析論　中山中文學刊二期　一九九六年六月

劉迪才　《古詩十九首》的審美意象　中國古代、近代文學研究一九九三・一　一九九三年

劉渼　國文教學與網路——應用篇　國文天地十六卷二期　二〇〇〇年七月

劉逸生　痴稚、熱情的「長干女」　文史知識一（一九）　一九八三年

潘麗珠　〈匆匆〉的教學活動設計　國文天地十六卷十期　二〇〇一年三月

潘麗珠　〈故鄉的桂花語〉的教學活動設計　國文天地十六卷十一期　二〇〇一年四月

潘麗珠　〈數字人生〉的教學活動設計　國文天地十六卷十二期　二〇〇一年五月

蔡日新　意味雋永 魅力無窮——〈迢迢牽牛星〉藝術潛能淺析　語文月刊一九九四・四期　一九九四年

鄭孟彤　以靈巧之筆抒寫眷眷之情——析李清照的〈一剪梅〉　文史知識四(二二)　一九八三年

鄭桐村　李商隱的詩與典故　松青雜誌二〇期

鄭滋斌　李義山〈無題〉詩的研究　大陸雜誌九七卷二期　一九九八年八月

黎烈南、賈志强　對比奇絕 唱嘆生輝——李煜〈虞美人〉詞賞析　文史知識一九九一・一〇　一九九一年

戴朝福　孝子的嚮慕與呼喚　中國語文月刊四七二期　一九九六年一〇月

鍾尚鈞　境界壯闊 筆觸工細——杜甫〈旅夜書懷〉詩淺析　語文月刊一九九六・五期　一九九六年
鍾東　范成大《四時田園雜興》四題　廣州師院學報（社會科學版）一九九六年第一期　一九九六年
鍾屏蘭　黃庭堅〈寄黃幾復〉詩義趣探析　文化生活二卷四期　一九九九年三月
顏崑陽　試析東坡〈念奴嬌〉及幾個相關問題　國文天地十四卷一期　一九九八年六月
魏耕原　國風第一篇飄渺文字——說〈詩經・秦風・蒹葭〉　文史知識一九九二・六　一九九二年
魏靖峯　試析《古詩十九首》的比興　中國語文月刊五〇〇期　一九九九年二月
酈文　理趣盎然 體會精深 朱熹〈觀書有感〉詩賞析　語文月刊一九九二・二期　一九九二年
龔斌　試論陶淵明《飲酒》二十首　華東師範大學學報（哲學社會科學版）一九八六年第四期　一九八六年

詩詞義旨透視鏡

著　　者：江錦珏
發 行 人：許錟輝
責任編輯：叢書編輯部
出 版 者：萬卷樓圖書有限公司
台北市羅斯福路二段 41 號 6 樓之 3
電話(02)23216565・23952992
FAX(02)23944113
劃撥帳號 15624015
出版登記證：新聞局局版臺業字第 5655 號
網站網址：http://www.wanjuan.com.tw/
E-mail：wanjuan@tpts5.seed.net.tw
經銷代理：紅螞蟻圖書有限公司
台北市內湖區文德路 210 巷 30 弄 25 號
電話(02)27999490
FAX(02)27995284
承印廠商：晟齊實業有限公司
電腦排版：浩瀚電腦排版股份有限公司
定　　價：540 元
出版日期：民國 90 年 9 月初版

ISBN 957-739-366-7